► **bachelor-wissen**

Mediengeschichte

bachelor-wissen

bachelor-wissen ist die Reihe für die modularisierten Studiengänge

▶ die Bände sind auf die Bedürfnisse der Studierenden abgestimmt

▶ der grundlegende Stoff wird allgemein verständlich präsentiert

▶ die Inhalte sind anschlussfähig für die Module in den Master-Studiengängen

▶ auf www.bachelor-wissen.de finden Sie begleitende und weiterführende Informationen zum Studium und zu diesem Band

bachelor-wissen

Andreas Böhn / Andreas Seidler

Mediengeschichte

Eine Einführung

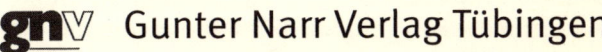 Gunter Narr Verlag Tübingen

Prof. Dr. Andreas Böhn ist Professor für Literaturwissenschaft / Medien an der Universität Karlsruhe (TH) .

Dr. Andreas Seidler ist Lehrbeauftragter für Literaturwissenschaft an der Universität Karlsruhe (TH) .

Idee und Konzept der Reihe: Johannes Kabatek, Lehrstuhl für Romanische Sprachwissenschaft an der Eberhard-Karls-Universität Tübingen.

Bibliografische Information der Deutschen Nationalbibliothek

Die Deutsche Nationalbibliothek verzeichnet diese Publikation in der Deutschen Nationalbibliografie; detaillierte bibliografische Daten sind im Internet über <http://dnb.d-nb.de> abrufbar.

© 2008 Narr Francke Attempto Verlag GmbH + Co. KG
Dischingerweg 5 · D-72070 Tübingen

Internet: http://www.bachelor-wissen.de
E-Mail: info@narr.de

Satz: Informationsdesign D. Fratzke, Kirchentellinsfurt
Druck und Bindung: AALEXX Druck GmbH, Großburgwedel
Printed in Germany

ISSN 1864-4082
ISBN 978-3-8233-6415-3

Inhalt

Vorwort XI

Themenblock 1: Theoretische Basis

1 **Kommunikations- und Zeichentheorie** 1
1.1 Kommunikationstheorie 2
    1.1.1 Kommunikationsmodell:
        Sender – Kanal – Botschaft – Empfänger 2
    1.1.2 Einfache Reiz-Reaktionsprozesse vs. Kommunikations-
        prozesse 2
    1.1.3 Information und Redundanz 3
    1.1.4 Kommunikationsmodell nach Jakobson 4
    1.1.5 Aus Jakobsons Modell resultierende Zeichenfunktionen . . 5
1.2 Zeichentheorie 7
    1.2.1 Bilaterales Zeichenmodell nach de Saussure 7
    1.2.2 Die triadische Struktur des Zeichens
        nach Charles S. Peirce 7
    1.2.3 *Type, Token, Tone* 8
    1.2.4 *Langue* und *parole* 8
    1.2.5 Zeichentypen 9
    1.2.6 Semiotische Ebenen 10
    1.2.7 Sprache und Bild als Zeichen 10
1.3 Übungsaufgaben 12
1.4 Literatur 13

2 **Medienbegriffe** 15
2.1 Universaler/weiter Medienbegriff 16
2.2 Elementarer semiotischer Medienbegriff 17
2.3 Technische Medienbegriffe 17
    2.3.1 Primäre, sekundäre und tertiäre Medien 17
    2.3.2 Analoge und digitale Medien 18
    2.3.3 Technisch-funktionaler Medienbegriff 19
2.4 Unterscheidung nach genutzten Sinneskanälen 21
2.5 Unterscheidung nach kommunikativer Reichweite und
    Organisation 22
2.6 Kommunikations- und organisationssoziologischer
    Medienbegriff 23

2.7   Mediendispositive 24
2.8   Übungsaufgaben 25
2.9   Literatur 26

Themenblock 2: Entwicklung der sprachbasierten Medien
                    bis zum 20. Jahrhundert

3   **Mündlichkeit und Schriftlichkeit** 27
3.1   Mündlichkeit 28
3.2   Schriftlichkeit 30
3.3   Gesellschaftliche Folgen der Schriftlichkeit 33
       3.3.1   Komplexitätssteigerung 35
       3.3.2   Archivierung 35
       3.3.3   Interpretationsprobleme 36
       3.3.4   Ausdifferenzierung 37
3.4   Mündlichkeit und Schriftlichkeit in verschiedenen medialen
      Kontexten 38
       3.4.1   Theater 38
       3.4.2   Telefon 38
       3.4.3   Anrufbeantworter 39
       3.4.4   Kommunikationsmöglichkeiten im Internet 39
       3.4.5   Hörfunk 40
       3.4.6   Fernsehen 40
3.5   Übungsaufgaben 41
3.6   Literatur 41

4   **Text, Buch, Druck** 43
4.1   Text 44
4.2   Das Buch 45
4.3   Die Bibliothek 48
4.4   Die Drucktechnik und ihre Folgen 50
       4.4.1   Auswirkungen auf die Literatur 54
4.5   Übungsaufgaben 57
4.6   Literatur 57

5   **Zeitungen, Zeitschriften, Entstehung von Öffentlichkeit** 59
5.1   Zeitung 60
       5.1.1   Geschichte und Entwicklung der Zeitung 61
5.2   Zeitschrift 66
       5.2.1   Geschichte der Zeitschriften 67
5.3   Massenmedien und Öffentlichkeit 68
5.4   Übungsaufgaben 69
5.5   Literatur 70

6	**Sprache und Bild**	**71**
6.1	Lautsprache	72
6.2	Schrift	72
6.3	Bild	74
	6.3.1 Ikonizität	74
	6.3.2 Indexikalität	75
	6.3.3 Symbolik	76
6.4	Historische Stationen der Bildlichkeit und Text-Bild-Beziehungen in Europa	77
	6.4.1 Höhlenmalerei	78
	6.4.2 Antike Fresken	78
	6.4.3 Mittelalter	79
	6.4.4 Renaissance	81
	6.4.5 Barocke Emblematik	83
6.5	Stilbegriffe	84
6.6	Übungsaufgaben	86
6.7	Literatur	87

Themenblock 3: Entwicklung der modernen technischen Medien seit dem 19. Jahrhundet

7	**Fotografie**	**89**
7.1	Entwicklung zur Fotografie	90
7.2	Leistungen der Fotografie	95
7.3	Fotografie als Beruf und als Massenphänomen	97
7.4	Dokumentarische und künstlerische Fotografie	98
7.5	Folgen der Digitalisierung	99
7.6	Von der Fotografie zum Film	100
7.7	Übungsaufgaben	101
7.8	Literatur	102
8	**Film**	**103**
8.1	Das Kino-Dispositiv	104
8.2	Entwicklung der Filmtechnik	105
8.3	Unterscheidungen innerhalb des Mediums Film	107
	8.3.1 Spaltung in Dokumentarfilm und Spielfilm	107
	8.3.2 Real- und Animationsfilm	108
	8.3.3 Realistische und artifizielle Tendenzen	110
8.4	Hybridität des Films	112
8.5	Montage	113
8.6	Ausbildung verschiedener Spielfilmgenres	115
8.7	Das Starsystem	115

8.8   Das Autorenkino 116
8.9   Übungsaufgaben 116
8.10 Literatur.. 117

9   Radio und Fernsehen 119
9.1   Radio 120
      9.1.1   Entstehung 120
      9.1.2   Programmgestaltung. 122
      9.1.3   Konkurrenz durch das Fernsehen. 124
9.2   Fernsehen 125
      9.2.1   Fernsehvisionen. 125
      9.2.2   Entstehung und Entwicklung 128
      9.2.3   Charakterisierungen des Mediums Fernsehen 132
9.3   Übungsaufgaben 136
9.4   Literatur.. 137

10   Digitale Medien. 139
10.1 Der Computer 140
      10.1.1 Grundlagen der Computertechnik 141
      10.1.2 Geschichte des Computers. 144
10.2 Das Internet 146
10.3 Übungsaufgaben 149
10.4 Literatur.. 149

11   Multimedia und Hypermedia 151
11.1 Multimedia 152
11.2 Hypertext und Hypermedia 153
11.3 Medienkonvergenz. 157
11.4 Übungsaufgaben 160
11.5 Literatur.. 160

Themenblock 4: Übergeordnete Aspekte der Mediengeschichte

12   Selbstreflexivität und Intermedialität 161
12.1 Selbstreflexivität... 162
12.2 Intermedialität 165
      12.2.1 Intermedialität als Partizipation an der Aktualität
              der digitalen Medien. 166
      12.2.2 Fotografie und Emblematik.......................... 168
      12.2.3 Fotografie und Malerei. 169
      12.2.4 Fotografie und Film 171
      12.2.5 Film und Malerei. 173

12.3 Übungsaufgaben 175
12.4 Literatur... 175

13 Medienwelten und Medienwirklichkeit 177
13.1 Welt, Weltbild, Lebenswelt 178
    13.1.1 Konstruktion der Wirklichkeit 179
    13.1.2 Kultur als Repräsentations- und Reflexionsform von
           Wirklichkeitskonstruktionen.......................... 180
    13.1.3 Prozess der Zivilisation und Modernisierung............ 181
13.2 Bild, Simulation, virtuelle Realität............................ 184
13.3 Übungsaufgaben 190
13.4 Literatur... 191

14 Mediennutzung und Medienwirkung......................... 193
14.1 Mediennutzung 194
14.2 Medienwirkungsforschung................................... 197
    14.2.1 Quantitative und qualitative Forschungsmethoden....... 198
    14.2.2 Ansätze der Wirkungsforschung...................... 199
14.3 Spezifische Erklärungsmodelle am Beispiel: Medien und Gewalt . 202
14.4 Übungsaufgaben 205
14.5 Literatur... 205

Zeittafel zur Mediengeschichte 207

Personenregister 209

Sachregister 211

Vorwort

Ziel dieser Einführung ist es, den Leserinnen und Lesern einen anschaulichen Überblick über die Geschichte der Medien von den frühesten Höhlenbildern bis zur Digitaltechnik der Gegenwart zu verschaffen. Dies soll nicht durch eine bloße Aneinanderreihung von Daten und Erfindungen geschehen. Vielmehr kommt es darauf an, die Entwicklung der Medien stets vor dem Hintergrund ihrer gesellschaftlichen Bedingungen und Folgen darzustellen. Gefragt werden soll dabei nach den Gründen für die Entstehung und die Etablierung neuer Medientechniken, aber ebenso nach ihren sozial- und mentalitätsgeschichtlichen Konsequenzen sowie ihrer Bedeutung in der gegenwärtigen Medienlandschaft.

Die Einführung ist in 14 Einheiten gegliedert, die auch als Entsprechung der üblichen Anzahl von Sitzungen einer Lehrveranstaltung innerhalb eines Semesters verstanden werden können. Die ersten beiden Einheiten vermitteln eine begriffliche und theoretische Basis für die weitere Betrachtung des Phänomens der Medien.

Die folgenden vier Einheiten beschäftigen sich mit der Entwicklung der sprachbasierten Medien. Einheit 3 beleuchtet die Unterschiede zwischen mündlichen und schriftlichen Kommunikationsformen sowie die Auswirkungen, die die historische Entstehung der Schrift auf die betreffenden Gesellschaften und Kulturen hatte. Einheit 4 setzt dies fort, indem die entstehenden Formen der Textpräsentation betrachtet werden und die Versuche, die sich mit dem Medium Schrift ansammelnden Wissensbestände zu ordnen. Ein wichtiges Datum ist dabei die Erfindung der Drucktechnik mit beweglichen Lettern in der Mitte des 15. Jh. Damit ist zum ersten Mal die massenhafte Verbreitung von Schrifterzeugnissen möglich, was weitreichende historische Folgen hat und den Grundstein für die Entstehung moderner Gesellschaften legt. Einheit 5 beschäftigt sich mit den auf der Drucktechnik beruhenden Medien Zeitung und Zeitschrift, die im Europa des 17. Jh. aufkommen und die Entstehung einer bürgerlichen Öffentlichkeit ermöglichen, mit tiefgreifenden gesellschaftlichen und politischen Konsequenzen. Die 6. Einheit folgt der Entwicklung der Bildmedien sowie dem Wandel der Beziehungen, in denen Sprache und Bild im Laufe der Mediengeschichte zueinander stehen.

Die Einheiten 7 bis 11 betrachten im Einzelnen die Entwicklung der modernen technischen Medien, die seit dem 19. Jh. entstehen. Den Anfang macht hier die Fotografie (Einheit 7), die ihren direkten technischen Nachfolger im Medium Film findet, ohne dabei selbst obsolet zu werden. Der Film (Einheit 8) etabliert seine ganz eigenen Vorführ- und Vermarktungsbedingungen.

Inhaltlich kann er sich zwar zunächst an älteren Künsten wie Literatur und Theater orientieren, bildet jedoch schnell auch eigene Erzählformen und Genres heraus. Einheit 9 folgt den Rundfunkmedien Radio und Fernsehen in ihrer flächendeckenden Ausbreitung sowie dem Wandel ihrer Programmstrukturen und -elemente im Laufe des 20. Jh. Das Fernsehen entwickelte sich zu einem gesellschaftlichen Leitmedium, das bis heute mehr Menschen erreicht und länger genutzt wird als alle anderen Medien. Entscheidendes daran geändert hat bis jetzt auch die Digitaltechnik noch nicht, deren Entwicklung in Einheit 10 behandelt wird. Seit den 1980er Jahren verbreitet sich der Computer auch in Privathaushalten und nimmt dort immer mehr die Rolle eines Universalmediums ein, das in der Lage ist, alle früheren Medien zu integrieren (Einheit 11). Das Internet, das seit den 1990er Jahren in der Form des *World Wide Web* (WWW) seinen Siegeszug angetreten hat, eröffnete ganz neue Kommunikationsmöglichkeiten und verändert die Struktur der Öffentlichkeit nachhaltig.

Die drei abschließenden Einheiten des Buches beschäftigen sich mit übergeordneten Aspekten der Mediengeschichte. Unter der gegenwärtigen Konkurrenzsituation der Medien zeigen diese eine verstärkte Tendenz, ihre eigenen Bedingungen und Möglichkeiten in sich selbst zu reflektieren. Dies geschieht sowohl in künstlerischen als auch in unterhaltenden Formaten. Einheit 12 stellt hier einige Beispiele vor und zeigt auch, wie die verschiedenen Medien intermedial aufeinander Bezug nehmen können. Unsere Gegenwart kann in mehreren Hinsichten als „Medienwelt" bezeichnet werden (Einheit 13). Der Umfang der Beschäftigung mit den Medien nimmt einen immer breiteren Raum im Leben der Menschen ein. Dadurch wird auch das Bild, das sich jeder einzelne von der Welt macht, immer stärker durch das geprägt, was von den Medien vermittelt wird. Die abschließende Einheit 14 beschäftigt sich daher mit der Entwicklung der Mediennutzung und mit wissenschaftlichen Ansätzen zur Untersuchung der Wirkungen von Medien.

Alle Einheiten werden ergänzt durch Kontrollfragen, die weniger Faktenwissen als das Verständnis von Zusammenhängen in der Entwicklung der einzelnen Medien überprüfen sollen. Hinzu kommen Hinweise auf weiterführende Literatur zu den behandelten Themen.

Der historischen und theoretischen Darstellung sind immer wieder Beispiele für künstlerische Auseinandersetzungen mit den Medien beigegeben. Häufig finden sich diese im Bereich des Kinos. Wir haben die Filmbeispiele jeweils unter die Überschrift *Mediengeschichte(n) im Film* gestellt. Damit soll auch zum Weiterdenken angeregt und für die historischen und strukturellen Hintergründe der verschiedenen Medienprodukte sensibilisiert werden, mit denen wir alle heute mehr als die Hälfte unserer wachen Lebenszeit verbringen.

Weitere Materialien, die Lösungen zu den Übungsaufgaben und aktuelle Hinweise zu den Themen des Buches finden sich auch auf der Internetseite der Reihe www.bachelor-wissen.de. Die entsprechenden Stellen in dieser Einführung sind – wie hier – durch eine Maus in der Randspalte markiert. Es wurde Wert darauf gelegt, das Themengebiet so darzustellen, dass es auch von Studienanfängern ohne spezifische Vorkenntnisse im Laufe eines Semesters erschlossen und angeeignet werden kann, sei es im Rahmen einer Lehrveranstaltung oder auch im Selbststudium. Mediengeschichte ist mittlerweile im Zuge der Modularisierung der BA-Studiengänge nicht mehr nur fester Bestandteil medienwissenschaftlicher Studiengänge im engeren Sinne, sondern wird auch in anderen kulturwissenschaftlichen Studiengängen oder in traditionellen Disziplinen wie den verschiedenen Nationalphilologien im Rahmen einer kulturwissenschaftlichen Ausrichtung vermittelt. Diese Einführung ist daher so konzipiert, dass sie im Rahmen einer einsemestrigen Lehrveranstaltung, sei es Vorlesung oder Seminar, umgesetzt werden kann und dann sowohl eine solide Grundlage für darauf aufbauende medientheoretische, -ästhetische oder -historische Veranstaltungen mit spezifischen Schwerpunkten bildet, als auch alleine oder als mediengeschichtlicher Anteil im Rahmen kleinerer medienwissenschaftlicher Module, etwa in Kombination mit einer Einführung in die Medientheorie, eingesetzt werden kann.

Dieses Buch geht auf eine Vorlesung zurück, die seit 2001 regelmäßig an der Universität Karlsruhe (TH) gehalten wurde. Wir möchten daher allen Studierenden danken, die durch Hinweise, Anregungen und das Anfertigen von Protokollen zum Gelingen und zur Weiterentwicklung dieser Veranstaltung beigetragen haben, sowie insbesondere den verschiedenen Generationen von studentischen Hilfskräften und Mentoren, die die Vorlesung und die dafür erstellten Materialien betreut wie auch zum Teil bei der Arbeit am Manuskript des Buches und der Beschaffung von Bildern mitgewirkt haben: Christopher Baumann, Claudia Pinkas, Anette Müller, Annegret Scheibe, Germaine Götzelmann, Dominik Schrey, Marie-Hélène Adam, Falk Straub, Wolf Rüttinger und Julia Knörnschild. Nicht zuletzt gilt unser Dank auch unserem Lektor Jürgen Freudl für seine stete und tatkräftige Unterstützung sowie dafür, dass er trotz Termindruck immer Geduld, Nervenstärke und Humor bewiesen hat.

Karlsruhe, im September 2008   *Andreas Böhn und Andreas Seidler*

Ausgediente Fern-
seher in Tunesien.
Fotografin:
Sibylle Bauser

Kommunikations- und Zeichentheorie

1.1	Kommunikationstheorie	2
1.1.1	Kommunikationsmodell: Sender – Kanal – Botschaft – Empfänger	2
1.1.2	Einfache Reiz-Reaktionsprozesse vs. Kommunikationsprozesse	2
1.1.3	Information und Redundanz	3
1.1.4	Kommunikationsmodell nach Jakobson	4
1.1.5	Aus Jakobsons Modell resultierende Zeichenfunktionen	5
1.2	Zeichentheorie	7
1.2.1	Bilaterales Zeichenmodell nach de Saussure	7
1.2.2	Die triadische Struktur des Zeichens nach Charles S. Peirce	7
1.2.3	*Type, Token, Tone*	8
1.2.4	*Langue* und *parole*	8
1.2.5	Zeichentypen	9
1.2.6	Semiotische Ebenen	10
1.2.7	Sprache und Bild als Zeichen	10
1.3	Übungsaufgaben	12
1.4	Literatur	13

Diese erste Einheit gibt einen Überblick über verschiedene Begriffe und Modelle aus der Kommunikations- und Zeichentheorie. Sie sind für ein Verständnis des Phänomens der Medien und ihrer Geschichte unerlässlich. Auslöser der Entwicklung vieler dieser Theorien, denen die Begriffe entstammen, waren oftmals Neuerungen im Bereich der Medientechnik. Die historisch vorhandene Technik hat daher auch in vielen Fällen die jeweiligen theoretischen Modelle geprägt. Dies trifft insbesondere für die zuerst zu erläuternden Kommunikationsmodelle zu.

Kommunikation, egal in welchem Medium sie stattfindet, ist angewiesen auf den Gebrauch von Zeichen. Die Vielschichtigkeit dieses vom Alltagsverständnis her so geläufigen Begriffs zu vermitteln, ist Zweck des zweiten Teils der Einheit.

1.1 | Kommunikationstheorie

Medien als Vermittlungsinstanzen

Medien sind ganz allgemein gesprochen Vermittlungsinstanzen in Kommunikationsprozessen. Durch Medien wird eine Verbindung hergestellt, über die Kommunikation, also Informationsübermittlung durch Zeichen, stattfinden kann. Die Frage danach, was unter Kommunikation und was unter Zeichen zu verstehen ist, ist also eng verbunden mit der Bestimmung des Begriffs der Medien selbst.

1.1.1 | Kommunikationsmodell: Sender – Kanal – Botschaft – Empfänger

Technisches Kommunikationsmodell

Mit dem Aufkommen moderner technischer Kommunikationsmedien wie z. B. der Funkübertragung begann auch eine neue philosophische Reflexion darüber, was denn eigentlich Kommunikation sei. Der Versuch, Kommunikationsvorgänge allgemein zu beschreiben, führte zunächst zu einem einfachen, technischen Modell aus vier verschiedenen Elementen, die vorhanden sein müssen, um von einem Kommunikationsvorgang sprechen zu können: Sender, Empfänger, Botschaft und Kanal.

In diesem einfachen Kommunikationsmodell steht der Kanal für die Rolle des Mediums, also der Vermittlungsinstanz. Über den Kanal wird eine Botschaft von einem Sender zu einem Empfänger übertragen.

1.1.2 | Einfache Reiz-Reaktionsprozesse vs. Kommunikationsprozesse

Die Interaktion der vier Elemente Sender, Empfänger, Kanal und Botschaft lässt sich bereits durch ein einfaches Beispiel veranschaulichen, etwa durch den Vorgang des Kaufs einer Fahrkarte an einem Fahrkartenautomaten. Der Käufer übernimmt dabei die Rolle des *Senders*, welcher seinen Wunsch, ein bestimmtes Ticket zu erwerben, also die *Botschaft*, auf dem *Kanal* der elektrischen Leitungen an den Automaten-*Empfänger* übermittelt. Die

Botschaft ist dabei angekommen, wenn die entsprechende Fahrkarte gedruckt wird. Solche Informationsvermittlungsvorgänge können auch ausschließlich unter Apparaten ablaufen. Man spricht dabei von Reiz-Reaktions-Prozessen, um sie von komplexeren Kommunikationsprozessen zu unterscheiden. Einfache Reiz-Reaktions-Prozesse sind gekennzeichnet durch das Fehlen eines Interpretationsspielraums, was ein falsches Verstehen der Botschaft ausschließt. Entweder funktioniert der automatische Prozess oder nicht. Davon sind Kommunikationsprozesse mit Interpretationsspielräumen

Abb. 1.1
Fahrkartenautomat

zu unterscheiden. Solche finden zwischen Personen statt und sind gekennzeichnet durch die Möglichkeit von Verständnisproblemen. Die Botschaft kann dabei missverständlich oder völlig unverständlich sein. Deshalb zeichnen sich derartige Kommunikationsprozesse dadurch aus, dass sie den Vorgang der Kommunikation selbst zum Thema machen können. So können Rückfragen gestellt werden, die versuchen zu klären, ob die Verständnisprobleme an der Botschaft selbst oder an der Unzulänglichkeit des genutzten Kanals liegen. (Beim Gespräch etwa: ist das Verständnisproblem ein akustisches, oder wurde die Mitteilung in ihrer Bedeutung nicht verstanden? Sie kennen vermutlich alle den alten Witz: Frage des Referenten an sein Publikum: „Verstehen Sie, was ich sage?" Spontane Antwort aus dem Publikum: „Nur akustisch.")

Information und Redundanz

1.1.3

Die Botschaft eines Kommunikationsvorgangs ist nicht gleichbedeutend mit seiner Information. Um sich dies zu verdeutlichen, ist eine weitere begriffliche Unterscheidung einzuführen, nämlich die zwischen *Information* und *Redundanz*. Wenn eine Botschaft zum ersten Mal übermittelt wird, hat sie den Status einer Information, sofern ihr Inhalt dem Empfänger zuvor noch nicht bekannt war. Der Informationsgehalt bemisst sich also nach dem Grad der Neuheit und Unvorhersehbarkeit der mitgeteilten Botschaft. Eine wiederholt übermittelte Botschaft ist somit nicht mehr informativ.

Information

Bei vielen Kommunikationsvorgängen macht eine Wiederholung der Botschaften trotzdem Sinn. Beim Funkverkehr z. B. ist es aufgrund möglicher atmosphärischer Störungen üblich, dass der Empfänger die Botschaft wiederholt, um den korrekten Empfang der Botschaft zu überprüfen. Durch

Bedeutung der Redundanz

diese Wiederholung wird keine neue Information erzeugt, sondern Redundanz, die für den Erfolg einer Kommunikation ebenso von Bedeutung sein kann.

Redundanz stellt den Gegenbegriff zu Information dar. In jedem Kommunikationsakt müssen jedoch Anteile von Information und Redundanz miteinander verbunden sein. Es ließe sich vermuten, dass ein höherer Informationswert stets die Effektivität einer übermittelten Botschaft steigert. Das Verhältnis von Information und Redundanz in der Kommunikation hat jedoch je nach Kommunikationssituation verschiedene Optima. Bei einem schriftlichen Text haben die Leser die Möglichkeit, diesen beliebig langsam oder wiederholt zu lesen, um die Information zu erfassen. Es ist daher bei schriftlichen Texten möglich, eine höhere Informationsdichte und weniger Redundanz zu erzielen. Bei einem mündlich vorgetragenen Text können die Zuhörenden den Rezeptionsvorgang nicht nach ihrem Belieben unterbrechen oder wiederholen. Es empfiehlt sich daher bei der mündlichen Kommunikation zu ihrer Effektivitätssteigerung von vornherein mehr Redundanz in Form von mehrfachen Umschreibungen gleicher Inhalte mit anderen Worten oder Zusammenfassungen von bereits Gesagtem einzubauen.

In den natürlichen Sprachen ist Redundanz bereits strukturell vorhanden. Jede Sprache hat nur ein bestimmtes Inventar an zulässigen Lauten und Lautverbindungen, auf die in der Kommunikation zurückgegriffen wird und die somit den Raum des Erwartbaren einschränken. Nur so können akustische Störungen aus der Kommunikation herausgefiltert werden, weil bekannt ist, welche Laute und Lautkombinationen z. B. in der deutschen Sprache zur Bedeutungskonstitution verwendet werden oder auch nicht.

(Marginalien:) Schriftliche Kommunikation / Mündliche Kommunikation / Natürliche Sprachen

1.1.4 | Kommunikationsmodell nach Jakobson

Der aus Russland stammende Linguist Roman Jakobson (1896–1982) stellte 1960 ein Kommunikationsmodell vor, das das viergliedrige Modell um zwei weitere Elemente erweiterte und somit geeigneter war, die Kommunikation zwischen Menschen in ihrer Funktionsweise zu beschreiben. Der Begriff Botschaft ist in diesem Modell durch *Mitteilung* ersetzt, der Begriff Kanal durch *Kontakt*. Die Begriffe *Kode* und *Kontext* fügte er dem Modell neu hinzu.

Mit den neu eingeführten Begriffen macht Jakobson auf wichtige Voraussetzungen der Kommunikation aufmerksam. Der Begriff *Kontext* verweist auf die Rahmenbedingungen, die eine Mitteilung erst verständlich machen. Einfache Äußerungen wie „hier", „dort", „dieser" (*Deixis*) sind ohne Kenntnis der Situation, in der die Kommunikation stattfindet, völlig unverständlich. In verschiedenen Kontexten öffnen sich verschiedene Interpretationsspielräume für die Kommunikation. Ein und dieselbe Aussage kann je nach Kontext eine andere Bedeutung haben.

(Marginalie:) Kontext

|Abb. 1.2
Kommunikations-
modell nach Roman
Jakobson

Kontext

Mitteilung

Sender--Empfänger

Kontakt

Kode

Veranschaulichen kann man sich dies wiederum an einem einfachen Beispiel: Angenommen, mehrere Personen sitzen in einem Raum mit offenem Fenster. Plötzlich sagt eine Person laut: „Es zieht!" Isoliert betrachtet ist diese Aussage die bloße Feststellung eines Zustandes. Aufgrund der Situation in dem Raum kann sie aber auch als Aufforderung an eine dem Fenster näher sitzende Person verstanden werden, dieses zu schließen. Diese Bedeutung lässt sich aus dem Wortlaut gar nicht herauslesen, ist aber in dem beschriebenen situativen Kontext eine nahe liegende Deutung.

Der *Kode* ist das Zeichensystem, das die Formulierung oder auch die Ver- und Entschlüsselung einer Mitteilung regelt. Beim oben bereits erwähnten Beispiel des Fahrscheinautomaten ist der Kode installiert, so dass es keine internen Interpretationsspielräume gibt. Bei zwischenmenschlicher Kommunikation sind die Voraussetzungen jedoch ganz andere. Damit Kommunikation erfolgreich ist, müssen Sender und Empfänger über einen gemeinsamen Kode verfügen, d. h. zumindest eine gemeinsame Teilmenge eines Zeichensystems beherrschen. Ein solches Zeichensystem kann eine natürliche Sprache sein oder auch eine Fachsprache, deren Kode nur die jeweiligen Experten kennen.

Kode

Mit seiner Erweiterung des Kommunikationsmodells nahm Jakobson also Rücksicht auf die Relevanz der Rahmenbedingungen und die besonderen Spielräume, die sich in der zwischenmenschlichen Kommunikation eröffnen. Erfolgreiche Kommunikation setzt nicht nur einen Sender und einen Empfänger voraus, die durch einen Kanal miteinander verbunden sind. Vielmehr bedarf es der Wahl eines an Situation und Partner angepassten Kodes, die erst durch die Kenntnis des Kontexts ermöglicht wird.

Aus Jakobsons Modell resultierende Zeichenfunktionen

|1.1.5

Den sechs Elementen von Jakobsons Kommunikationsmodell lassen sich spezifische Zeichenfunktionen zuordnen, die nun näher erläutert werden sollen.

Die *emotive* Zeichenfunktion ist dem Sender zugeordnet. Emotiv meint die Informationen, die der Sender beim Formulieren einer Mitteilung über sich selbst gibt, dazu gehören auch die unwillkürlich übermittelten. So kann etwa die Färbung der Stimme Auskunft geben über Geschlecht, Alter und Gemütszustand des Senders. Seine Ausdrucksweise gibt Hinweise auf die regionale Herkunft und den Bildungsstand.

Emotive Funktion

5

Abb. 1.3
Die Sprachfunk-
tionen nach Roman
Jakobson

```
                                        referenziell
                                         poetisch
        emotiv--------------------------------------------------------------------konativ
                                         phatisch
                                       metasprachlich
```

Konative Funktion

Die *konative* (lat. *conari* = streben nach) Funktion richtet die Perspektive auf den Empfänger im Kommunikationsprozess. Sie bringt den Aspekt zum Ausdruck, dass durch die Kommunikation beim Empfänger etwas erreicht oder ausgelöst werden soll. So kann das Ziel der Kommunikation sein, seine Einstellung und seine Bereitschaft, etwas zu tun, oder einfach seinen Wissensstand zu verändern. Beispiele sind u. a. Werbung oder Propaganda.

Referenzielle
Funktion

Die *referenzielle* Funktion bezeichnet den Bezug, den die Kommunikation auf ihre Umwelt nimmt. Hier wird also der Kontext relevant, in dem eine Kommunikation abläuft. Jede Kommunikation muss auf Gegenstände konkreter oder abstrakter Art verweisen. Wenn z. B. von einem *Ginkgo* die Rede ist, muss klar sein, auf welches „Ding" in der Welt dieses Wort verweist, damit die Kommunikation gelingen kann.

Poetische Funktion

Die *poetische* Zeichenfunktion bezieht sich auf die Mitteilung und deren Gestaltung. Eine Mitteilung kann „schön", „auffällig", „kunstvoll" usw. sein. Zur schriftlichen Mitteilung lassen sich verschiedene Schriftarten wählen. Sprache kann z. B. in Reime gefasst sein. Mit diesen Gestaltungsaspekten der Kommunikation beschäftigen sich vor allem die Bereiche Kunst, Design und Werbung. Klassisches Beispiel: *I like Ike* – der Slogan, mit dem Dwight D. Eisenhower 1952 in den Präsidentschaftswahlkampf gegen Adlai Stevenson zog.

Phatische Funktion

Die *phatische* Funktion rückt die Rolle des Kontakts im Kommunikationsprozess in den Blick. Sie wird immer dann aktualisiert, wenn überprüft werden soll, ob der Kanal, durch den kommuniziert wird, noch intakt ist. So richtet etwa bei einer gestörten Telefonverbindung die Frage: „Hören sie mich noch?" die Aufmerksamkeit auf die phatische Funktion der Kommunikation.

Metasprachliche
Funktion

Im Gegensatz dazu thematisiert die *metasprachliche* Zeichenfunktion nicht, ob eine Botschaft korrekt übermittelt, sondern ob sie in ihrer Bedeutung verstanden wurde. Metasprachliche Aspekte kommen dann ins Spiel, wenn überprüft wird, ob Sender und Empfänger über denselben Kode verfügen. Dies kommt etwa in der Nachfrage zum Ausdruck: „Haben Sie verstanden, was ich damit sagen will?" Die Grundbedeutung von metasprachlich ist: sprechen über Sprache – insofern ist also die gesamte Linguistik metasprachlich, wie auch jeder Kommentar zu einem sprachlichen Werk.

Zeichentheorie

|1.2

Der Ausdruck Zeichen ist in seiner Alltagsbedeutung allgemein bekannt. Zu verstehen, was ein Zeichen ist und wie Zeichen funktionieren, setzt jedoch weitere begriffliche Unterscheidungen voraus. Verschiedene Sprach- und Kommunikationswissenschaftler haben das Zeichen mit vielfältigen Bestimmungen versehen.

Bilaterales Zeichenmodell nach de Saussure

|1.2.1

Der Sprachwissenschaftler Ferdinand de Saussure entwarf vom Modell der Sprache ausgehend ein bilaterales (zweiseitiges) Zeichenmodell. Danach besteht ein Zeichen immer aus zwei Seiten, nämlich dem bezeichnenden Ausdruck (*Signifikant*) und der damit bezeichneten Vorstellung (*Signifikat*). Der *Signifikant* (das Bezeichnende) ist die materielle Seite

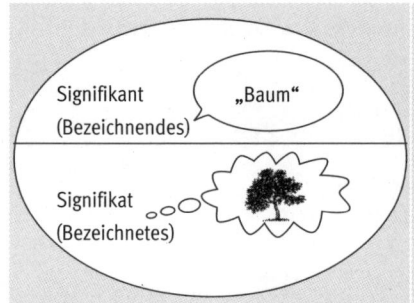

|Abb. 1.4
Bilaterales
Zeichenmodell
nach Ferdinand de
Saussure

eines Zeichens, die dazu verwendet wird, etwas anderes zu bezeichnen. Das *Signifikat* (das Bezeichnete) ist die Vorstellung, die beim Hören oder Sehen des Zeichens entsteht. Saussure grenzt sich damit vom Gebrauch des Wortes „Zeichen" alleine für die Ausdrucksseite ab. Er macht darauf aufmerksam, dass ein Zeichen eben erst dadurch zum Zeichen wird, dass Ausdruck und Vorstellung miteinander verbunden sind wie die zwei Seiten eines Blattes Papier.

Die triadische Struktur des Zeichens nach Charles S. Peirce

|1.2.2

Der amerikanische Philosoph Charles S. Peirce beschrieb mit der triadischen Struktur des Zeichens ein dreigliedriges Zeichenmodell. Dieses wird im folgenden Schaubild mit den Begriffen präsentiert, die am häufigsten verwendet werden; andere ebenfalls vorkommende, darunter die von Peirce selbst verwendeten, stehen in Klammern.

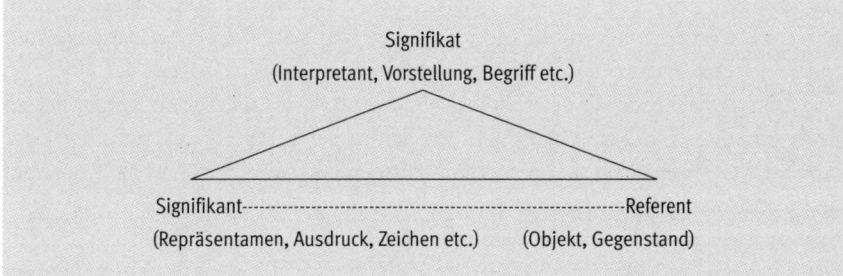

|Abb. 1.5
Triadisches
Zeichenmodell nach
Charles S. Peirce
(1839–1914)

In diesem Modell wird nicht nur zwischen der Ausdrucksseite (Signifikant) und der Vorstellung (Signifikat), die damit verbunden ist, unterschieden. Es macht außerdem darauf aufmerksam, dass es zur Funktion des Zeichens gehört, einen Referenten (ein Objekt) in der Welt zu besitzen, auf den es durch die Verbindung von Ausdruck und Vorstellung verweist.

1.2.3 | Type, Token, Tone

Die verschiedenen Aspekte des Zeichens lassen sich noch nach anderen Kriterien unterscheiden. Die Begriffstrias *type*, *token*, *tone* erlaubt eine genauere Analyse des Zeichenbegriffs.

Tabelle 1.1
Weitere Zeichen

type (Ausdruck)	*token* (Äußerung)	*tone* (Tönung)
Unter *type* wird der hinter einer konkreten Äußerung stehende Ausdruck, das allgemeine Muster verstanden, das die Verstehbarkeit und Wiedererkennbarkeit eines Zeichens erst ermöglicht, also beispielsweise der Buchstabe „A" unabhängig von seiner konkreten Realisierung.	Das *token* ist die konkrete Äußerung in einer Kommunikationssituation, die Aktualisierung eines Zeichens (*type*) in Raum und Zeit, etwa genau das „A", das hier in diesem Satz auf dieser Seite dieses Exemplars des Buches *Mediengeschichte* steht.	Unter *tone* werden solche Aspekte an den *tokens* (konkreten Äußerungen) verstanden, die auf der Ebene des *type* nicht von unterscheidender Bedeutung sind. So kann z. B. die Verwirklichung ein und desselben abstrakten Musters, etwa des Buchstabens „A", ganz verschiedene Ausformungen annehmen, ohne dass sich dadurch die Bedeutung verändert. („A", „A", „A")

1.2.4 | Langue und parole

Die Unterscheidung von aktualisierten Zeichen und einem diesen zugrunde liegenden System nimmt auch Ferdinand de Saussure mit seinen Begriffen *langue* und *parole* vor. Unter *langue* versteht er dabei die Sprache als System, also als Gesamtheit aller potenziell vorhandenen Vokabeln (*Lexik*) zusammen mit den zugehörigen Verknüpfungsregeln (*Grammatik*).

Erklärbarkeit von Sprachwandel

Unter *parole* hingegen werden die tatsächlich aktualisierten sprachlichen Äußerungen verstanden. Diese Unterscheidung von *langue* und *parole* ist deshalb wichtig, weil ohne sie die Veränderungen von Sprachen im Laufe der Zeit nicht erklärbar wären. *Langue* und *parole* stehen nämlich in einem ständigen Spannungsverhältnis. Das sprachliche System wird in der konkreten Anwendung laufend modifiziert. So können manche Wörter ganz in Vergessenheit geraten (z.B. die im Althochdeutschen gebräuchlichen *oheim* ‚Mutterbruder'

(Onkel mütterlicherseits) und *fetiro* ‚Vaterbruder' (Onkel väterlicherseits; s. Nübling et al. 2008: 127)), andere neu eingeführt werden (z. B. *Ganzkör-perlifting, Flachvater* oder *Mentaliban*; s. Lemnitzer 2007). Oder es findet auf der Ebene der Grammatik eine Relativierung der Regeln durch Abweichungen und Vereinfachungen im Gebrauch statt, bis sich schließlich neue Regeln bilden. (Dieser Prozess lässt sich z. B. an der Entwicklung der deutschen Sprache vom Althochdeutschen über das Mittelhochdeutsche bis zum heutigen Hochdeutsch verfolgen.)

Zeichentypen |1.2.5

Charles S. Peirce hat Zeichen ganz allgemein in drei verschiedene Typen unterschieden:

Ein *Index* ist ein Zeichen, das einen zeitlichen oder räumlichen Bezug zu | Index
seinem Referenten hat. Ein natürlicher Index ist ein Zeichen, das als Folge der Wirkung seines Objekts verstanden wird. So ist Rauch ein Zeichen für Feuer und ein Fußabdruck im Sand ein Zeichen dafür, dass dort ein Lebewesen gegangen ist. Ein künstlicher Index ist beispielsweise ein Pronomen, dessen Bezug von dem Zusammenhang seiner konkreten Äußerung mit seinem Referenten abhängt. ‚Dieser Baum' ist der Baum vor mir oder der Baum, auf den ich gerade zeige; unabhängig von einer solchen Situation ist nicht klar, welcher Baum gemeint ist.

|Abb. 1.6
Ikon „Parken auf Gehwegen"

Ein *Ikon* ist ein bildhaftes Zeichen. Es steht in einem Ähnlichkeits- oder Analogieverhältnis zu dem, was es bezeichnet. | Ikon
Eine bildhafte Darstellung kann insofern als Zeichen für einen Gegenstand verstanden werden, als es diesem ähnlich ist.

Ein *Symbol* ist ein arbiträres (willkürliches) Zeichen, d. h. die Zuordnung | Symbol
von Zeichen und Bezeichnetem beruht lediglich auf einer Konvention. So ist der rote Rahmen um ein Verkehrsschild ein Symbol für Gefahr, weil dies so zugeordnet wurde, und nicht, weil ein bildhafter oder ursächlicher Zusammenhang zwischen beiden besteht.

Die meisten Wörter in natürlichen Sprachen sind ebenfalls als symbolische Zeichen zu verstehen. Die einzige Ausnahme sind onomatopoetische Wörter, die ihre Bedeutung durch die Lautähnlichkeit mit dem Bezeichneten herstellen, z. B. *wauwau, klatschen. Onomatopoetika* (lautmalerische Ausdrücke) sind demnach als ikonische Zeichen einzuordnen.

Die Zeichentypen treten häufig in vermischter Form auf. Viele Verkehrs- | Vermischte Formen
schilder bestehen aus symbolischen und ikonischen Elementen. So z. B. das Schild „Achtung Wildwechsel". Durch Form und Farbe verweist es symbolisch

Abb. 1.7
Verkehrszeichen
„Achtung Wild-
wechsel"

auf eine drohende Gefahr. Durch einen schematisch abgebildeten Hirsch zeigt es ikonisch die Gefahrenquelle an. Findet sich am Straßenrand ein umgeknicktes Verkehrsschild, so wäre dies darüber hinaus als Index zu lesen, dass an dieser Stelle ein Fahrzeug von der Fahrbahn abgekommen ist.

1.2.6 | Semiotische Ebenen

Die Zeichen und ihre Funktionsweisen lassen sich auf drei semiotischen (gr. *semeion* = Zeichen) Ebenen untersuchen.

Syntax

Die *Syntax* fragt nach den formalen Kombinationsregeln eines Sprachsystems, durch die die Zeichen in eine Ordnung gebracht werden. (Z. B. wie Worte angeordnet werden, um einen deutschen Frage- oder Aussagesatz zu bilden; vgl. **Wirst Du** morgen kommen? vs. **Er wird** morgen kommen.)

Semantik

Die *Semantik* untersucht die Verbindung von Zeichen und Bedeutungen. Wie werden bestimmte Bedeutungen durch die Kombination von Zeichen konstituiert?

Abb. 1.8
Peter Bichsel: *Ein Tisch ist ein Tisch*

Dem Bett sagte er Bild.
Dem Tisch sagte er Teppich.
Dem Stuhl sagte er Wecker.
Der Zeitung sagte er Bett.
Dem Spiegel sagte er Stuhl.
Dem Wecker sagte er Fotoalbum.
Dem Schrank sagte er Zeitung.
Dem Teppich sagte er Schrank.
Dem Bild sagte er Tisch.
Und dem Fotoalbum sagte er Spiegel.

Die *Pragmatik* beschäftigt sich mit der Handlungseinbettung des Zeichengebrauchs (*How to do things with words*, so ein berühmter Buchtitel des Philosophen John Austin). Wie lassen sich bestimmte Zeichen verwenden, um damit bestimmte Ziele zu erreichen? So dient eine Aussage wie „Hier zieht's" oder „Hier

Pragmatik

ist's aber kalt" in der Regel dazu, den Gesprächspartner zu veranlassen, das Fenster zu schließen oder die Raumtemperatur zu erhöhen.

Eine vollständige Analyse der Funktion und des Gebrauchs von Zeichen kann nur unter Berücksichtigung aller drei genannten Ebenen durchgeführt werden.

1.2.7 | Sprache und Bild als Zeichen

Sprache und Bilder unterscheiden sich in ihrer Funktionsweise als Zeichen. Bilder, sofern sie gegenständlicher Art sind, scheinen zunächst eindeutiger im Hinblick auf das durch sie Abgebildete zu sein. Gleichzeitig können sie jedoch auch einen wesentlich höheren Interpretationsbedarf erzeugen als sprachliche

Texte. Um den semiotischen Verweisungsreichtum eines Bildes erfassen zu können, muss oftmals auch auf sprachliche Texte zurückgegriffen werden. Wie viele Bedeutungsebenen an einem Bild erkannt werden, hängt dabei von den Vorkenntnissen der Betrachtenden ab. Veranschaulichen lässt sich dies anhand eines Werbeplakats.

Abb. 1.9
Werbeanzeige für
Drum-Tabak

Die Werbeanzeige der Firma *Drum* zeigt eine junge Frau, die auf dem Toilettenrand stehend Michelangelos berühmtes Fresko *Die Erschaffung Adams* an die Decke malt. Am unteren Bildrand befinden sich das Firmenlogo und ein Werbeslogan. Was die Betrachtenden medial vor sich haben, ist eine drucktechnisch vervielfältigte Fotografie der Frau vor dem Hintergrund des Deckengemäldes. Um die Botschaft des Bildes zu verstehen, müssen die zahlreichen Verweise des Bildes beachtet werden. Zunächst einmal muss das Deckengemälde als Nachbildung von Michelangelos Fresko in der Sixtinischen Kapelle erkannt werden, um den Bezug herzustellen. Um das Motiv zu verstehen, bedarf es darüber hinaus der Kenntnis der in textlicher Form in der Bibel beschriebenen Schöpfungsgeschichte. Ist dieser Text, in welcher vermittelten Form auch immer, nicht bekannt, kann die Bedeutung des Gemäldes nicht verstanden werden. Nur vor dem Hintergrund dieser Kenntnisse entschlüsselt sich auch die mit der Werbeanzeige insgesamt vermittelte Botschaft. Nach der biblischen Erzählung hat Gott Adam erschaffen. In dieser Darstellung ist die „Schöpferin" Adams im Bild jedoch eine Frau. Das Bild spielt also einerseits mit der Vorstellung des Künstlers als Schöpfer. Darüber hinaus wird aber auch eine Verkehrung der traditionellen Geschlechterrollen vorgenommen, war der Maler des Freskos in der Sixtinischen Kapelle doch ein Mann. In Kombination mit dem Werbeslogan „Drum. Your Own Rhythm" vermittelt das Bild somit die Idee von Emanzipation, Eigenständigkeit, Selbstbewusstsein und einer Form von Respektlosigkeit, die darin besteht, das sakrale und für die Kunstgeschichte selbst eine Art „Heiligtum" darstellende Gemälde Michelangelos aus der Sixtinischen Kapelle in die eigene Toilette zu verlegen.

Um die Werbebotschaft zu verstehen, müssen diese Bezüge zu kulturell wichtigen Bildern und Texten erkannt werden. Außerdem wird zum Verständnis vorausgesetzt, dass der Kode der englischen Sprache beherrscht wird, um den Slogan zu verstehen. Bei den potenziellen Käufern wird außerdem davon ausgegangen, dass sie wissen, welches Produkt sich hinter der Marke „Drum" verbirgt. Bild- und Textkenntnisse müssen zusammenwirken, um die Botschaft zu entschlüsseln.

⌂ 1.3 | Übungsaufgaben

Abb. 1.10 |
Verkehrszeichen
„Schleudergefahr"

1 Welches sind die sechs Konstituenten von Jakobsons Kommunikationsmodell? Erläutern Sie die entsprechenden Zeichenfunktionen, die diesen zugeordnet sind.

2 Nennen und erläutern Sie die drei Elemente des Zeichenmodells von C. S. Peirce.

3 Nennen und erläutern Sie die drei Ebenen, auf denen sich Zeichensysteme untersuchen lassen.

4 Erläutern Sie, welche Zeichentypen im Verkehrszeichen „Schleudergefahr" (Abb. 1.10) Verwendung finden.

Abb. 1.11 |
E. T.-Filmplakat

5 Handelt es sich beim Geld abheben an einem Bankautomaten um einen Kommunikationsprozess oder um einen Reiz-Reaktions-Prozess? Begründen Sie ihre Antwort.

6 Warum kann in manchen Kommunikationssituationen ein hoher Informationsgehalt problematisch sein? Führen Sie eigene Beispiele dafür an.

7 Betrachten Sie das Poster zum Film *E. T.* Welche Typen, Funktionen und Ebenen von Zeichen werden dort wirksam?

Literatur | **1.4**

Bichsel, Peter: Ein Tisch ist ein Tisch. In: Ders.: Geschichten. Frankfurt/M. 2005.

Eco, Umberto: Zeichen. Einführung in einen Begriff und seine Geschichte. Frankfurt/M. 1977.

Jakobson, Roman: Linguistik und Poetik. In: Jens Ihwe (Hg.): Literaturwissenschaft und Linguistik. Ergebnisse und Perspektiven, Frankfurt/M. 1971, S. 142–178.

Lemnitzer, Lothar: Von Aldianer bis Zauselquote. Neue deutsche Wörter. Wo sie herkommen und wofür wir sie brauchen. Tübingen 2007.

Nöth, Winfried: Handbuch der Semiotik. 2., vollständig neu bearb. Auflage. Stuttgart, Weimar 2000.

Nübling, Damaris u. a.: Historische Sprachwissenschaft des Deutschen. Eine Einführung in die Prinzipien des Sprachwandels. 2., überarb. Auflage. Tübingen 2008.

Rusch, Gebhard: Kommunikationsmodelle. In: Metzler-Lexikon Medientheorie – Medienwissenschaft. Hg. v. Helmut Schanze. Stuttgart, Weimar 2002, S. 164–166.

Medienbegriffe

Inhalt

2.1	Universaler/weiter Medienbegriff	16
2.2	Elementarer semiotischer Medienbegriff	17
2.3	Technische Medienbegriffe	17
2.3.1	Primäre, sekundäre und tertiäre Medien	17
2.3.2	Analoge und digitale Medien	18
2.3.3	Technisch-funktionaler Medienbegriff	19
2.4	Unterscheidung nach genutzten Sinneskanälen	21
2.5	Unterscheidung nach kommunikativer Reichweite und Organisation	22
2.6	Kommunikations- und organisationssoziologischer Medienbegriff	23
2.7	Mediendispositive	24
2.8	Übungsaufgaben	25
2.9	Literatur	26

Was ist ein Medium?

Grundlage einer Einführung in die Mediengeschichte muss es sein, zunächst einmal den Begriff Medium zu klären. In Anbetracht des vielfältigen Gebrauchs des Wortes fällt es nämlich gar nicht so leicht zu bestimmen, was eigentlich ein Medium ist. Die Wissenschaft selbst bietet keine eindeutige und allgemein verbindliche Definition des Begriffs, dafür aber verschiedene Perspektiven, unter denen das, was als Medium gilt, betrachtet werden kann. Medien definieren sich jeweils anders, wenn sie aus technischer Sicht, aus Sicht der Produzenten oder der Rezipienten betrachtet werden. Es gibt somit verschiedene Medienbegriffe, die im Folgenden erläutert werden sollen.

2.1 | Universaler/weiter Medienbegriff

Medium als Vermittler

Der weiteste Begriff des Mediums beruht auf der ursprünglichen Bedeutung des lateinischen Wortes *medium* = Mittel. Danach gilt alles als Medium, was in irgendeiner Form vermittelt zwischen getrennten Dingen, Personen etc. Selbst die in spiritistischen Kreisen verbreitete Bedeutung des Mediums als Vermittlungsinstanz zwischen verschiedenen Welten oder zwischen Lebenden und Toten fällt unter diese Definition.

Zwei viel beachtete Fassungen eines universalen Medienbegriffs haben die Theoretiker Marshall McLuhan (1911–1980) und Niklas Luhmann (1927–1998) geliefert.

Marshall McLuhan: *Extensions of man*

Für McLuhan wird das Wesen eines Mediums durch die Formel *extensions of man* (Ausweitungen des Menschen) beschrieben. McLuhans Grundlage besteht in einer Sicht auf den Menschen, die diesen als Gattungswesen mit der Tendenz zur Ausweitung und zum Ausgriff in den Raum betrachtet. So erscheinen bereits die Gliedmaßen als natürliche und ureigene Erweiterungen des Torsos, die es dem Menschen ermöglichen, in seine Umwelt einzugreifen. Der Mensch weitet seine natürlichen Möglichkeiten jedoch durch Werkzeuge oder Waffen aus, die seine Einwirkungsmöglichkeiten auf die Umwelt gleichzeitig ausdehnen und präzisieren. Die eigentlichen Kommunikationsmedien wie Brief, Funk, Telefon etc., die es dem Menschen ermöglichen, seinen Kommunikationsradius zu vergrößern, stellen danach nur einen Spezialfall dieser allgemeinen Ausweitungsbemühungen des Menschen dar. Medien, also *extensions of man*, sind im Sinne McLuhans z. B. auch Straßen, die es dem Menschen erlauben, sich schneller fortzubewegen und damit seinen Handlungsradius zu vergrößern.

Medium/Form-Relation

Der Medienbegriff Niklas Luhmanns ist auf eine andere Weise universal. Medien bestimmen sich danach ausschließlich durch ihre Relation zu Formen. Als Medium kann alles fungieren, was in der Lage ist, Formen aufzunehmen. Medien sind somit die Bedingung für die Entstehung und Übertragung von Formen. Zum Medium taugen dann solche Elemente, die genügend Flexibilität aufweisen, um diese aufzunehmen. So eignet sich die Luft insofern als Medium, als sie in der Lage ist, Schallwellen aufzunehmen und zu übertragen.

Die Sandkörner am Strand sind aufgrund ihrer losen Verbindung dazu in der Lage, die Form von Fußspuren aufzunehmen. Medium und Form sind jedoch keine festgelegten Eigenschaften, sondern hängen von der Perspektive der Betrachtung ab. So können die Sandkörner, die soeben noch als Medium fungierten, selbst auch als Formen erscheinen, sobald etwa das einzelne Sandkorn in seiner spezifischen Form betrachtet wird. Gleichzeitig lassen sich Medium und Form eines Sachverhalts jedoch nie beobachten, sondern immer nur nacheinander. Analog lässt sich dies am Verhältnis von Vordergrund und Hintergrund in den bekannten Kippbildern erläutern. Die Konzentration

Abb. 2.1
Kippbild: Posierende Frau oder acht Delphine?

kann dabei nicht gleichzeitig auf beides gerichtet werden. Die Form erscheint immer nur durch die Abblendung des Hintergrunds (Medium). Was jeweils als Vordergrund und Hintergrund bzw. als Form und Medium erscheint, ist jedoch veränderbar.

Elementarer semiotischer Medienbegriff

| 2.2

Die Medienbegriffe McLuhans und Luhmanns sind sehr allgemein gefasst und daher wenig geeignet, den Gegenstandsbereich einer Geschichte der Medien einzugrenzen. Es empfiehlt sich daher, einen elementar semiotischen Medienbegriff zu wählen. Von Medien ist dann nur im Zusammenhang kommunikativer, zeichenbasierter Interaktion die Rede. Diese setzt voraus, dass in der Kommunikation interpretationsfähige Zeichen verwendet werden. Damit ist die Analyse von Medien auf die Kommunikation zwischen Menschen beschränkt. Medien fungieren dabei als Kontakt zwischen Menschen, als Kanal, der für das Senden von Botschaften verwendet wird. (Vgl. Einheit 1)

Kommunikative, zeichenbasierte Interaktion

Technische Medienbegriffe

| 2.3

Primäre, sekundäre und tertiäre Medien

| 2.3.1

Medien lassen sich auch anhand ihrer technischen Voraussetzungen bestimmen. Harry Pross (*1923) hat den Vorschlag gemacht, Medien nach dem Grad der Mitwirkung von technischen Hilfsmitteln bei der Übertragung von Botschaften zu unterscheiden. Er gelangt dadurch zu drei Kategorien: primäre, sekundäre und tertiäre Medien.

Bestimmung durch technische Voraussetzungen

Primäre Medien sind solche, bei denen weder auf der Seite des Senders bei der Produktion noch auf der Seite des Empfängers bei der Rezeption irgendwelche technischen Hilfsmittel benötigt werden. Dies ist z. B. bei den grundlegenden menschlichen Kommunikationsmedien Sprache, Gestik und Mimik der Fall.

Primäre Medien

Bei sekundären Medien kommt nur auf der Produktionsseite Technik zum Einsatz, bei der Rezeption jedoch nicht. Die technischen Hilfsmittel dabei können von einfacher, aber auch von komplexer Art sein. Rauchzeichen wären etwa ein solches sekundäres Medium, oder auch die Schrift, gleich ob sie mit einem einfachen Griffel oder mit einer Schreibmaschine hergestellt wird. Ebenso fallen gemalte Bilder und auch die Fotografie unter die sekundären Medien, denn auch bei ihnen beruht die Produktion auf mehr oder wenig anspruchsvoller Technik, während diese zur Betrachtung nicht benötigt wird.

Sekundäre Medien

Tertiäre Medien setzen sowohl bei der Rezeption als auch bei der Produktion technische Hilfsmittel voraus. Dies ist z. B. bei der Telegrafie, beim Film, beim Fernsehen und beim Internet der Fall. Überall hier wird sowohl zur Herstellung der Botschaft als auch für ihren Empfang Technik benötigt.

Tertiäre Medien

Anhand dieser Dreiteilung lässt sich gut die historische Entwicklung der Medien von den ursprünglichsten menschlichen Kommunikationsformen Gestik und Sprache bis hin zum Internet verfolgen. Es liegt nahe, die tertiären Medien als die modernen technischen Medien zu bezeichnen. Allerdings führt diese Einteilung auch zu Unschärfen. Denn es ist üblich, bereits die Fotografie aufgrund des komplexen technischen Aufwands bei der Produktion zu den modernen Medien zu zählen, obwohl zur Betrachtung eines Fotos keine Technik benötigt wird. Auch die Unterscheidung von primären und sekundären Medien ist nicht immer klar zu treffen, weil hierbei zunächst zu klären ist, was überhaupt als Technik gelten soll. Ist z. B. jedes einfache Instrument zum Beschriften einer Unterlage bereits Technik, oder sollen dazu erst komplexere Apparate wie z. B. eine Schreibmaschine gezählt werden? Nach der Einteilung von Pross handelt es sich bereits beim Schreiben mit einem Griffel um ein sekundäres Medium, beim Schreiben mit dem Finger im Sand jedoch nicht. Solche Grenzfälle machen deutlich, dass sich die angesprochenen Unterscheidungen zwar treffen lassen, aber im Einzelfall nicht immer sinnvoll erscheinen.

Moderne technische Medien

Unschärfen der Einteilung

2.3.2 | Analoge und digitale Medien

Nach technischen Kriterien lassen sich die modernen Medien auch in analoge und digitale Medien unterscheiden.

Analoge Medien haben ein bestimmtes Funktionsprinzip gemeinsam. Die mediale Übertragung (z. B. Schallereignis → Vinyl-Pressung → Abspielen der Schallplatte) funktioniert nach dem Prinzip der Analogie, d. h. der Ähnlichkeit. So entsprechen den gemessenen Amplituden des Schalls materielle Einprägungen auf dem Trägermedium Schallplatte. Die Form der Rillenwand der Schallplatte wird ihrerseits wieder als Äquivalent zu einer Amplitude vom Abspielgerät ausgelesen und von diesem in entsprechende Schallwellen verwandelt.

Analoge Medien

 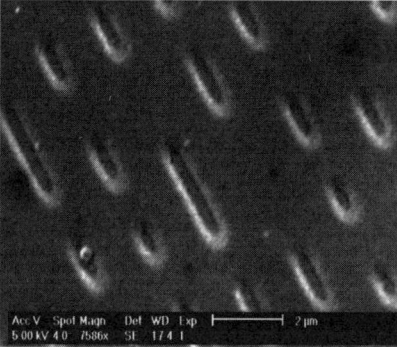

|Abb. 2.2
Plattenspieler aus den 1960er Jahren © 2004 Tomasz Sienicki

|Abb. 2.3
Gepresste CD betrachtet mit Raster-Elektronen-Mikroskop (Schutzlack entfernt)

Bei digitalen Medien besteht kein Ähnlichkeitsverhältnis mehr zwischen dem Darzustellenden und der Form der Speicherung. Die Daten werden in ein anderes Zeichensystem übersetzt, das nicht mehr nach dem Prinzip der Analogie, sondern nach seiner eigenen Logik funktioniert. In unserem Beispiel der Schallaufzeichnung und Übertragung werden bei digitalen Medien die Amplituden in den ihnen völlig unähnlichen binären Code, der nur die Werte 0 und 1 kennt, übertragen. Zum Abspielen muss dieser Code zunächst wieder rückübersetzt werden. (Vgl. auch Einheit 10) Technische Medienbegriffe sind beliebt, da sie eine klare Unterscheidung vortäuschen. Welche Technik verwendet wird, scheint einfach erkennbar zu sein. Die Unterscheidung von analoger und digitaler Produktion ist jedoch bei vielen Medienprodukten gar nicht mehr nachvollziehbar. Ein Foto kann z. B. analog fotografiert, dann digitalisiert und ausgedruckt werden, ohne dass dieser Prozess beim Betrachten noch erkennbar ist.

Digitale Medien

Technisch-funktionaler Medienbegriff

|2.3.3

Beim technisch-funktionalen Medienbegriff wird nicht nur die zugrunde liegende Technik eines Mediums, sondern auch dessen Funktion zur Definition herangezogen. Dabei wird zwischen Speicher-, Übertragungs- und Kommunikationsmedien unterschieden.

Definition durch Funktion

Speichermedien sind z. B. Schallplatte, CD, DVD oder die Festplatte eines Computers. Sie dienen der Speicherung von Informationen.

Speichermedien

Abb. 2.4

Meno Haas: *Hastiger Briefschreiber und Postillon*. Titelbild von: J. C. Vollbeding: *Neuer gemeinnützlicher Briefsteller für das bürgerliche Geschäftsleben.* Berlin 1825

Ein Übertragungsmedium ist z. B. die für die Ausstrahlung von Fernsehen über Antenne oder Kabel genutzte Technik. Solche Medien dienen der einseitigen Übertragung von Informationen.

Übertragungsmedien

Kommunikationsmedien hingegen werden verwendet, um Informationen nicht nur einseitig zu senden, sondern auch auszutauschen, also zu kommunizieren. Beispiele hierfür wären der Briefwechsel (s. Abb. 2.4), das Telefon oder das Internet.

Kommunikations-
medien

Auch bei der funktionalen Definition der Medien ist das Problem einer klaren Abgrenzung der Kategorien leicht zu erkennen. So können Telefon und Internet als Übertragungs- und als Kommunikationsmedien verwendet werden. Der PC als mediale Einheit betrachtet lässt sich dann sogar allen drei Kategorien zuordnen.

Unterscheidung nach genutzten Sinneskanälen

|2.4

Eine weitere Möglichkeit, die verschiedenen Medien zu klassifizieren, besteht in der Orientierung an den bei der Rezeption genutzten Sinnesorganen. Die meisten Medien setzen dabei am visuellen und/oder am auditiven Sinneskanal an. (Olfaktorische, gustatorische und taktile Wahrnehmung [Geruchs-, Geschmacks- und Tastsinn] spielen im medialen Zusammenhang bisher kaum eine Rolle.) Die Medien lassen sich daher unterscheiden in auditive, visuelle und audiovisuelle. Rein visuelle Medien wären Bilder, ein rein audi-

Auditiv, visuell,
audiovisuell

|Abb. 2.5
Wilhelm Amberg:
*Vorlesung aus
Goethes „Werther"*
(1870)

tives Medium die Musik. Gängigste Beispiele für audiovisuelle Medien sind (Ton-)Film und Fernsehen. Allerdings ist auch diese Einteilung der Medien nicht überall trennscharf durchzuführen. Das Buch scheint zunächst ein rein visuelles Medium zu sein, wird die gedruckte Schrift doch alleine über den Sehsinn wahrgenommen. Die Sprache und ihre Aktualisierung beim Lesen sind jedoch auditiv verankert. Die Schrift fungiert dabei als visuelle Codierung der lautlichen Sprache, deren Eindruck jedoch auch beim stillen Lesen ständig reproduziert wird, umso mehr beim lauten Vorlesen.

2.5 | Unterscheidung nach kommunikativer Reichweite und Organisation

Individualkommunikation

Die Unterscheidung der Medien nach ihrer kommunikativen Reichweite und Organisation orientiert sich an der Zahl der durch ein Medium erreichten Personen und der Organisation der Kommunikation. Dabei zeigen sich zwei Grundtypen von Medien, die jeweils eine andere Kommunikationsform ermöglichen:

Es gibt Medien, die der Vermittlung von Individualkommunikation dienen, d. h. sie verbinden eine Person mit einer anderen. Sie sind auf ein symmetrisches Kommunikationsverhältnis ausgelegt und ermöglichen den Rollenwechsel zwischen Sendenden und Empfangenden. Solche Medien sind z. B. Brief und Telefon.

Abb. 2.6 |
Medien zur Individualkommunikation

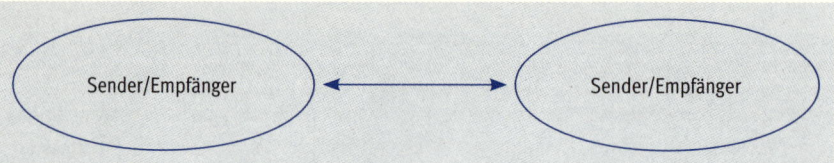

Abb. 2.7 |
Massenmedien

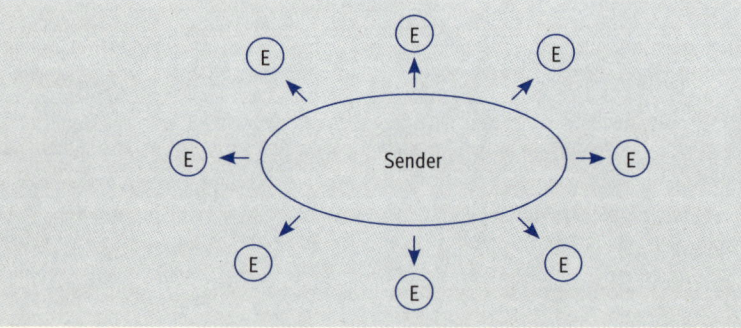

Massenmedien

Dem gegenüber stehen die Massenmedien wie Presse, Funk und Fernsehen. Diese sind gekennzeichnet durch zwei Prinzipien. Eine zentrale Sendequelle richtet sich an viele Empfänger. Dabei verläuft die Kommunikation einseitig. Eine Interaktion zwischen Sender und Empfänger ist also ausgeschlossen. Das

Verhältnis zwischen Sendern und Empfängern ist asymmetrisch, wenigen Sendern stehen viele Empfänger gegenüber. Die Rollen zwischen Sender und Empfänger sind dabei nicht austauschbar.

Die Medien unterscheiden sich auch in den organisatorischen Voraussetzungen, die gesellschaftlich vorhanden sein müssen, damit sie funktionieren können. Der Brief als Medium setzt so etwa das Postwesen voraus, also das Vorhandensein von Poststellen, Transportmitteln und Briefträgern. Das Telefon braucht ein funktionierendes Telefonnetz sowie Geräte, die der Distribution und eventuell auch Wartung und Reparatur bedürfen. Die Massenmedien bedürfen darüber hinaus zur Produktion und Sendung ihrer Programminhalte eines hohen Maßes an sozialer, technischer und ökonomischer Organisation.

Organisatorische Voraussetzungen

Abb. 2.8
Radio-Interview
© unida.asturies 2008

Abb. 2.9
Radio- und Fernseh-station Kōchi shinbun hoso-kaikan in Kōchi, Japan © 663highland 2008

Kommunikations- und organisationssoziologischer Medienbegriff | 2.6

Eine weitere Möglichkeit, Medien zu beschreiben und zu unterscheiden, orientiert sich an der Art und Weise, wie Medien die Kommunikation in der Gesellschaft organisieren. Dabei greift eine Vielzahl soziologischer Differenzierungen. So unterscheiden sich etwa Buchverlage, Pressewesen und Rundfunksektor völlig in der Organisation und Zusammensetzung ihres Personals, in der Art der Herstellung und Distribution ihrer Produkte sowie ihrer Finanzierung. Während Presse und Verlagswesen in Deutschland privatwirtschaftlich verfasst sind, gibt es im Bereich des Rundfunks auch das öffentlich-rechtliche Modell. Die Produktionskapazitäten von Presse und Rundfunk sind auf die regelmäßige Herstellung von gleichartigen Einheiten in festen Zeitintervallen ausgelegt, während Buchverlage davon deutlich verschiedene Produktionszyklen haben. Aber auch innerhalb eines Mediensektors gibt es starke Abweichungen. Die Programmgestaltung von öffentlich-rechtlichen und privaten Fernsehsendern unterscheidet sich nach wie vor in vielen Aspekten. Es gibt sehr unterschiedliche Arten der Recherche und der Aufbereitung von Informationen zwischen Boulevard- und Qualitätsjournalismus. Dies sieht man im Vergleich der ARD-Tagesschau mit Nachrichtensendungen privater Anbieter, ebenso wie wenn man die *Bild*-Zeitung, die FAZ und eine Regionalzeitung wie die *Rheinpfalz* oder die *Badische Zeitung* nebeneinander hält. Allerdings prägt die Orientierung an der Einschaltquote und die Fokussierung auf bestimmte (werbe-)relevante Zielgruppen die Programmangebote zunehmend, so dass z. B. die öffentlich-rechtlichen Sendeanstalten Politmagazine in ihrer Sendezeit kürzen oder auf den späteren Abend verschieben.

Selektivität der Medienbegriffe

Alle bisher genannten Medienbegriffe haben etwas Einseitiges, da sie sich jeweils selektiv an einzelnen Merkmalen der Medien orientieren. Die Klassifikation der Medien in verschiedene Kategorien hat daher auch immer eine gewisse Unschärfe und Beliebigkeit.

2.7 | Mediendispositive

Integrative Betrachtung

Der Begriff des *Mediendispositivs* versucht, alle bisher behandelten Eigenschaften und Merkmale der verschiedenen Medien zu berücksichtigen. Dadurch sollen Einseitigkeit und die Ausblendung bestimmter Aspekte in der Beschäftigung mit den Medien vermieden werden. Der Begriff *Mediendispositiv* impliziert den sozialen Gesamtzusammenhang von Technik, Produktions- und Rezeptionsbedingungen sowie die Funktion eines Mediums. Dieser theoretische Ansatz betrachtet Medien als komplexe Systeme, die nur als Ergebnis des Zusammenspiels all dieser Faktoren zu verstehen sind. Die Gestaltung und das Verhältnis der verschiedenen Aspekte, die von dem Begriff Mediendispositiv erfasst werden, unterliegen dabei ebenfalls einem historischen Wandel.

Beispiel: Tageszeitung

Das Dispositiv der Tageszeitung kann als anschauliches Beispiel für die Vielzahl der Faktoren und Instanzen angeführt werden, die notwendig sind für den Erfolg eines Mediums. Unter historischer Perspektive betrachtet ist die

Voraussetzung

erste Voraussetzung für die Entstehung von Zeitungen eine hinreichend große Menge alphabetisierter Menschen als potenzielle Leserschaft. Erst vor diesem Hintergrund kann sich die Produktion, Distribution und Finanzierung von Zeitungen organisieren. Heute stellt eine Tageszeitung ein komplexes Dispositiv aus zahlreichen sozialen und medialen Verknüpfungen dar.

Produktion

Im Hinblick auf die Produktion kann unterschieden werden in einen inhaltlichen und einen technischen Bereich. Den inhaltlichen Teil steuern Redakteure, Korrespondenten und Fotografen bei. Jede einzelne Zeitung greift dabei über ihr eigenes Personal hinaus auch auf die Leistungen der Nachrichtenagenturen zurück, die ein weit verzweigtes Netz an Korrespondenten unterhalten. Die Inhalte müssen dann täglich von dem darauf spezialisierten Personal in Format und Layout der jeweiligen Zeitung eingepasst werden. Schließlich muss die Zeitung gedruckt werden.

Distribution

An diesen Produktionsprozess schließt sich noch ein aufwändiger Distributionsprozess an. Man braucht Zusteller, die die Zeitungen an die Verkaufsstellen oder direkt zum Briefkasten der Abonnenten liefern. Dieser Produktions- und Distributionsprozess verursacht einen erheblichen finanziellen Aufwand, der gedeckt werden muss.

Die Finanzierung einer Tageszeitung läuft daher über mehrere Kanäle. Einnahmen werden erzielt durch den Verkauf am Kiosk und durch den Verkauf von Abonnements, der seinerseits eine eigene Vertriebsabteilung beschäftigt. Eine weitere Haupteinnahmequelle von Zeitungen sind kostenpflichtige Anzeigen, die den redaktionellen Teil eines Blattes ergänzen (s. Abschnitt 5.1.1). In diesem Bereich sind Zeitungen heute der Konkurrenz des Internets ausgesetzt, das klassische Inhalte wie Stellenausschreibungen oder Immobilienanzeigen übernimmt. Viele Tageszeitungen führten die daraus re-

|Abb. 2.10
Zeitungskiosk in
Rom (Mai 2005)
© Stefano Corso,
Pensiero

sultierenden Einnahmeverluste in finanzielle Nöte. Alle Tageszeitungen in Deutschland nutzen daher mittlerweile das Internet selbst als ergänzende Plattform zu ihrer Printausgabe. So werden dort teilweise die redaktionellen Inhalte dargeboten, aber auch zusätzliche und tagesaktuelle Informationen und Meldungen. Der Internetauftritt einer Zeitung bietet damit zusätzliche Werbefläche und Möglichkeiten für den Vertrieb von Produkten. Einige der überregionalen Tageszeitungen im deutschsprachigen Raum sind mittlerweile auch Verbindungen mit dem Medium Fernsehen eingegangen. Magazinsendungen werden z. B. unter dem Titel *Süddeutsche Zeitung TV* oder *NZZ Format* präsentiert. Dahinter steht die doppelte Absicht, zum einen im Massenmedium Fernsehen für den Namen der Zeitung zu werben, zum anderen aber auch etwas von dem seriösen Image der Tageszeitungen auf die Sendungen im Medium Fernsehen zu übertragen.

Finanzierung

Verbindungen mit
anderen Medien

So weit nur ein kurzer Überblick der gesellschaftlichen und medialen Bedingungen, unter denen sich das Mediendispositiv Tageszeitung formiert. Auswirkung auf die Gestaltung von Zeitungen haben darüber hinaus aber z. B. auch die Vorgaben, die das Presserecht macht oder die Rücksichtnahme auf (partei-)politische Interessen und Tendenzen.

Übungsaufgaben

|2.8 🖱

1 Geben Sie Beispiele für Massenmedien und für Medien zur Individualkommunikation. Worin unterscheiden Sie sich organisatorisch?

2 Medien lassen sich technisch nach drei Hauptfunktionen unterscheiden. Welche Funktionen sind dies und welche konkreten Medien lassen sich diesen zuordnen?

3 Worin unterscheiden sich analoge und digitale Medien?

Abb. 2.11
Optique renomée
(Kinder um einen
Guckkasten), Paris
(um 1780)

4 Was wird unter primären, sekundären und tertiären Medien verstanden? Wo würden Sie eine Bleistiftzeichnung und wo eine Diabildaufnahme zuordnen, wo den Guckkasten für Kinder (s. Abb. 2.11)? Begründen Sie Ihre Antwort.

5 Marshall McLuhan versteht unter Medien *extensions of man*. Geben Sie Beispiele, was sich unter diesem Begriff alles fassen lässt.

6 Erläutern Sie anhand eines Mosaikbildes die Beziehung zwischen Medium und Form nach Luhmann.

7 Was versteht man unter einem Mediendispositiv? Erläutern Sie dies am Beispiel „Nachrichtenmagazin".

2.9 | Literatur

Helmes, Günter u. Werner Köster (Hg.): Texte zur Medientheorie. Stuttgart 2002.

Hickethier, Knut: Einführung in die Medienwissenschaft. Stuttgart, Weimar 2003.

Kloock, Daniela u. Angela Spahr: Medientheorien. Eine Einführung. München 1997.

Leschke, Rainer: Medientheorie. In: Handbuch der Mediengeschichte. Hg. v. Helmut Schanze. Stuttgart 2001, S. 14–40.

Schöttker, Detlev: Von der Stimme zum Internet. Texte aus der Geschichte der Medienanalyse. Göttingen 1999.

Mündlichkeit und Schriftlichkeit

3.1	Mündlichkeit	28
3.2	Schriftlichkeit	30
3.3	Gesellschaftliche Folgen der Schriftlichkeit	33
3.3.1	Komplexitätssteigerung	35
3.3.2	Archivierung	35
3.3.3	Interpretationsprobleme	36
3.3.4	Ausdifferenzierung	37
3.4	Mündlichkeit und Schriftlichkeit in verschiedenen medialen Kontexten	38
3.4.1	Theater	38
3.4.2	Telefon	38
3.4.3	Anrufbeantworter	39
3.4.4	Kommunikationsmöglichkeiten im Internet	39
3.4.5	Hörfunk	40
3.4.6	Fernsehen	40
3.5	Übungsaufgaben	41
3.6	Literatur	41

Die erste Unterscheidung, die bei einer historischen und systematischen Betrachtung der Medien getroffen werden kann, ist die zwischen Mündlichkeit und Schriftlichkeit. Mündliche und schriftliche Kommunikation unterscheiden sich in zahlreichen Aspekten. Die Schrift ist das erste Medium, durch das es möglich wird, Kommunikation über größere räumliche und zeitliche Distanzen hinweg zu vermitteln. Die historische Entstehung der Schrift hatte tief greifende gesellschaftliche Auswirkungen. Ebenso beeinflusst sie das menschliche Denken stark. Heute treten mündliche und schriftliche Kommunikation in vielen medialen Kontexten auf. In welchem Verhältnis sie dort zueinander stehen, ist ebenfalls zu betrachten.

3.1 | Mündlichkeit

Gemeinsame zeitliche und räumliche Situation

Die Voraussetzung jeder mündlichen Kommunikation vor dem Einsatz technischer Übertragungsmedien wie etwa des Telefons ist die gemeinsame Präsenz von Sender und Empfänger in derselben zeitlichen und räumlichen Situation.

Reichweite der menschlichen Stimme

Die räumliche Ausdehnung der Situation ist begrenzt durch die Reichweite der menschlichen Stimme. Ohne elektronische Verstärkung kann sich ein Mensch nur über eine beschränkte Reichweite hin verständlich machen.

Noch genauer bestimmen lassen sich die zeitlichen Bedingungen mündlicher Kommunikation. Vor der Erfindung von Speichermedien ist diese nämlich darauf angewiesen, dass Sender und Empfänger exakt zur selben Zeit am selben Ort sind. Das Gesprochene vergeht mit dem Sprechen und kann nur im selben Augenblick gehört werden.

Eindeutigkeit durch geteilte Rahmensituation

Diese raum-zeitlichen Bedingungen mündlicher Kommunikation erzeugen für die Beteiligten allerdings auch ein Maß an Eindeutigkeit, das bei allen medial vermittelten Formen der Kommunikation verloren geht. Nur in der gemeinsam geteilten Situation lässt sich direkt auf konkrete Gegenstände zeigen. Die Angesprochenen haben bei Verständnisproblemen die Möglichkeit, sofort nachzufragen. Der Sprecher kann sich laufend korrigieren, das Gesagte noch einmal erläutern und Missverständnisse ausräumen, indem er auf die Reaktion seines Gegenübers unmittelbar entgegnet.

Ausdruckswert der Stimme

Bei mündlicher Kommunikation schwingt neben der semantischen Ebene der Sprache immer auch die emotive Ebene mit. Der Ausdruckswert der Stimme kann vom Sprecher absichtlich eingesetzt werden, um durch Heben und Senken der Stimme etwa die Bedeutung einzelner Wörter und Aussagen zu unterstreichen. Unwillkürlich teilt die Stimme aber auch etwas über die physische und emotionale Verfassung des Sprechenden mit. Diese Ebene mündlicher Kommunikation muss bei einer Verschriftlichung des Vorgangs unweigerlich auf der Strecke bleiben.

Parasprachliche Zeichen

Auf der semiotischen Ebene tritt mündliche Kommunikation meist in Verbindung mit parasprachlichen Zeichensystemen wie Mimik, Gestik und Proxemik auf.

Die Mimik als die Ausdrucksform des Gesichtes ist in ihren Bedeutungen über alle Kulturen hinweg weitgehend gleich und daher universell einsetzbar und verständlich – klassisches Beispiel: das Lächeln.

Mimik

Unter Gestik wird der kommunikative Einsatz von Armen und Händen verstanden. Diese ist in ihrer Ausformung und ihrer Bedeutung stark kulturabhängig. In südeuropäischen Ländern ist die Gestik als Begleitung mündlicher Kommunikation beispielsweise wesentlich ausgeprägter als in nordeuropäischen. Aufgrund dieser kulturellen Unterschiede kann die Gestik im Gespräch zwischen Angehörigen verschiedener Kulturen auch leicht zu Missverständnissen führen.

Gestik

| Abb. 3.1
Lächelnde Frau

| Abb. 3.2
Paul Klee: *Zwei Männer, einander in höherer Stellung vermutend, begegnen sich* (1903)

Proxemik meint diejenigen Signalwirkungen, die bei der Kommunikation von der Positionierung im Raum ausgehen. So lassen sich durch Raumverhältnisse z. B. Hierarchien zum Ausdruck bringen. Fremden Menschen gegenüber wird für gewöhnlich eine gewisse Distanz gewahrt, die in ihrer Ausprägung jedoch ebenfalls kulturabhängig ist. Das Unterschreiten dieser Distanz durch einen Gesprächspartner kann als Bedrohung wahrgenommen werden.

Proxemik

Da bei mündlicher Kommunikation Produktion und Rezeption zeitlich zusammenfallen und eine Speicherung normalerweise nicht üblich ist, sind die Grenzen dessen, was an Information aufgenommen werden kann, schnell erreicht. Das Gehörte ist stark an das Kurzzeitgedächtnis gebunden. Wenn der Inhalt des Gesagten gefestigt werden soll, müssen verschiedene rednerische Methoden zum Einsatz kommen. Der Stil eines gekonnten mündlichen Vortrags unterscheidet sich daher erheblich von dem, was in schriftlichen Texten als guter Stil betrachtet wird. Im mündlichen Vortrag kann die Verständlichkeit

Keine Speicherung

Stilmittel des mündlichen Vortrages

des Gesagten durch kurze Satzperioden und eine hohe Redundanz, also wiederholte Umschreibungen derselben Sachverhalte, erhöht werden. Ein stark hypotaktischer Satzbau, also die Unterordnung von Haupt- und Nebensätzen, ist zu vermeiden. Die Rede sollte vielmehr eher parataktisch gegliedert sein, d. h. durch die Aneinanderreihung von Hauptsätzen. Werden diese stilistischen Vorgaben etwa bei einem mündlichen Vortrag nicht berücksichtigt, sind die Zuhörenden in ihrer Aufnahmefähigkeit bald überfordert.

Anforderungen an Gedächtnisfähigkeit

Die fehlende Archivierbarkeit der gesprochenen Sprache vor der Entstehung der Schrift und der modernen technischen Speichermedien stellte besondere Ansprüche an das menschliche Gedächtnis bei der Produktion bzw. Reproduktion von Gesprochenem. Vor der Erfindung des Mediums Schrift war das menschliche Gehirn die einzige Speichermöglichkeit für Wissen.

Mnemotechniken

Die Menschen entwickelten aus diesem Grund bestimmte Mnemotechniken, also Merkhilfen, die durch eine gewisse formale Organisation der Sprache eine leichtere Memorierbarkeit ermöglichten. Mnemotechniken dienten der Weitergabe von relevantem Wissen von einer Generation zur nächsten. Solche formalen Strukturen von Sprache, die die Memorierung erleichtern, sind z. B. ein regelmäßiger Rhythmus beim Sprechen, was man als Metrum bezeichnet, und Reime. Texte mit wichtigen politischen oder rechtlichen Inhalten wurden daher vor der Einführung der Schrift oft poetisch überformt, um ihre Einprägbarkeit zu erhöhen. Wer schon einmal versucht hat, einen Prosatext auswendig zu lernen, weiß, wie schwer dies im Vergleich zu einem Gedicht mit regelmäßigem Metrum und Reimen ist.

3.2 | Schriftlichkeit

Überwindung von räumlicher und zeitlicher Distanz

Im Gegensatz zu mündlicher Kommunikation müssen sich bei schriftlicher Kommunikation Sender und Empfänger nicht mehr in derselben räumlichen und zeitlichen Situation befinden. D. h. sie können über räumliche und zeitliche Distanzen hinweg kommunizieren. Mit dieser Loslösung von einer geteilten Rahmensituation geht jedoch auch ein Verlust an Eindeutigkeit

Verlust an Eindeutigkeit

einher und es entsteht ein erhöhtes Maß an Interpretationsbedürftigkeit der Botschaft. Die schriftliche Mitteilung löst sich von der Person des Senders und dessen Handlungsrahmen. Dadurch entfallen die Möglichkeiten zu spontanen Korrekturen, Erläuterungen oder Nachfragen durch die Empfänger.

„Vaterlosigkeit" der Schrift

Bereits der griechische Philosoph Platon (ca. 428–348 v. u. Z.), der in einer Zeit des Übergangs von einer oral geprägten in eine schriftlich geprägte Kultur lebte, kritisierte in seinem *Phaidros*-Dialog die „Vaterlosigkeit" der Schrift.

Es heißt dort gleichnishaft, die geschriebenen Wörter gingen alleine in die Welt hinaus und seien daher allen Misshandlungen und Missverständnissen schutzlos ausgeliefert, gleich elternlos streunenden Kindern. Außerdem kri-

Schwächung des Gedächtnisses

tisierte Platon an der Schrift, dass sie die menschliche Gedächtnisfähigkeit schwäche, da es durch sie möglich wird, Informationen unabhängig von der Gedächtnisleistung einzelner Menschen zu speichern. Durch den fortgesetzten Gebrauch der Schrift fürchtete er daher die Degeneration des menschlichen Gedächtnisses. Interessanterweise äußerte Platon seine Kritik am Medium Schrift in schriftlichen Texten. (Wir würden sonst vermutlich heute weder seine Lehren noch seinen Namen kennen.) Allerdings verfasste Platon seine philosophischen Texte in der Form des Dialogs. D. h., er versuchte die Form mündlicher Kommunikation mit ihren Möglichkeiten zur Nachfrage und zum spontanen Eingehen auf den Gesprächspartner im Medium der Schrift zu imitieren.

|Abb. 3.3
Kopf des Platon (ca. 428–348 v. u. Z.), römische Kopie, München (Glyptothek)

|Abb. 3.4
Fragmente aus Platons *Politeia* (*Der Staat*)

Was bei schriftlicher Kommunikation außerdem gegenüber dem mündlichen Gespräch verloren geht, sind die Ausdrucksmöglichkeiten der parasprach-

Neue Ausdrucksmög-
lichkeiten

lichen Elemente Gestik, Mimik und Proxemik. Die Schrift gewinnt jedoch auch neue, eigene Ausdrucksmöglichkeiten hinzu. So besitzt jede Handschrift einen individuellen Ausdruckswert, an dem man etwa das Alter oder die momentane Verfassung der Person beim Schreiben ablesen kann. Außerdem bietet die Schrift die Möglichkeit zur Gestaltung des Layouts und zur Verknüpfung mit anderen Medien wie dem Bild. Manche Textgattungen, wie z. B. Montageanleitungen, lassen sich nur durch die Kombination von schriftlichen Erläuterungen und bildhaften Darstellungen optimieren.

Abb. 3.5 |
Anleitung zur
Montage eines
Insektenschutzes

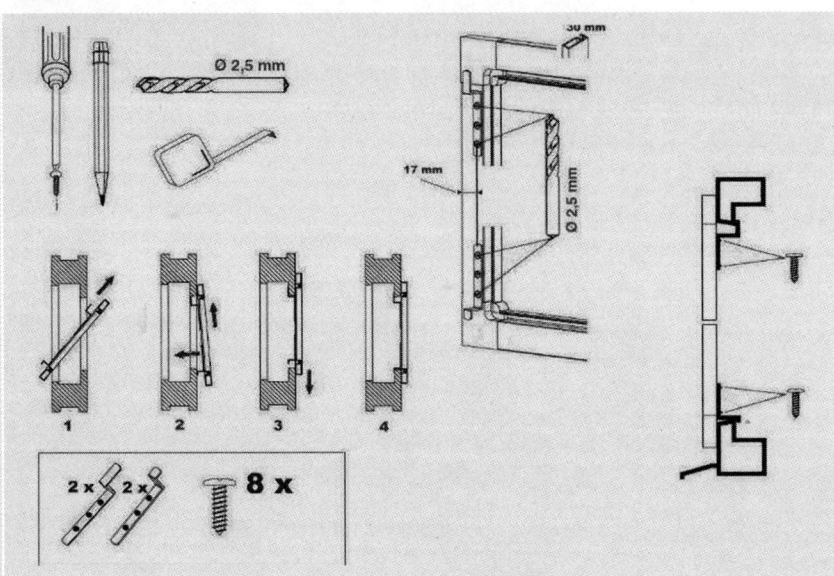

Zeitliche Unabhängig-
keit von Produktion
und Rezeption

Neue Möglichkeiten zur Gestaltung von Information ergeben sich bei der schriftlichen Kommunikation auch durch die zeitliche Unabhängigkeit von Produktion und Rezeption. Erst dadurch werden längere Satzperioden, hypotaktischer Satzbau und stärkere Informationsverdichtung möglich. Der Sender hat Zeit zur Planung seiner Mitteilung und kann den Schreibakt jederzeit zum Nachdenken unterbrechen. Entsprechend kann der Empfänger beliebig schnell oder langsam lesen bzw. bei der Lektüre zurückspringen und noch einmal wiederholen, bis die Information verstanden wurde.

Archivierbarkeit

Der bedeutendste Vorteil der Schrift gegenüber mündlicher Kommunikation ist, dass sie Mitteilungen archivierbar macht. Nur dadurch können räumliche und zeitliche Distanzen in der Kommunikation überwunden werden. Die schriftliche Fixierung erlaubt zum ersten Mal eine Speicherung von Botschaften, die unabhängig ist vom individuellen menschlichen Gedächtnis. Mit der Ausweitung des Schriftgebrauchs bilden sich schließlich sogar spezielle gesellschaftliche Institutionen wie Bibliotheken, die die Archivierung und Wiederauffindbarkeit von Schriften organisieren (s. Abschnitt 4.3).

Gesellschaftliche Folgen der Schriftlichkeit |3.3

In den folgenden Abschnitten sollen die weitreichenden Auswirkungen thematisiert werden, die die Verbreitung der Schrift in bis dahin oral geprägten Gesellschaften hatte. Diese Auswirkungen betreffen alle gesellschaftlichen Bereiche und verändern das alltägliche Leben einzelner Menschen ebenso wie die allgemeinen Vorstellungen in Politik, Philosophie und Theologie. Historisch entstand die Schrift im 4. Jahrtausend v. u. Z. in der Kultur der Sumerer. Die von ihnen entwickelte Keilschrift wurde mit einem Griffel in feuchte Tonplatten geritzt. Es gab und gibt nach wie vor sehr verschiedene Schriftsysteme. Eine Alphabetschrift, wie sie in Europa bis heute gebräuchlich ist, entwickelten die Griechen ca. im 8. Jh. v. u. Z. Diese wurde später von den Römern adaptiert und führte schließlich zu den heute verwendeten Buchstabenzeichen. Ganz anders als diese phonetische Schrift, die auf der Abbildung von Lauten beruht, funktioniert z. B. die chinesische Schrift. Hierbei handelt es sich um eine Wort-Schrift, in der ein Schriftzeichen für eine Sache steht. Die Zeichen beruhen auf einem piktographischen Prinzip, d. h. sie bilden den Gegenstand ab, den sie bezeichnen. Im Laufe der Geschichte kam es zu einer Typisierung der Zeichen, so dass die Ähnlichkeit mit den Gegenständen nur noch sehr eingeschränkt zu erkennen ist. Doch auch wenn die verschiedenen Schriftsysteme auf unterschiedlichen Prinzipien beruhen, zeigen sie doch alle deutliche Folgen für die sie benutzenden Menschen und Gesellschaften. Diese sollen nun idealtypisch dargestellt werden. In der historischen Wirklichkeit sind nicht

|Abb. 3.6
Zylinder des sumerischen Herrschers Gudea mit Keilschrift-Texten, Paris (Louvre)

Abb. 3.7 |
Medische (altira-
nische) Keilschrift,
aus: Carl Faulmann:
Das Buch der Schrift.
Wien 1880²

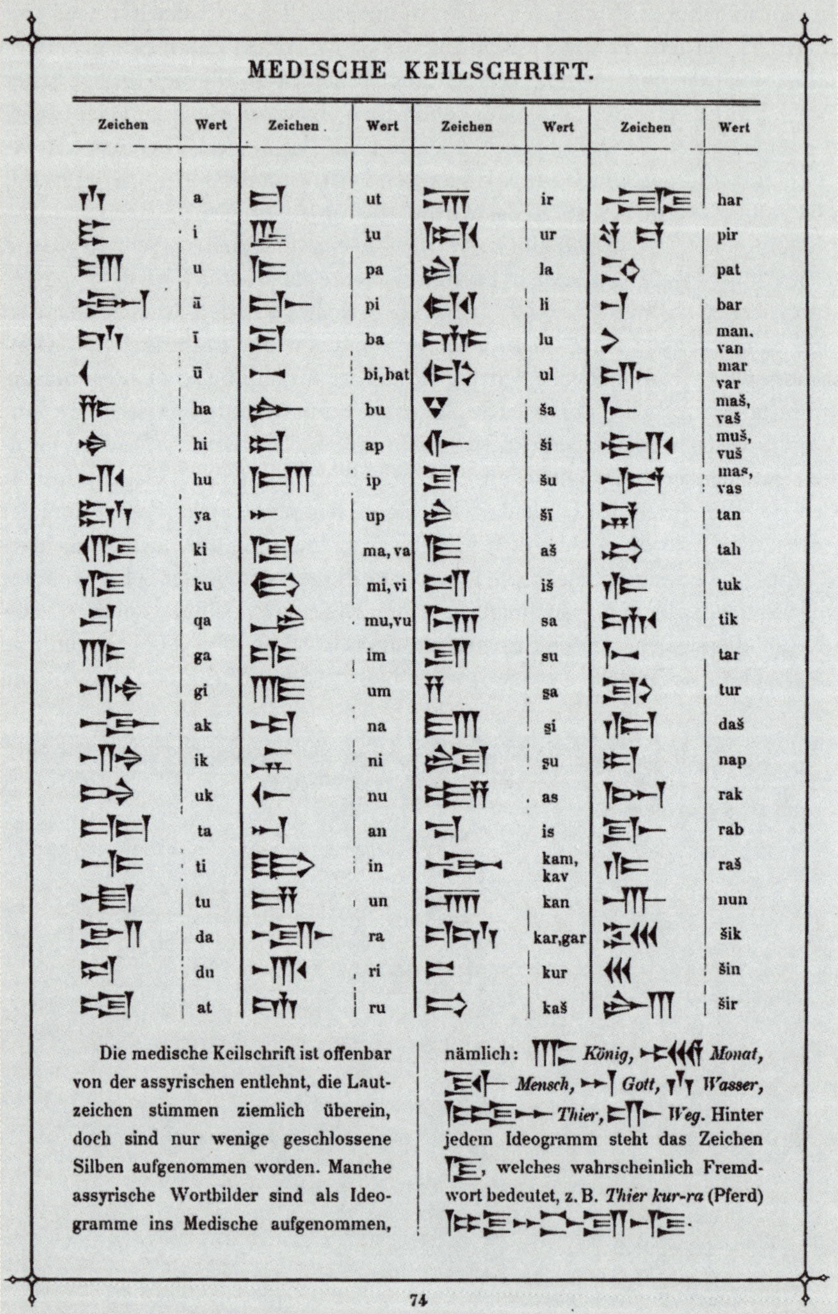

MEDISCHE KEILSCHRIFT.

Zeichen	Wert	Zeichen	Wert	Zeichen	Wert	Zeichen	Wert
𒎙	a	𒎙	ut	𒎙	ir	𒎙	har
𒎙	i	𒎙	ṭu	𒎙	ur	𒎙	pir
𒎙	u	𒎙	pa	𒎙	la	𒎙	pat
𒎙	ā	𒎙	pi	𒎙	li	𒎙	bar
𒎙	ī	𒎙	ba	𒎙	lu	𒎙	man, van
𒎙	ū	𒎙	bi, hat	𒎙	ul	𒎙	mar, var
𒎙	ha	𒎙	bu	𒎙	ša	𒎙	maš, vaš
𒎙	hi	𒎙	ap	𒎙	ši	𒎙	muš, vuš
𒎙	hu	𒎙	ip	𒎙	šu	𒎙	mas, vas
𒎙	ya	𒎙	up	𒎙	šī	𒎙	tan
𒎙	ki	𒎙	ma, va	𒎙	aš	𒎙	tah
𒎙	ku	𒎙	mi, vi	𒎙	iš	𒎙	tuk
𒎙	qa	𒎙	mu, vu	𒎙	sa	𒎙	tik
𒎙	ga	𒎙	im	𒎙	su	𒎙	tar
𒎙	gi	𒎙	um	𒎙	ṣa	𒎙	tur
𒎙	ak	𒎙	na	𒎙	ṣi	𒎙	daš
𒎙	ik	𒎙	ni	𒎙	ṣu	𒎙	nap
𒎙	uk	𒎙	nu	𒎙	as	𒎙	rak
𒎙	ta	𒎙	an	𒎙	is	𒎙	rab
𒎙	ti	𒎙	in	𒎙	kam, kav	𒎙	raš
𒎙	tu	𒎙	un	𒎙	kan	𒎙	nun
𒎙	da	𒎙	ra	𒎙	kar, gar	𒎙	šik
𒎙	du	𒎙	ri	𒎙	kur	𒎙	šin
𒎙	at	𒎙	ru	𒎙	kaš	𒎙	šir

Die medische Keilschrift ist offenbar von der assyrischen entlehnt, die Lautzeichen stimmen ziemlich überein, doch sind nur wenige geschlossene Silben aufgenommen worden. Manche assyrische Wortbilder sind als Ideogramme ins Medische aufgenommen, nämlich: 𒎙 *König,* 𒎙 *Monat,* 𒎙 *Mensch,* 𒎙 *Gott,* 𒎙 *Wasser,* 𒎙 *Thier,* 𒎙 *Weg.* Hinter jedem Ideogramm steht das Zeichen 𒎙, welches wahrscheinlich Fremdwort bedeutet, z. B. *Thier kur-ra* (Pferd) 𒎙.

74

34

alle diese Entwicklungen in sämtlichen betroffenen Kulturen in der gleichen Weise eingetreten, da die Nutzung der Schrift etwa aus religiösen oder politischen Gründen zuweilen eingeschränkt wurde.

 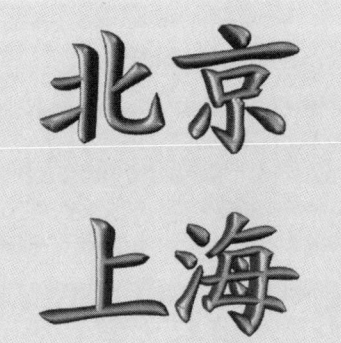

|Abb. 3.8
Frühform des griechischen Alphabets auf einer attischen Schale
© Marsyas 2007

|Abb. 3.9
Chinesische Schriftzeichen (Hanzi) für Peking (oben) und Schanghai (unten)

Komplexitätssteigerung

|3.3.1

Die Einführung der Schrift führt zu einer erheblichen Komplexitätssteigerung in Sprache und Denken der betroffenen Kulturen. Erst durch die Schrift wird Wissenschaft und Theoriebildung möglich. Bis dahin waren die für eine Gesellschaft verfügbaren Wissensbestände auf die Memorierfähigkeit der Gruppenmitglieder beschränkt. Schrift ermöglicht die Fixierung, Sammlung und Verbreitung von Wissensbeständen, schafft somit aber auch die Möglichkeit zur Kritik, die die Entwicklung von Wissenschaft erst bedingt. Die Verschriftlichung von Wissen ermöglicht darüber hinaus die Abstraktionsleistungen, die für die Bildung von Theorien notwendig sind.

Entstehung von Wissenschaft

Die Umstellung der Wissensproduktion auf Schrift führt schnell zu einer Überkomplexität in den gesellschaftlich vorhandenen Wissensbeständen, die für einen einzelnen Menschen nicht mehr fassbar sind. Es kommt daher zur Herausbildung von Experten für spezielle Wissensbereiche. Solche Expertenkulturen beschleunigen dann die Entwicklung des Wissens und seine Differenzierung noch einmal. Für Außenstehende wird es schließlich unmöglich, das Wissen einzelner Expertengruppen noch zu überschauen oder zu verstehen (s. Abschnitt 3.3.4).

Archivierung

|3.3.2

Die Voraussetzung für die Komplexitätssteigerung gesellschaftlicher Wissensbestände ist die Archivierbarkeit, die durch die Schrift gegeben ist. Das Wissen wird in Umfang und Komplexität damit tendenziell unabhängig von der begrenzten Leistungsfähigkeit des menschlichen Gedächtnisses. Dieses wird dadurch entlastet, dass wichtige Informationen nun „außerhalb" des Gedächtnisses speicherbar sind. Die schriftliche Fixierung ermöglicht den

Vergleich von Wissensbeständen sowie den Nachvollzug der Entwicklung des Wissens im Laufe der Zeiten. Die Ansammlung von Wissen bringt jedoch auch Probleme mit sich. Je mehr Wissen archiviert wird, umso schwerer wird es, bestimmte, gerade relevante Informationen herauszufiltern.

3.3.3 | Interpretationsprobleme

Distanz zwischen Sendern und Empfängern

Die großen historischen Distanzen, die durch schriftliche Dokumente über-brückbar werden, führen ihrerseits zu Verständnisproblemen, da der kulturelle Kontext von Sendern und Empfängern sehr stark abweichen kann. Mit der *Hermeneutik* (= der Lehre vom Verstehen/Auslegen von Kunstwerken) bildet sich daher sogar eine eigene wissenschaftliche Methode heraus, die versucht,

Abb. 3.10 |
Buch Amos,
geschrieben um
750 v. u. Z., kopiert
um 550 v. u. Z.
Gefunden von
Bernard Grenfell
und Arthur Hunt
um 1900

E 3074

diese Verständnisprobleme über historische und kulturelle Distanzen hinweg zu beherrschen. Solche Interpretationsfragen lassen sich gut an der Rezeptionsgeschichte des für die europäische Geschichte wichtigsten Buches, der *Bibel*, nachvollziehen. Die enormen zeitlichen und kulturellen Unterschiede zwischen der Entstehung dieser Texte und ihrer späteren Interpretation im Lauf der Geschichte führte zu einer Vielzahl von Unklarheiten. So gibt es bis heute in den verschiedenen Konfessionen eine Fülle von Auslegungen darüber, welche Passagen des *Alten* und des *Neuen Testamentes* nun wörtlich oder in einem übertragenen Sinne zu verstehen sind.

Ausdifferenzierung

|3.3.4

Aufgabenteilung

Die allgemeine Komplexitätssteigerung des gesellschaftlichen Lebens, die mit der Schrift einhergeht, führt auch zu einer Aufgabenteilung in diesen Gesellschaften. Die Ausbreitung der Schrift bedingt und ermöglicht einen bis heute andauernden Prozess der gesellschaftlichen Arbeitsteilung. Es kommt zur Bildung von Expertengruppen, die eine eigene, der Allgemeinheit nicht mehr unbedingt verständliche Fachsprache entwickeln können. Wir finden nun Spezialisten für theologische Fragen und für Philosophie, die Keimzelle aller weiteren Wissenschaften.

Komplexere Staatswesen, deren Organisation und Zusammenhalt nicht mehr wie bei kleineren Horden ausschließlich auf *face-to-face*-Kommunikation beruht, erfordern Verwaltungsbeamte mit besonderen Kompetenzen.

Verwaltung
Wirtschaft
Recht

Es kommt zur Entstehung von Bürokratien mit spezifischen Verhaltensmaßregeln, die ihrerseits schriftlich festgehalten werden müssen. Die herkömmlichen Aufgaben etwa der Nahrungsmittelproduktion müssen andere für diese gesellschaftlichen Gruppen mit übernehmen. Die Erhebung von Steuern und Abgaben, die zur Unterhaltung einer komplexeren staatlichen Organisation notwendig ist, erzeugt ihrerseits wieder erhöhten Verwaltungs- und Regelungsbedarf, der auf schriftliche Dokumentation angewiesen ist.

Auch im Bereich der Wirtschaft ermöglichte die schriftliche Aufzeichnung neue Formen. Grundbesitz wird dokumentiert. Es kommt zur Entstehung von Krediten und Zin-

|Abb. 3.11
A Noticia de torto („Notiz über die Hinterhältigkeit") – eines der ältesten portugiesischen Sprachdokumente (1210–1214). Geschildert wird darin das Unrecht, das dem Adligen Lourenço Fernands de Cunha angetan wurde.

sen. Unternehmensbeteiligungen durch Aktien werden möglich. Die ältesten Schriftfunde bei den Sumerern stammen tatsächlich ausschließlich aus dem Kontext von Handel und Verwaltung und dienten z. B. der Dokumentation von Lagerbeständen und Schuldverschreibungen.

Die Komplexitätssteigerung in den verschiedenen gesellschaftlichen Bereichen erfordert auch die Entwicklung eines kodifizierten Rechtssystems, das das gesellschaftliche Leben reguliert. Im Bereich des Rechts bilden sich wiederum Expertengruppen mit einer eigenen Fachsprache aus, die somit den Prozess gesellschaftlicher Ausdifferenzierung voran treiben. Allgemein kann gesagt werden, dass der Gebrauch der Schrift ein wesentlicher Faktor bei der Entstehung von Hochkulturen war.

3.4 | Mündlichkeit und Schriftlichkeit in verschiedenen medialen Kontexten

Heute haben wir in unserem Alltag ständig mit mündlicher und schriftlicher Kommunikation zu tun. Dies hängt mit der Vielzahl der von uns genutzten Medien zusammen. Sie sind es, die durch ihre technischen Möglichkeiten die mündliche oder die schriftliche Form der Kommunikation vorgeben. Viele Medien erlauben jedoch auch die Kombination bzw. die Vermischung der beiden Kommunikationsmuster.

3.4.1 | Theater

Das Theater ist in der Geschichte der Menschheit eine der ältesten Darstellungsformen. Auch das Theater kann als Medium für die Vermittlung von Information bzw. Kommunikation betrachtet werden. Auf den ersten Blick scheint es durch den mündlichen Gebrauch der Sprache geprägt zu sein. Allerdings beruhen im traditionellen europäischen Theater die gesprochenen Dialoge auf einer schriftlichen Textvorlage, die auswendig gelernt und auf der Bühne präsentiert wird. Die Sprache im klassischen Kunsttheater folgt in ihrer artifiziellen Geformtheit und Komplexität daher auch viel eher dem Muster schriftlicher als mündlicher Kommunikation. Anders verhält sich dies beim Improvisationstheater, wo es sich um spontane mündliche Äußerungen handelt, die nicht auf einer Textvorlage basieren. Beide Formen des Theaterspiels sind miteinander kombinierbar. Das Theater insgesamt lässt sich als ein Medium betrachten, in dem sich mündliche und schriftliche Kommunikation überschneiden.

Mündlicher Vortrag von schriftlicher Vorlage

Improvisationtheater

3.4.2 | Telefon

Das Medium Telefon erzwingt durch seine technischen Vorgaben die Form mündlicher Kommunikation. Allerdings unterscheidet sich diese von der klassischen Form mündlicher Kommunikation unter Anwesenden. Die Telefonierenden teilen zwar dieselbe zeitliche, nicht jedoch dieselbe räumliche Situation. Daraus folgt, dass deiktische (= zeigende, verweisende) Aussagen im Raum wie „Die Frau dort" oder „Das Buch da" unverständlich werden. In dieser Hinsicht unterliegt das Telefonieren als eindeutig mündliche Kommunikationsform ähnlichen Bedingungen wie die schriftliche Kommunikation.

Kein geteilter
räumlicher Rahmen

Anrufbeantworter

|3.4.3

Bei der Verwendung eines Anrufbeantworters wird es möglich, in der fernmündlichen Kommunikation nicht nur auf die geteilte räumliche, sondern auch auf die geteilte zeitliche Situation zu verzichten. Damit entfallen auch deiktische Ausdrucksmöglichkeiten die Zeit betreffend, wie „jetzt" oder „in einer Stunde", wenn der Abhörende nicht ausdrücklich erfährt, wann der Anruf erfolgte. Außerdem gibt es auch keine direkte Rückwirkungsmöglichkeit, der Sender weiß nicht einmal, ob und wann der Empfänger die Botschaft abhören wird. Es kommt daher beim Anrufbeantworter zu einer eigentümlichen Überlagerung der Eigenschaften mündlicher und schriftlicher Kommunikation. Das Besprechen erfolgt zwar mündlich, jedoch ist die Aufzeichnung ein typisches Merkmal der Schrift. Im Gegensatz zum Schreiben entfallen beim Besprechen eines Anrufbeantworters jedoch Korrektur- und Löschmöglichkeiten für die Anrufenden. Auch lässt sich die Planung der Äußerung nicht so beliebig ausdehnen wie beim Schreiben. Aufzeichnung und Spontaneität der Mitteilung als Merkmale einerseits der Schrift und andererseits der Mündlichkeit überlagern sich. Somit ist auch erklärbar, warum viele Menschen eine Scheu vor dem Besprechen von Anrufbeantwortern empfinden bzw. zuvor planen, was sie sagen wollen, wenn sie wissen, dass sie mit einem Anrufbeantworter verbunden werden.

Überlagerung der
Kommunikations-
muster

Kommunikationsmöglichkeiten im Internet

|3.4.4

Die E-Mail als gebräuchlichste Kommunikationsform im Internet scheint ein rein schriftbasiertes Medium zu sein. Jedoch zeigen sich auch hier Formen der Vermischung von Merkmalen. Aufgrund der alltäglichen und spontanen Verfügbarkeit von E-Mail wird damit meist formlos und in kurzen Sätzen kommuniziert, gleichsam wie im mündlichen Gespräch. Noch stärker zeigt sich dies in *Internet-Relay-Chat*-Systemen oder bei *Instant-Messaging-Diensten* wie ICQ. Dort wird großteils in der Umgangssprache geschrieben. Die sofortige Nachfrage- und Antwortmöglichkeit entspricht dem Muster mündlicher Kommunikation. Um die parasprachlichen Ausdrucksmöglichkeiten durch Gestik und Mimik oder den emotiven Ausdruckswert der Stimme, die im Gespräch *face-to-face* zur Verfügung stehen, zu ersetzen, hat sich ein eigenes Repertoire an Kurzzeichen gebildet, die so genannten *Emoticons*.

E-Mail

Chat

Beispiele für *Emoticons*:   Lachendes Gesicht :-)
Augenzwinkern ;-)
Trauriges Gesicht :-(

Abb. 3.12 |
Verschiedene
Emoticons

3.4.5 | Hörfunk

Der gesamte Programmvollzug im Hörfunk funktioniert über den akustischen Kanal. Somit können ausschließlich mündliche Sprachbeiträge übermittelt werden. Allerdings zeigt sich auch hier ein Wechselspiel zwischen Mündlichkeit und Schrift. Die meisten Sprachbeiträge, mit Ausnahme von Interviews, sind zuvor schriftlich fixiert, auch wenn die Moderatoren oft den Eindruck von Spontaneität zu erzeugen versuchen. Allerdings sind die schriftlichen Vorlagen ihrerseits schon im Hinblick auf Verständlichkeit beim Hören verfasst. Die typischen Kennzeichen von Mündlichkeit, wie kurze, parataktische Sätze, werden beim schriftlichen Entwurf der Texte bereits berücksichtigt. Daher steht auch das Medium Radio in einem Spannungsfeld zwischen Mündlichkeit und Schriftlichkeit.

3.4.6 | Fernsehen

Der Bereich Spielfilm, Fernsehspiel, Spielserie funktioniert wie beim Theater durch die Simulation mündlicher Kommunikation. Allerdings beruht auch diese auf schriftlichen Vorlagen in Form von Drehbüchern.

Simulation von
Gesprächssituationen

   In TV-Ansagen und Moderationen wird versucht, eine mündliche Gesprächssituation zwischen dem in die Kamera blickenden Sprecher und dem Publikum zu suggerieren. In TV-Shows wird dieser Eindruck einer kommunikativen Situation unterstützt durch den Einbezug des Studiopublikums. Selbstverständlich folgen jedoch auch die meisten TV-Shows einem schriftlich gefassten Konzept. Ein Entertainer wie Harald Schmidt spielt gelegentlich selbst mit der für das Publikum unbeantwortbaren Frage, welche seiner Gags nun seiner spontanen Schlagfertigkeit zu verdanken sind und welche ihm von Gagschreibern vorgefertigt wurden. Auf jeden Fall bleibt die Kommunikation wie bei allen Massenmedien über das Fernsehen stets einseitig. Für das angesprochene Publikum vor den Bildschirmen gibt es in der Regel keine unmittelbare Rückwirkungsmöglichkeit.

Übungsaufgaben

|3.5

1 Folgt die Sprachverwendung bei der Benutzung eines Anrufbeantworters eher dem Modell mündlicher oder dem schriftlicher Kommunikation?

2 Warum empfiehlt sich bei einem mündlichen Vortrag ein anderer Sprachstil als bei einem schriftlichen Text? Worin bestehen die formalen Unterschiede?

3 Was sind Mnemotechniken und welche Rolle spielten sie für menschliche Gesellschaften vor der Erfindung der Schrift?

4 Was kritisierte Platon an der Schrift, wenn er sie mit elternlos streunenden Kindern verglich?

5 Welche neuen Gestaltungsmöglichkeiten von Sprache eröffnen sich mit dem Gebrauch der Schrift?

6 In welchem Verhältnis stehen Mündlichkeit und Schriftlichkeit im Medium Hörfunk?

7 In welchem Verhältnis stehen Schriftgebrauch und die Entstehung von Hochkulturen?

Literatur

|3.6

Goody, Jack: Die Logik der Schrift und die Organisation von Gesellschaft. Frankfurt/M. 1990.

Goody, Jack, Ian Watt u. Kathleen Gough: Entstehung und Folgen der Schriftkultur. Frankfurt/M. 1986.

Haarmann, Harald: Universalgeschichte der Schrift. Frankfurt/M. 1990.

Havelock, Eric A.: Als die Muse schreiben lernte. Frankfurt/M. 1992.

Ong, Walter J.: Oralität und Literalität. Die Technologisierung des Wortes. Opladen 1987.

Text, Buch, Druck

Inhalt

4.1	Text	44
4.2	Das Buch	45
4.3	Die Bibliothek	48
4.4	Die Drucktechnik und ihre Folgen	50
4.4.1	Auswirkungen auf die Literatur	54
4.5	Übungsaufgaben	57
4.6	Literatur	57

Die Verschriftlichung der Sprache stellt historisch gesehen eine neue Präsentationsform dar, die bis dahin unbekannte Gestaltungsmöglichkeiten von Kommunikation eröffnet. *Text* ist der allgemeinste Ausdruck, unter dem sich alle Formen schriftlicher Dokumente zusammenfassen lassen. Texte eröffnen intern die Möglichkeit zur Gestaltung und Gliederung des Geschriebenen. Außerdem entwickeln sich verschiedene Trägermedien, auf denen Texte gespeichert und verbreitet werden können, wie Tontafeln, Schriftrollen und Bücher. Mit der Ansammlung von Schriftwerken stellt sich das Problem der Herstellung von Ordnung und Zugänglichkeit des gespeicherten Wissens. Dafür entwickelt sich bereits seit der Antike die Institution der Bibliothek. Zu einer explosionsartigen Vermehrung und Verbreitung von Schrift kommt es jedoch erst durch Johannes Gutenbergs Erfindung des Buchdrucks im Europa des 15. Jh. Damit wird die Ausbreitung von Schrift in alle gesellschaftlichen Bereiche ermöglicht. Die umfassende *Literalisierung* (= Schreibkompetenz) prägt und bedingt von da an die weitere Entwicklung der menschlichen Kultur. Die Ausbreitung des Mediums Buch und die Entstehung eines florierenden Marktes dafür lassen sich nicht nur quantitativ beschreiben. Sie haben auch Auswirkungen auf Formen und Themen der verbreiteten Publikationen, wie sich z. B. am Wandel der „schönen Literatur" seit dem 18. Jh. beobachten lässt. Beispielhaft dafür kann der Aufstieg der literarischen Gattungen Novelle und Roman gesehen werden.

4.1 | Text

Der Ausdruck „Text" ist allgemein gebräuchlich. Wer wäre aber in der Lage zu definieren, was darunter zu verstehen ist? Gewöhnlich wird mit „Text" eine Reihung von (Schrift-)Zeichen benannt. Nicht jede beliebige Ansammlung von Zeichen wird aber schon als Text gelten. Ein paar zusammengeworfene Papierschnipsel mit Buchstaben oder Worten beschriftet machen noch keinen Text aus. Der Ausdruck „Text" stammt von dem lateinischen Wort *textus* und bezeichnet ein Gewebe. Kennzeichnend für einen Text ist also ein gewisses Kohärenz | Maß an Zusammenhang, an *Kohärenz*. Diese Kohärenz muss inhaltlich und formal erkennbar sein. D. h. ein Text muss einen Sinnzusammenhang bilden und auch äußerlich als Einheit erkennbar sein. Er hat einen Anfang und ein Gliederung | Ende. Neben diesen äußeren Grenzen können Texte auch in sich selbst noch einmal mehr oder weniger gegliedert sein. Sätze, Abschnitte und Kapitel können unterschieden werden.

Strukturierung | Eine solche Form der Strukturierung von Sprache kann erst mit ihrer Ver-
schriftlicher | schriftlichung entstehen. Mündliche Kommunikation erhält ihre Struktur durch
Äußerungen | den sozialen Rahmen, in dem sie stattfindet. Beiträge und Unterbrechungen ergeben sich im Kontext der Situation, in der sich die Sprechenden befinden. Eine Reflexion über die Strukturierung von Sprache wird erst mit der Schrift

notwendig und setzt daher nicht vor deren Verbreitung ein. Bei frühen lateinischen Schriftdokumenten sind daher nicht nur keine Gliederung in Abschnitte und kein Gebrauch von Satzzeichen, um das Ende einzelner Sätze zu markieren, zu finden. Es existieren darüber hinaus nicht einmal Abstände zwischen den einzelnen Wörtern, die deren Anfang und Ende markieren würden. Sprache wird als *scriptio continua*, als zusammenhängender Fluss von Zeichen, präsentiert und folgt damit noch ganz dem Eindruck mündlicher Rede. Die Strukturierungsmöglichkeiten, die die Schriftform mit sich bringt, müssen erst nach und nach entdeckt werden.

|Abb. 4.1
Detail des *Lapis Niger* („Schwarzer Stein") vom Forum Romanum. Lateinischer Text mit *scriptio continua*. Der Stein gilt als ältestes Zeugnis von schriftlich fixierter lateinischer Sprache

Erst im Laufe von Jahrhunderten entwickeln sich weitere Strukturierungs- und Zugriffshilfen für schriftliche Texte. Nach der Erfindung des Buches machen *Seitennummerierungen* und *Inhaltsverzeichnisse*, die die Titel von Kapiteln und Unterkapiteln aufführen, die Orientierung in längeren Texten möglich. *Indizes* mit *Namen*- oder *Sachregistern* gewährleisten das schnelle Auffinden bestimmter Abschnitte. *Abstracts*, kurze Zusammenfassungen, können den Lesenden einen inhaltlichen Überblick eines Textes verschaffen.

Zugriffshilfen

Das Buch

|4.2

Als gebräuchlichstes Medium zur Darstellung und Verbreitung von Texten hat sich weltweit das Buch durchgesetzt. Ein Buch ist eine in einem Einband zusammengefasste größere Anzahl von beschriebenen, bemalten oder bedruckten Blättern. Es dient der Erhaltung, Überlieferung und Verbreitung grafischer Darstellungen von Informationen in der Gesellschaft.

Vorformen des Buches waren beschriebene *Tontafeln* bei den Babyloniern und Assyrern (seit ca. 3000 v. u. Z.). Die Ägypter verwendeten seit dem 3. Jahrtausend v. u. Z. auch *Papyrusrollen* als materielle Basis für schriftliche Aufzeichnungen. Bei den Römern waren *Wachstafeln* verbreitet, die mit Griffeln beschrieben werden konnten.

Vorformen

Pergament wurde der gebräuchlichste Beschreibstoff in Europa bis ins Mittelalter. Mit ihm setzte sich auch die viereckige Buchform aus gefalteten Blättern durch. Das Papier, das in China schon seit langem bekannt war, kam, durch die Araber vermittelt, erst im 11. Jh. nach Europa und löste hier das

Abb. 4.2 |
Historisierende
Darstellung der
Bibliothek von
Alexandria

Abb. 4.3 |
Nachbildung
einer römischen
Wachstafel mit drei
Griffeln, Mannheim
(Reiss-Engelhorn-
Museen)

sehr teure Pergament als Grundstoff für Bücher nach und nach ab. Das Buch setzte sich seit dem Mittelalter als übliche Präsentationsform für Texte durch. Die frühere Form der Schriftrolle bot zwar die Möglichkeit, die Einheit eines Textes deutlicher materiell zu verkörpern, da keine

Schriftrolle

Zergliederung in getrennte Seiten und Blätter notwendig war. Genau darin besteht aber auch ihr Nachteil gegenüber dem Buch, denn in einer Schriftrolle ist das Finden und Zugreifen auf bestimmte Textpassagen sehr mühsam und zeitaufwändig. Der Unterschied zwischen Buch und Schriftrolle lässt sich mit dem Unterschied zwischen den modernen Medien Tonband und CD veranschaulichen. Um auf einem Tonband zu einer bestimmten Stelle zu gelangen, gibt es nur die Möglichkeit, das Band durchlaufen zu lassen bzw. zu spulen. Bei einer CD, die in Titel gegliedert ist, gibt es jedoch die technische Option, direkt zu dem gewünschten Titel zu springen. Dies vereinfacht die Verwen-

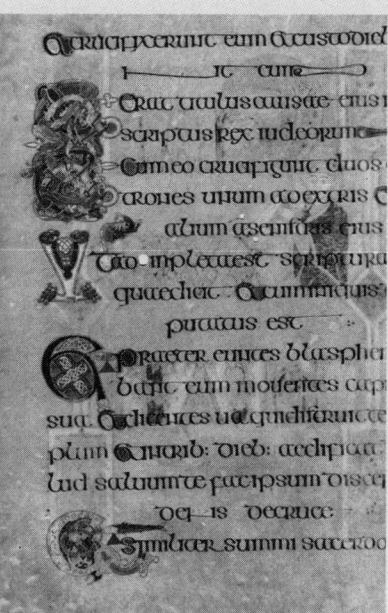

|Abb. 4.4
Ein Römer liest eine
Schriftrolle, Detail
eines Sarkophags
im Garten der Villa
Balestra, Rom (l. o.)

|Abb. 4.5
Seite aus dem *Book
of Kells*, das als
schönstes Beispiel
für die mittelalterli-
che Buchmalerei in
Irland, Schottland
und England gilt (r.)

|Abb. 4.6
Schmuckinitial aus
dem *Book of Kells*
(l. u.)

dung und erspart erheblich Zeit. Ebenso verhält es sich mit dem Vorteil des Buches gegenüber der Schriftrolle.

Orientierungshilfen

Bücher ermöglichen intern Orientierung durch die genannten Hilfsmittel wie Seitennummerierung, Kapiteleinteilung, Inhaltsverzeichnis und Register. Die Buchform selbst schafft aber auch eine Ordnungsmöglichkeit in der Vielzahl existierender Texte. Bücher beruhen auf der Selektion und Kombination von Texten, die in ihnen präsentiert werden. Bücher tragen Titel und evtl. die Namen von Autoren, die sie erkennbar und zuordenbar machen. Dadurch können sich Institutionen bilden, die sich wiederum mit der Sammlung, Ordnung und Verzeichnung von Büchern beschäftigen. In einem Buch kann somit auch auf andere Bücher oder ganz bestimmte Passagen in anderen Büchern verwiesen werden, die bei Bedarf aufgefunden und nachgeschlagen werden können.

Verweis auf andere Bücher

Bücher bieten zudem die Möglichkeit der Kombination von Texten mit Bildern. Bereits bei der Gestaltung handschriftlicher Bücher wurde von der Malerei ausführlich Gebrauch gemacht. Die Illustration kann rein ästhetischen Zwecken dienen, die Bildform kann aber auch verwendet werden, um Informationen zu vermitteln, die sich in der Textform weniger gut veranschaulichen lassen. Viele Lehrbücher ergänzen sich daher durch die Kombination von Schaubildern und Erläuterungen im Text.

Text/Bild-Kombination

Auch vor dem Buchwesen machen die Veränderungen der Digitaltechnik nicht halt. Über das *Projekt Gutenberg* z. B. sind heute zahlreiche Textdateien

E-Book

von rechtefreien Büchern im Internet kostenlos zugänglich. Seit der Jahrtausendwende wurden verschiedene spezielle E-Book-Lesegeräte auf den Markt gebracht. Gegenüber dem herkömmlichen Buch bieten sie den Vorteil verbesserter Suchmöglichkeiten. Auf einem Gerät können mittlerweile bis zu 200 Bücher gespeichert werden. Über das Internet lassen sich immer wieder neue Inhalte beziehen. Bisher konnten die handlichen Lesecomputer dem papiernen Buch jedoch nicht ernsthaft Konkurrenz machen. Zu sehr ist das Lesen verbunden mit der spezifischen Haptik (= „Griffigkeit") des Buches. Die elektronischen Geräte sind darüber hinaus auf Energiezufuhr angewiesen und bei Tageslicht nur schwer zu lesen. Durch die Verbesserung der Akkutechnik und der Displayanzeige könnten sich diese Nachteile irgendwann verlieren. Ob es dadurch zu einer vollständigen Digitalisierung der Schriftmedien und zu einer Verdrängung des traditionellen Buches kommen wird, bleibt jedoch abzuwarten.

4.3 | Die Bibliothek

Wie Bücher die Selektion und Kombination von Texten darstellen, so bilden Bibliotheken die Selektion und Kombination von Büchern. Bibliotheken dienen nicht nur der Ansammlung von Büchern. Ihre Aufgabe ist es, die Bücher

Abb. 4.7 |
König Assurbanipal
(668–631 v. u. Z.) als
Hoher Priester

Abb. 4.8 |
Carl Spitzweg: *Der
Bücherwurm* (um
1850) in seiner
üppig ausgestatteten
Privatbibliothek

48

auffindbar und damit das in ihnen gespeicherte Wissen erschließbar zu machen. Ohne Ordnungs- und Zugriffshilfen wäre das Sammeln von Büchern sinnlos. Wissen würde nur angehäuft, wäre aber nicht verfügbar.

Erschließbarkeit von Wissen

Gleichzeitig mit der Verbreitung von Schrift setzte historisch auch der Bedarf nach Sammlung und Ordnung des gespeicherten Wissens ein. Eine der ältesten bekannten und in ihren Beständen teilweise bis heute erhaltenen Bibliothek ist die aus dem 7. Jh. v. u. Z. stammende Tontafelsammlung des Assyrerkönigs Assurbanipal in Ninive. Die größte Bibliothek der Antike war die von Alexandria (s. Abb. 4.2). Sie wurde ca. 300 v. u. Z. gegründet. Vor ihrem Brand 48 v. u. Z. soll sie 700.000 Schriftrollen in ihrem Bestand gehabt haben. Während des Mittelalters war die Sammlung und Überlieferung von Texten hauptsächlich den Klöstern überlassen, die jedoch selten über mehr als ein paar hundert Bände verfügten. Erst durch die Erfindung des Buchdrucks kam es zu einem enormen Anstieg der Bücherbestände. An zahlreichen Fürstenhöfen entwickelten sich seit dem 16. Jh. universell sammelnde Hofbibliotheken, aus denen später Landes- und Staatsbibliotheken hervorgingen.

Geschichte

Mit der Erhöhung der Bestandszahlen wuchsen auch die Anforderungen, die Bücherbestände systematisch zu erschließen und zu ordnen. In heutigen wissenschaftlichen Bibliotheken werden die Bücher mit Signaturen versehen und in Lesesälen oder Magazinen aufgestellt. Das wichtigste Mittel dazu, Bücher in einer Bibliothek auffindbar zu machen, ist das Anlegen eines Katalogs. Dort sind neben der Signatur Autor, Titel und mindestens ein Schlagwort zum Inhalt eines Buches verzeichnet. Früher existierten Kataloge nur in der Form von Karteikarten, die in Kästen alphabetisch geordnet waren. In verschiedenen Katalogen konnte dann nach Autornamen oder Schlagworten gesucht werden. Heute sind die Kataloge zumeist elektronisch erfasst und

Systematik

Katalog

Abb. 4.9
Bibliothekskatalog

Abb. 4.10
Bibliotheksregale

die Suche dadurch erheblich erleichtert. Mitunter genügt es, den Teil eines Titels zu kennen und in die Suchmaske am Computer einzugeben, um das entsprechende Buch zu finden. In den OPAC-Systemen (*Online Public Access Catalogue*) heutiger Bibliotheken stehen noch mehr Suchkriterien zur Verfügung, die die Zielgenauigkeit der Suche erhöhen können. So lassen sich auch verschiedene Metainformationen wie Erscheinungsjahr, Erscheinungsort oder der Name des Verlags eingeben.

Internet   Das Internet stellt heute eine Art ungeordneter Megabibliothek dar, eine riesige Ansammlung von Dokumenten. Zwar lässt sich mithilfe von Suchmaschinen nach bestimmten Informationen recherchieren. Oft erschwert allerdings gerade die Vielzahl der betreffenden Dokumente das gezielte Auffinden relevanter Informationen.

4.4 | Die Drucktechnik und ihre Folgen

Gutenbergs Erfindung   Johannes Gutenbergs Entwicklung des Buchdrucks mit beweglichen Lettern kann ohne Übertreibung als eine der folgenreichsten Erfindungen der Menschheitsgeschichte betrachtet werden. Um das Jahr 1450 perfektionierte er seine Technik, die auf der Herstellung auswechselbarer Metalltypen für den Druck beruht. Der Medientheoretiker Marshall McLuhan prägte den Begriff der „Gutenberg-Galaxis" zur Bezeichnung der weitreichenden Auswirkungen auf die menschlichen Kulturen und Gesellschaften, die von der Erfindung des Buchdrucks ausgingen.

Abb. 4.11 |
Johannes Gutenberg
(1397/1400–1468);
nach Gutenbergs Tod
angefertigtes Porträt

Durch das Druckverfahren Gutenbergs wurde zum ersten Mal die massenhafte Verbreitung identischer Texte möglich. Zuvor konnten Texte nur durch handschriftliches Abschreiben vervielfältigt werden. Dies war natürlich sehr zeitaufwändig und verhinderte eine unendliche Ausbreitung von Schriftwerken. Außerdem konnte nicht gewährleistet werden, dass jede Abschrift identisch mit ihrer Vorlage war, zu groß war die Gefahr, dass sich unbeabsichtigte Fehler oder beabsichtigte Änderungen ergaben. Das Kopieren von Texten erfolgte in der Regel ohnehin zweckgebunden, so dass nur bestimmte Teile abgeschrieben wurden und selten komplette Bücher. Oft wurden die Teile aus verschiedenen Büchern dann in einem neuen Buch zusammengefasst.

Massenhafte Verbreitung identischer Texte   Erst die Entwicklung der Drucktechnik ermöglichte die massenhafte Verbreitung von identischen Büchern. Dies hatte weitreichende Folgen, ohne die die Entstehung der modernen Gesellschaften, wie wir sie heute kennen, undenkbar gewesen wäre. Zwar war die Schrift in Europa seit langem bekannt, ihre Verwendung beschränkte sich jedoch auf wenige Experten im Bereich von Kirche, Universität und Staatsverwaltung. Von einer Schriftkultur im engeren Sinne kann vor der Erfindung des Buchdrucks eigentlich noch nicht gesprochen werden. Die Verbreitung von Erlassen und Gesetzen musste bis dahin immer noch von Boten mündlich geleistet werden. Denn weder standen die Texte in ausreichender Anzahl zur Verbreitung zur Verfügung, noch war ein nennenswerter Anteil der Bevölkerung des Lesens fähig.

Abb. 4.12
Porträt von Jean Miélot, Sekretär, Kopist und Übersetzer in Diensten von Herzog Philipp dem Guten von Burgund (15. Jh.)

Abb. 4.13
Papierherstellung, Buchdruck und Buchbindung im Deutschland des 16. Jahhunderts. Vermutlich aus dem Buch *Eygentliche Beschreibung aller Stande* (1568)

Eine durchgreifende Literalisierung der Gesellschaft wird erst mit dem Druck möglich. Nun können Schriftwerke eine größere Verbreitung finden und daher entsteht auch erst jetzt bei einer größeren Anzahl von Menschen der Bedarf, lesen zu lernen. In allen Lebensbereichen kommt es nun zu einer Generalisie-

Umfassende Literalisierung

rung und Standardisierung nicht nur von Texten, sondern auch von Einheiten, Maßen und Gewichten. Dadurch werden Dynamiken in allen gesellschaftlichen Feldern freigesetzt, die ohne die Erfindung der Drucktechnik und ihren Folgen nicht möglich gewesen wären (s. Jeßing 2008: 17, 43).

Warum in Europa?

Michael Giesecke beschäftigte sich mit der Frage, warum es zur entscheidenden Verbesserung des Buchdrucks und den enormen gesellschaftlichen Auswirkungen desselben ausgerechnet im Europa des 15. Jh. kam. In Ostasien waren Druckverfahren schon früher bekannt gewesen, allerdings gab es dort keinerlei Ansätze zur Weiterentwicklung der Technik. Giesecke erklärt den Durchbruch der Drucktechnik in Europa dadurch, dass sie sich hier mit einer gesellschaftlichen Vision verband. Diese Vision bestand in dem Ziel einer nationalen Kommunikationsgemeinschaft, die durch den Buchdruck realisiert werden sollte. Danach könnten alle Bewohner eines Territoriums, die derselben Sprache mächtig waren, durch das Medium Buch miteinander in Verbindung treten. Das Buch sollte die Grundlage für eine gesamtgesellschaftliche Kommunikation und Verständigung sein.

Vision nationaler Kommunikationsgemeinschaft

Entwicklung des Buchhandels

Die Entfaltung der vollen Wirkung des Buchdrucks brauchte in der Realität jedoch einige Zeit. Erst seit dem späten 18. Jh. ist tatsächlich eine starke Zunahme der Buchproduktion zu verzeichnen. Dies hat verschiedene Gründe. Technische Weiterentwicklungen machen die Herstellung von Büchern nun günstiger. Außerdem kommt es zu neuen Formen des Handels. Um 1800 werden erstmals fertig gebundene Bücher von den Buchhändlern zum Kauf angeboten. Zuvor erfolgte der Handel über Druckbögen, die erst auf Bestellung zu Büchern gebunden wurden. Durch erschwinglichere Preise der Bücher steigen Nachfrage und Absatz. Die Entwicklung der Buchproduktion im deutschsprachigen Raum am Ende des 18. Jh. lässt sich anhand einiger Zahlen verdeutli-

Abb. 4.14 | Bücherschrank mit angekettetem Buch aus der Bibliothek von Cesena

Abb. 4.15 | *Brehms Thierleben* (1883), Frontispiz

chen. Um 1740 gab es jährlich nur etwa 750 Neuerscheinungen auf dem Markt. Seit den 1780er Jahren waren es bereits ca. 5.000 Neuheiten pro Jahr.

Nach der Einführung der allgemeinen Schulpflicht (1717 zunächst in Preußen) erfährt die Alphabetisierung der Bevölkerung einen enormen Schub. Um das Jahr 1800 konnte bereits mehr als die Hälfte der Menschen im deutschsprachigen Raum lesen. Das potenzielle Publikum für Druckwerke vergrößert sich dadurch. Der Zugang zu Büchern wird erleichtert, weil diese zunehmend erschwinglicher werden (s. auch Jeßing 2008: 156 ff.). Sie sind nicht mehr Luxusartikel, die einer kleinen gesellschaftlichen Elite vorbehalten sind. Auch entstehen Institutionen wie Leihbibliotheken, die für eine erleichterte Zugänglichkeit von Büchern sorgen. Erst dadurch können Bildung, Kultur und Information verbreitet werden. Es kommt somit zu einer zunehmenden Demokratisierung von Wissen, das immer breiteren Gesellschaftsschichten zugänglich wird.

Alphabetisierung der Bevölkerung

Demokratisierung von Wissen

Mit der Ausweitung der Buchproduktion weitet sich der Umfang dessen, was gedruckt und damit der Öffentlichkeit zugänglich gemacht wird, aus. Die Selektionsschwelle dafür, was als „druckwürdig" erscheint, sinkt. In Deutschland nimmt die Veröffentlichung deutschsprachiger Bücher zu. Früher wurde hauptsächlich in den Gelehrtensprachen Latein und Französisch veröffentlicht. Der Anteil lateinischer Schriften an der Buchproduktion sinkt so von 28 % im Jahr 1740 auf 4 % im Jahr 1800.

Abb. 4.16
Vorlesung an einer Universität des Mittelalters
Abb. 4.17
Titelblatt des Literatur-Rezensionsorgans *Der Teutsche Merkur* (Ausgabe von 1773). Herausgegeben wurde die Zeitschrift von Christoph Martin Wieland, sie bestand von 1773 bis 1789

Die Wissenschaft differenziert sich in viele Fachgebiete mit eigenen Forschungsbereichen aus. Gerade der Wissenschaftsbetrieb an den Universitäten verändert sich durch die Verbreitung von Büchern grundlegend. Vor der Erfindung des Drucks verfügten lediglich die Professoren über die wenigen Bücher. Der Unterricht erfolgte, indem sie den Studenten aus diesen Büchern vorlasen, woher der bis heute gebräuchliche Ausdruck „Vorlesung" stammt.

Wissenschaft

Die Studierenden hatten lediglich die Möglichkeit, sich die Inhalte einzuprägen bzw. handschriftlich zu notieren. Erst durch die Verbreitung von Büchern wird das Wissen allgemein zugänglich und vergleichbar. Nun gewinnen alle eine einheitliche Grundlage, auf deren Basis nun wissenschaftlicher Meinungsaustausch und Diskussionen entstehen können.

Wandel der Lesegewohnheiten

Im 18. Jh. kommt es nicht nur zu einem Anstieg der Zahl der Lesenden. Auch die Lesegewohnheiten wandeln sich grundlegend. Die *extensive* Form der Lektüre ersetzt die *intensive* Lektüre. Die Vielzahl neu erscheinender Bücher und ihre erleichterte Zugänglichkeit förderte die Gewohnheit des nur einmaligen Lesens ständig neuer Texte. Dies meint extensive Lektüre. Zuvor war das Lesen beschränkt auf die immer wiederholte, intensive Lektüre einiger weniger meist religiöser Schriften wie *Bibel* und *Katechismus*. Diese wurden zunehmend abgelöst durch die neuen Textsorten Roman, Biografie, Zeitungen und Zeitschriften.

Leserevolution

Für den damit einhergehenden soziokulturellen Wandel in Deutschland wurde der Begriff der *Leserevolution* geprägt. Diese korrespondiert mit der politischen Revolution in Frankreich und der industriellen Revolution in England. Die Leserevolution meint einen medial hervorgerufenen umfassenden sozialen und mentalen Wandlungsprozess. Dieser besteht einerseits in der Entstehung von Öffentlichkeit und damit einhergehend einer politischen Bewusstwerdung des Bürgertums andererseits. Es kommt zu einer umfassenden Neuausrichtung religiöser, moralischer, geistiger und emotionaler Schemata, die die Entstehung einer modernen Gesellschaft erst ermöglichen.

4.4.1 | Auswirkungen auf die Literatur

Aufstieg der Belletristik

Durch die größere Anzahl alphabetisierter Menschen und die Vergünstigung der Bücher erfährt auch der Markt für Literatur im 18. Jh. ein starkes Wachstum. Gleichzeitig kommt es zu einer immer größeren Differenzierung in verschiedene Gattungen von Büchern und Texten. Waren bis dahin religiöse Werke vorherrschend, setzt sich zunehmend auch die belletristische Literatur durch. Der Anteil theologischer Schriften an der Gesamtproduktion sinkt rapide. 1770 waren noch ein Viertel aller erscheinenden Bücher theologischen Inhalts, dreißig Jahre später nur noch 13,5 %. Dafür steigt der Anteil der „Schönen Literatur" im gleichen Zeitraum beträchtlich. 1740 machte sie nur 6 % der Produktion aus, im Jahr 1800 bereits mehr als 21 %.

Literarische Produktionsbedingungen

Damit wandeln sich auch die Produktionsbedingungen von Literatur. Früher finanzierten sich Autoren zumeist durch die Förderung, die sie von adligen Mäzenen erhielten, oder sie lebten von ihrem Gehalt als Professoren an einer Universität. Mit dem literarischen Markt entsteht auch die Vorstellung

„Freier Schriftsteller"

vom „freien Schriftsteller", der sich selbst durch die Produkte seines Schreibens ernährt. Erst ein solcher „freier" Produzent von Literatur konnte sich von der Bindung seines Schreibens an religiöse, moralische oder politische Zwecke lösen, denen bei Staat oder Kirche beamtete Autoren verpflichtet waren. Nun war es möglich, sich mit seinen literarischen Erzeugnissen an ein anonymes Publikum zu wenden und sich an dessen Leseinteressen zu orientieren. Durch die steigenden Verkaufszahlen seit dem späten 18. Jh. wird es für Autoren erstmals möglich, sich vom Verkauf ihrer Werke zu ernähren. Dies hat weitreichende Auswirkungen auf Form und Inhalte der Literatur selbst. Durch die verbilligten Herstellungsmöglichkeiten können nun auch populäre Unterhaltung und aktuelle Informationen veröffentlicht werden anstatt nur elitärer Themen und Werke. Es entstehen neue Publikationsformen wie Zeitungen und Zeitschriften (s. Einheit 5), die sich diesen Inhalten widmen.

In der Literatur schieben sich neue Gattungen in den Vordergrund, wie etwa die *Novelle*. Sie war eine nicht kanonisierte Gattung, die in der klassischen Regelpoetik nicht vorgesehen war. Ihre Konjunktur zu Beginn des 19. Jh. ist nur im Zusammenhang mit der Verbreitung populärer Publikumszeitschriften zu verstehen. Die anwachsende Zahl der Publikationsorgane verursacht auch einen erhöhten Bedarf an literarischen Texten. Die Form der Novelle entspricht dabei den Bedürfnissen des neuen Mediums Zeitschrift im Besonderen. Sie verlangte nach spannenden literarischen Texten von mittlerer Länge. Genau diesen Anforderungen entsprach die Novelle. Bereits seit ihrer Entstehung zeigte sie die Tendenz zur Zyklenbildung wie in Giovanni Boccaccios *Decameron* (ca. 1335–1355). Diese Eigenschaft lässt sich nun gut vereinbaren mit der seriellen Erscheinungsform von Zeitschriften. Auch thematisch entsprach die Gattung den Anforderungen der auf Aktuelles oder Spektakuläres setzenden neuen Medien. Der Ausdruck Novelle bedeutet wörtlich übersetzt nichts anderes als Neuigkeit. Goethe charakterisierte sie als ‚Erzählung von einem unerhörten Ereignis'. Ihre Gegenstände waren oft Kriminalfälle oder okkulte Erscheinungen. Dies brachte der Gattung einerseits einen schlechten Ruf ein, weil sie niedrige Materien behandelte, gelegentlich zum Obszönen tendierte und ihr die populär unterhaltende Absicht anzumerken war. Gleichzeitig entwickelte sie sich aber auch zu einem Experimentierfeld, in dem eine sich autonomisierende Literatur neue Erzählmöglichkeiten wie eben die pointierte, spannungsreiche und leicht skandalöse Themen mit einbeziehende Gestaltung von Novellen entwickeln konnte. Somit ist die Novelle anschauliches Beispiel dafür, wie mediale Bedingungen die Entwicklung von Literatur beeinflussen können. Sie ist jedoch nicht das einzige Beispiel.

Im englischen Sprachgebrauch ist *novel* der Ausdruck für die längere Prosaerzählform, die im Deutschen als *Roman* bezeichnet wird. Am Aufstieg und der Entwicklung der Gattung Roman lässt sich gut verfolgen, wie die Wandlung des Mediendispositivs Buch auch auf Form und Inhalt der Literatur rückwirkt.

Romane sind es hauptsächlich, die seit dem 18. Jh. für den Ausbau der Marktanteile belletristischer Literatur am gesamten Buchmarkt sorgen. Dabei

Novelle

Abb. 4.18
Giovanni Boccaccio
(1313–1375)

Roman

kommt es nicht nur zu einem Zuwachs
der Romanproduktion, sondern auch
zu einer Aufwertung der Gattung in
ihrer künstlerischen Wahrnehmung.
Bis ins 18. Jh. wurden Romane nicht
unter die hohen, klassischen Formen
der Literatur gezählt (s. auch Jeßing
2008: 138 ff.). Es war der Mangel an
moralischer Qualität, der dem Roman
von der Kritik zum Vorwurf gemacht
wurde. Der Ausdruck Roman war
gleichbedeutend mit der Bezeichnung
für eine Liebesgeschichte mit zweifel-
haftem moralischen Wert. Das Lesen
von Romanen galt daher als verderb-
lich für die Sitten. Das Lesen erfunde-
ner Geschichten allgemein, die nicht
eindeutig dem Zweck religiöser oder

Romankritik moralischer Erbauung dienten, wurde von den Kritikern als Zeitverschwen-
dung gebrandmarkt. Gerade durch die Orientierung an den Unterhaltungsin-
teressen des Publikums mehr als an dessen Belehrung wird jedoch auch der
Neue Funktion der Siegeszug der Gattung Roman möglich und erklärbar. Zur neuen Funktion der
Literatur Literatur, die sich an ein Massenpublikum wendet, wird es, Langeweile zu ver-
treiben. Spannung bildet sich daher als neues Qualitätskriterium für fiktiona-
les Erzählen heraus. Und dies wird gültig bleiben für die Unterhaltungsmedien
weit über das Buch hinaus. Viele neue Formen des Romans, die sich seit dem
18. Jh. entwickeln, setzen auf Spannung. Kriminalroman, Abenteuerroman,
Spannende Liebesroman und Schauerroman machen in unterschiedlicher Weise davon
Unterhaltung Gebrauch. Die Überwindung von Gefahren, das Aufdecken von Geheimnis-
sen, das Entlarven von Tätern oder das Zueinanderfinden der Liebenden über
Hindernisse hinweg, bieten verschiedene Möglichkeiten zur Gestaltung von
Spannung. Diese Strukturen werden prägend für den gesamten Bereich der
Unterhaltungsliteratur.

Daneben kommt es zu einer weiteren Linie, in der sich die Ausbreitung
des Lesens und der Bücher in der Literatur widerspiegelt. Das Lesen, seine
Bedingungen und Auswirkungen werden in der Dichtung selbst zum Thema
gemacht. Das prominenteste Beispiel hierfür, das in der gesamten europäischen Literaturgeschichte Resonanz findet, ist Cervantes' 1605 erscheinender
Don Quixote de la Mancha. Dieser satirische Roman thematisiert die Folgen
des extensiven Romanlesens. Solche bestehen im Realitätsverlust und den
affektiven Verirrungen des lesenden Protagonisten. Die Gefahren, die mit
dem Medium Roman verbunden werden, sind bemerkenswerter Weise bereits
dieselben, die noch heute in der Kritik an den neuesten Medien wie dem

Computerspiel und zuvor auch am Film benannt werden. In der deutschen Literatur wird das Motiv des verirrten Lesers im 18. Jh. aufgegriffen, z.B. in Christoph Martin Wielands *Don Sylvio von Rosalva* (1764) oder auch in Goethes *Die Leiden des jungen Werthers* (1774). Damit begründet sich eine Tradition der Selbstreflexivität der Medien, die ihre eigenen Produktions- und Rezeptionsbedingungen sowie deren Auswirkungen thematisieren und reflektieren. Diese Tradition lässt sich auch in den neueren Medien weiterverfolgen (Vgl. Einheit 12).

Selbstreflexion der Literatur

Übungsaufgaben

|4·5

1   Gibt es einen wortgeschichtlichen Zusammenhang zwischen den Ausdrücken Text und Textilie?

2   Was sind Vorteile des Buches gegenüber der Schriftrolle?

3   Erläutern Sie die Funktion einer Bibliothek.

4   Erläutern Sie die Bedeutung von Zugriffshilfen im Umgang mit Schrift und Texten.

5   Welche Auswirkungen hatte die Erfindung des Buchdrucks auf die europäischen Gesellschaften?

6   Was wird unter dem Begriff der Leserevolution verstanden?

7   Wie beeinflusst das quantitative Anwachsen des Buchhandels seit dem 18. Jh. Formen und Themen der Literatur?

Literatur

|4.6

Engelsing, Rolf: Die Perioden der Lesergeschichte in der Neuzeit. In: Archiv für Geschichte des Buchhandels. Bd. X, 1970, Sp. 945–1002.

Giesecke, Michael: Der Buchdruck in der frühen Neuzeit. Eine historische Fallstudie über die Durchsetzung neuer Informations- und Kommunikationstechnologien. Frankfurt/M. 1991.

Jeßing, Benedikt: Neuere deutsche Literaturgeschichte. Tübingen 2008.

Mielke, Christine: Zyklisch-serielle Narration. Erzähltes Erzählen von 1001 Nacht bis zur TV-Serie. Berlin, New York 2006.

Seidler, Andreas: Der Reiz der Lektüre. Wielands *Don Sylvio* und die Autonomisierung der Literatur. Heidelberg 2008.

Wittmann, Reinhard: Geschichte des deutschen Buchhandels. München 1991.

Zeitungen, Zeitschriften, Entstehung von Öffentlichkeit

Inhalt

5.1	Zeitung	60
5.1.1	Geschichte und Entwicklung der Zeitung	61
5.2	Zeitschrift	66
5.2.1	Geschichte der Zeitschriften	67
5.3	Massenmedien und Öffentlichkeit	68
5.4	Übungsaufgaben	69
5.5	Literatur	70

Diese Einheit betrachtet die Medien Zeitung und Zeitschrift in historischer und systematischer Perspektive. Die seit dem 17. Jh. entstehenden Zeitungen werden zu den ersten wirklichen Massenmedien. Sie unterscheiden sich vom älteren Medium Buch durch die Schnelligkeit der Berichterstattung und die Auswahl der Inhalte nach dem Kriterium der Neuheit.

Zeitungen und Zeitschriften tragen zur Konstitution einer Öffentlichkeit bei, die auch zu einer politischen Selbstverständigung des Bürgertums führt. Um dieses Forum der öffentlichen Kommunikation zu kontrollieren, entwickelt sich als staatliches Kontrollinstrument auch die Zensur. Heute haben die Massenmedien ihre eigenen Mechanismen entwickelt, die die Zulassung, Verbreitung und Gewichtung von Themen in der Berichterstattung bestimmen. Diese Mechanismen entspringen vor allem dem eigenen Zwang, unter dem Massenmedien stehen, ein möglichst breites Publikum für ihre Themen zu interessieren und binden zu können.

Die Wandlungen, die der Pressebetrieb durch den Einfluss anderer Medien wie Telegrafie, Fotografie und Radio erfahren hat, werden ebenfalls Gegenstand dieser Einheit sein.

5.1 | Zeitung

Das Medium Buch bleibt begrenzt in der Schnelligkeit, mit der es auf aktuelle Ereignisse und Nachrichten eingehen kann. Daher entwickelt sich seit dem 17. Jh. ein neues Medienformat, das diesen Ansprüchen besser entspricht: die Zeitung. Die Zeitung ist ein periodisches und aktuelles Massenmedium. Sie erscheint in bestimmten Zeitabständen und dient der schnellstmöglichen Veröffentlichung von aktuellen Informationen für ein möglichst großes Publikum.

Aktuelles und periodisches Erscheinen

Massenmedium

Massenmedium bedeutet, dass eine kommunikative Botschaft von einem Sender an eine größere und vor allem unbestimmte Zahl von Empfängern gerichtet wird, ohne dass es eine unmittelbare Reaktionsmöglichkeit auf gleicher Ebene gibt. Kommunikation über Massenmedien ist daher auf Vermutungen über die Interessen und Akzeptanzbedingungen auf Rezipientenseite angewiesen, die sich allenfalls im Nachhinein, meist jedoch nur sehr vermittelt und unvollständig bestätigen lassen. Zugleich ist massenmediale Kommunikation mit hohem ökonomischem Aufwand verbunden, so dass vom Zutreffen der Vorhersagen viel abhängt, letztlich die wirtschaftliche Existenz der kommunizierenden Institution. Daher verlässt sie sich tendenziell eher auf Durchschnittswerte und breit verankerte gesellschaftliche Standards.

Abb. 5.1 | Londons Fleet Street um 1890: Englands Zentrum der Drucker und (Zeitungs-)Verlage über Jahrhunderte

Was den meisten schon immer gefallen hat, verspricht, auch in Zukunft von vielen akzeptiert zu werden. Andererseits geht mit der Festlegung auf Aktualität eine Bevorzugung des Innovativen und damit potenziell Konflikthaften einher, das Anlass für die Herausbildung von Meinungen gibt.

Meinungsbildung

In der Entstehung von Zeitungen zeigt sich der historische Funktionswandel, dem das Medium Schrift seit der Erfindung des Drucks ausgesetzt ist. Schrift dient nicht mehr nur der Erhaltung von für besonders wichtig erachteten Informationen für die Nachwelt. Sie dient nunmehr auch der Befriedigung von Neugierde auf das aktuelle Geschehen in der Mitwelt. Die Neuigkeit einer Nachricht kann somit bei der Veröffentlichung das Selektionskriterium Relevanz ersetzen.

Neuigkeit als Kriterium

Geschichte und Entwicklung der Zeitung

|5.1.1

Die ersten Zeitungen im deutschsprachigen Raum erschienen zu Beginn des 17. Jh. wöchentlich in Straßburg und Wolfenbüttel. Durch den Namen der Straßburger Publikation *Relation: Aller Fuernemmen vnd gedenckwuerdigen Historien* zeigte sie sich der hochachtungsvollen Auffassung von allem Gedruckten selbst noch verpflichtet. Weitere Wochenzeitungen erschienen in den folgenden Jahren in Berlin und Frankfurt a. M. Die erste Tageszeitung waren die 1650 in Leipzig erscheinenden *Einkommenden Zeitungen*. Die meisten Publikationen behielten den wöchentlichen Rhythmus jedoch noch längere Zeit bei, da die Postzustellung und damit das Eintreffen neuer Nachrichten in der Regel nur wöchentlich erfolgte.

Erste Zeitungen

|Abb. 5.2
Titelblatt der Zeitung
Relation: Aller Fuernemmen vnd gedenckwuerdigen Historien (1609)

Im 18. Jh. gewannen die Zeitungen stetig an Bedeutung und Leserschaft. Im Jahr 1700 existierten in Deutschland ca. 70 verschiedene Zeitungen mit einer durchschnittlichen Auflage von 300–400 Exemplaren. Da die Zeitungen für gewöhnlich durch mehrere Hände gingen, erreichten sie einen Leserkreis von rund 200.000 bis 250.000 Personen. Ein Jahrhundert später gab es etwa 200 verschiedene Zeitungen, die eine Leserschaft von rund 3 Millionen Menschen erreichten. Somit trug das Medium Zeitung entscheidend zur Entstehung einer bürgerlichen Öffentlichkeit bei.

Aufstieg im 18. Jahrhundert

Das Bürgertum gewann im 18. Jh. an Bedeutung. Die feudale Gesellschaftsstruktur wurde abgelöst durch eine moderne funktional ausdifferenzierte Gesellschaft. In ersterer wurde ein Mensch in einen bestimmten Stand

Bürgerliche Öffentlichkeit

Abb. 5.3|
Johann Peter
Hasenclever: *Das
Lesekabinett* (1843)

hineingeboren und konnte seine gesellschaftliche Stellung in der Regel nicht beeinflussen oder verändern. Soziale Mobilität oder die Teilhabe größerer Kreise an der Herrschaft war nicht vorgesehen. Die neuen Informations- und Kommunikationsmöglichkeiten gaben dem Bürgertum erstmals die Gelegenheit, sein Selbstbewusstsein zu artikulieren, und motivierten zu politischer Teilhabe. Dieses Bedürfnis unterstützte die Etablierung des neuen Mediums Zeitung, das sowohl das Verlangen nach Information befriedigt als auch ein Forum für die Bestimmung der eigenen gesellschaftlichen und politischen Rolle des Bürgertums bietet.

Zensur Diese neuen, durch das Medium eröffneten Freiräume rufen jedoch auch staatliche Gegenmaßnahmen hervor. Alle Zeitungen unterlagen der *Zensur*. Von Seiten der Herrschenden aus gesehen schien die Gefahr zu groß, dass missfallende Informationen oder unliebsame Meinungen in Umlauf gebracht wurden. Die Zensur wurde dabei umso intensiver betrieben, je höher die Aktualität des jeweiligen Verbreitungsorgans war. Zeitungen wurden also schärfer zensiert als Zeitschriften, diese stärker als Bücher. Zeit- und gebietsweise war etwa festgelegt, dass Publikationen bis zu einem gewissen Umfang der Vorzensur unterlagen, also vor Erscheinen dem Zensor vorgelegt werden mussten, solche mit größerem Umfang dagegen nicht. Diese wurden erst nach Erscheinen zensiert. Die Publikationen mit geringerem Umfang waren die aktuelleren, und außerdem war das wirtschaftliche Risiko für den Verleger bei größerem Umfang der Publikation und damit höheren Kosten für die Herstellung größer, so dass man sich auf eine gewisse Selbstzensur verlassen konnte, um ein Verbot nach Drucklegung und damit ökonomischen Schaden zu verhindern. Gerade in Phasen intensiver politischer Auseinandersetzungen, wie etwa in Deutschland im Vorfeld der Revolution von 1848, wurde die Zensur heftig kritisiert, zuweilen witzig karikiert und nach Möglichkeit umgangen.

|Abb. 5.4
Karikatur *Die gute Presse* (1847): Der Maulwurf symbolisiert Blindheit, der Krebs auf dem Banner Rückschritt, der Schafskopfspolizist repräsentiert die Dummheit der Staatsmacht und der Spitz die Bespitzelung, die Kinder stehen für den bevormundeten Bürger, die Augen für Überwachung, Schere und Stift für Zensur.

Die Forderung nach Pressefreiheit kommt im 18. Jh. im Zusammenhang mit der allmählichen Emanzipation des Bürgertums auf. Sie wurde 1776 in die amerikanische Erklärung der Menschenrechte aufgenommen und gelangte in der Folge in mehr und mehr Verfassungen freiheitlicher moderner Staaten. Dennoch steht das Recht auf freie Meinungsäußerung und das Interesse an einer Vermittlung der öffentlichen Meinungsbildung durch Zeitungen und weitere nach und nach hinzukommende Massenmedien auch unter Bedingungen grundsätzlicher Pressefreiheit immer in einem Spannungsverhältnis zu anderen schutzwürdigen Rechten und Gütern, etwa dem Persönlichkeitsrecht (Schutz vor Beleidigung und Verletzung der Intimsphäre) oder dem Jugendschutz (Zensur von pornografischen und gewaltverherrlichenden Darstellungen). Hier geht die Zensur als äußere Beschränkung über in *Medienethik*, also eine Reflexion innerhalb der Medien mit dem Ziel, Standards für die Abwägung zwischen Pressefreiheit und dem Recht auf Information einerseits und den anderen konkurrierenden Gütern und Ansprüchen andererseits zu entwickeln.

Bemerkenswert ist, dass die Zeitungen von Beginn an als privatwirtschaftliche Unternehmen betrieben wurden. Anzeigen spielen bei den Einnahmen aus dem Zeitungsgeschäft daher schon immer eine wichtige Rolle. Ab ca. 1800 wird die Anzeigenfinanzierung dominant. Zur wichtigen ökonomischen Grundlage der Zeitung wird damit die Werbung, eine Kommunikationsform, die sich quasi parasitär zu den eigentlich erwünschten Inhalten der Massenmedien entwickelt. Die primäre Kommunikation besteht in der

Pressefreiheit

Medienethik

Privatwirtschaftliche Unternehmungen

Werbung

Abb. 5.5 |
Zeitungsanzeige
für das Automobil
Gazelle (1904)

Erstellung der redaktionellen Inhalte der Zeitung und ihrer Verbreitung an die Zeitungsleser, die die Zeitung wegen eben dieser Inhalte kaufen und lesen. Daran lagert sich eine sekundäre Kommunikation an, in der Botschaften von Werbetreibenden im Rahmen der Zeitung an die Zeitungsleser gelangen, die diese Werbung für sich genommen nicht zur Kenntnis nehmen und keineswegs dafür bezahlen würden. Sie wird von den Rezipienten gewissermaßen ‚in Kauf genommen'. Ihre ökonomische Dominanz gegenüber den Einnahmen aus dem Zeitungsverkauf verkehrt also die Hierarchie von primärer und sekundärer Kommunikation. Eine nur einseitig gewünschte Kommunikation finanziert somit eine von beiden Seiten – den Zeitungsmachern und den Zeitungslesern – beabsichtigte und geschätzte Kommunikation.

Verbreitung

Zeitungen stellen das erste Massenmedium dar. Dies wurde auch durch technische Neuerungen im Laufe der Zeit ermöglicht, wie die Erfindung der Schnellpresse (1811) oder der Rotationsdruckmaschine (1846). Die Zeitungs-

Abb. 5.6 |
Rotationsdruckma-
schine © Clemens
Pfeiffer

auflagen und ihre Reichweite in der Bevölkerung stiegen im Laufe des 19. und 20. Jh. kontinuierlich an. 1989 lasen 82,4% der deutschen Gesamtbevölkerung über 14 Jahren regelmäßig eine Tageszeitung. Von da an ging die Nutzungsrate durch die aufkommende Konkurrenz des Internets leicht zurück, betrug 2004 aber immer noch über 75 %.

Ein wichtiges Charakteristikum von Zeitungen ist die thematische Universalität. Informationen aus allen gesellschaftlichen Bereichen werden aufgenommen. Die fünf klassischen Ressorts *Politik, Wirtschaft, Feuilleton, Lokales* und *Sport* bilden sich heraus. Verschiedenen Textsorten entwickeln sich: | Ressorts

Zu den informierenden Texten gehören *Nachricht, Bericht, Reportage* und *Interview.* Die Nachricht präsentiert die aktuellen Inhalte im engeren Sinne, während die übrigen Formen Hintergründe zu Nachrichten liefern und insofern nicht ganz so eng an die Forderung nach Aktualität gebunden sind. | Textsorten

Meinungsäußernde Texte sind *Kommentar, Glosse, Rezension* und *Kritik.*

Unterhaltende Texte wie *Fortsetzungsroman, Kurzgeschichte, Anekdote, Witz, Gedichte* und *Comic* waren ebenfalls von Anfang an Teil des Repertoires der Zeitung, obwohl sie nicht dem Kriterium der Aktualität entsprechen.

Zeitungen unterscheiden sich unbeschadet ihrer thematischen Universalität hinsichtlich des Ausschnitts aus dem potenziellen Gesamtpublikum, den sie anzusprechen versuchen, sowie in Bezug auf ihren regionalen Fokus. *Überregionale Zeitungen* informieren über das Weltgeschehen, jedoch perspektiviert auf eine bestimmte Nationalkultur. Dabei spielen historische Traditionen und das politische Selbstverständnis eines Landes eine wichtige Rolle bei Auswahl und Schwerpunktsetzungen, so dass sich etwa die Auslandsberichterstattung von *New York Times, Le Monde,* der *Neuen Zürcher Zeitung* (*NZZ*) und der *Süddeutschen Zeitung* deutlich unterscheidet. Während bei den beiden ersten genannten Zeitungen geopolitische Interessen bzw. koloniale Traditionen der USA und Frankreichs eine Rolle spielen und etwa in der *New York Times* über Kolumbien oder in *Le Monde* über den Tschad mit einer größeren Ausführlichkeit berichtet wird, pflegt die *NZZ* hier eine gewisse Neutralität und Ausgewogenheit, wohingegen die *Süddeutsche* eine wesentlich stärker auf Europa bezogene Sichtweise zeigt. *Regional-* und *Lokalzeitungen* konzentrieren sich auf wesentlich kleinere Räume und lagern das Nationale und Internationale in konzentrischen Kreisen um ihren jeweiligen Kernbereich herum, jedoch mit geringerer Gewichtung. Daneben gibt es große Unterschiede in Umfang, Differenziertheit und Anspruchsniveau der Berichterstattung. Die *Frankfurter Allgemeine Zeitung* und ein Boulevard-Blatt wie die *Bild-Zeitung* beispielsweise weichen in dieser Hinsicht stark voneinander ab. | Ausrichtung

Heute nutzen alle Zeitungen auch die Möglichkeit zur Integration von Bildern. In der Frühzeit des Mediums war dies technisch nur eingeschränkt möglich. Seit der Erfindung des Fotodrucks Ende des 19. Jh. wurde davon aber zunehmend Gebrauch gemacht. Mit dem Fotojournalismus entstand eine ganz neue Art der Berichterstattung. Zeitungen hatten auch schon vorher | Integration von Fotos

Illustrationen enthalten, aber diese konnten im Unterschied zu den Fotografien keinen Dokumentcharakter beanspruchen. Sie schmückten nur aus und veranschaulichten, was im Text berichtet wurde. Die Fotografie hingegen kann selbst einen eigenen Informationsgehalt beanspruchen, der durch einen begleitenden Text noch verdeutlicht werden kann. Da Bilder interpretationsfähiger und -bedürftiger als Texte sind, stellt der Begleittext der Fotografie oft erst den Zusammenhang zwischen ihr und dem Haupttext her, indem er das im Bild Erscheinende benennt (etwa die gezeigten Personen, Orte oder Geschehnisse) und die Fotografie selbst räumlich und zeitlich situiert, also angibt, wann und wo sie aufgenommen wurde.

Wandlungen durch Einfluss anderer Medien

Obwohl wichtige, heute noch existierende Zeitungen wie die *Neue Zürcher Zeitung* (1780) oder die Londoner *Times* (1788) bereits im 18. Jh. gegründet wurden, ist die Zeitung insgesamt vielfältigen Wandlungen unterworfen gewesen. Diese wurden häufig von Entwicklungen in anderen medialen Bereichen angestoßen. Die Einführung des elektrischen Telegrafen in den 1840er Jahren etwa brachte eine wesentliche Beschleunigung der Informationsverbreitung mit sich, die die Zeitungen unter steigenden Aktualitätsdruck setzte, was in den 1920er Jahren bis zum Erscheinen mehrerer Ausgaben täglich führte. Erst das Aufkommen des noch schnelleren und daher an Aktualität nicht zu überbietenden Radios führte hier paradoxerweise zu einer Entlastung. Da es unmöglich war, auf diesem Feld mit dem neuen Gegner zu konkurrieren, musste sich die Zeitung auf andere Funktionen verlegen, etwa die ausführlichere Darstellung mit Hintergrundberichten und Zusatzinformationen, die der Hörfunk aus Zeitgründen nicht in dieser Breite liefern kann.

Abb. 5.7|
John Walter (1739–1812), Gründer der Londoner Tageszeitung *The Times*

Abb. 5.8|
Titelseite der Erstausgabe der *Neuen Zürcher Zeitung* (12. Januar 1780)

Abb. 5.9|
Ericsson Telegraf (um 1880)

5.2| Zeitschrift

Thematische Spezialisierung

Zeitschriften sind im Gegensatz zu Zeitungen zumeist thematisch nicht universell ausgerichtet. Sie richten sich vielmehr an spezielle Interessen und bestimmte Teilpublika. So existieren Fachzeitschriften für unterschiedliche Wissenschaften und dort wieder für einzelne Spezialgebiete innerhalb dieser Wissenschaften. Außerdem gibt es besondere Zeitschriften für fast alle Berufe, Lebensbereiche und Freizeitaktivitäten. Anglerzeitschriften stehen am Kiosk neben Zeitschriften für Autotuning oder Opern.

Abb. 5.10
Kiosk gegenüber der Paddington Station, London

Was die Zeitschriften an Breite der Information gegenüber den Zeitungen aufgeben, gewinnen sie an Tiefe bzw. Ausführlichkeit der Information in ihrem Themenbereich.

Geschichte der Zeitschriften

|5.2.1

Fachzeitschriften gab es bereits im 17. Jh. Im 18. Jh. kamen die sogenannten *Moralischen Wochenschriften* wie *The Tatler* (ab 1708) oder *The Spectator* (ab 1711), in Deutschland *Der Patriot* (ab 1724) hinzu, die ein breiteres Publikum unterhalten und erbauen sollten. Außerdem entstanden politische Zeitschriften wie Christian Friedrich Daniel Schubarts *Teutsche Chronik* (1774–1777), die naturgemäß von den Auseinandersetzungen um Zensur und Pressefreiheit besonders betroffen waren.

Moralische und politische Zeitschriften

Abb. 5.11
Titelseite der Moralischen Wochenschrift *Der Patriot* (1724)

Im 19. Jh. kommen bedeutende Literatur- und Kulturzeitschriften wie die *Neue Rundschau* (1890) auf, die sich vor allem der Verbreitung und Kritik literarischer Texte und anspruchsvoller Essays widmen. Diese Tradition führen in der zweiten Hälfte des 20. Jh. Zeitschriften wie *Akzente* (ab 1954) oder das *Kursbuch* (seit 1965) fort. Zu den großen meinungsbildenden Zeitschriften der Bundesrepublik Deutschland gehört *Der Spiegel*, wie die Wochenzeitung *Die Zeit* 1946 gegründet, aber auch der stärker an Unterhaltung orientierte *Stern* (ab 1948), die die gesellschaftliche Entwicklung in bestimmten Phasen sehr stark prägten. Die sogenannte *Spiegel-Affäre* beispielsweise macht 1962 das Magazin selbst zum Thema Nr. 1. Ein Artikel über die militärische Leistungsfähigkeit von Bundeswehr und Nato hatte zu scharfen Vorwürfen von Seiten der Regierung geführt und zu von Verteidi-

Literatur- und Kulturzeitschriften

Meinungsbildende Zeitschriften

Zeitschriftenskandale in der BRD

Abb. 5.12 |
F. Morace: *Christian
Friedrich Daniel
Schubart* (1739–
1791)

gungsminister Franz Josef Strauß (1915–1988) angeordneten polizeilichen Maßnahmen wie der Durchsuchung von Redaktionsräumen und die Verhaftung eines Redakteurs und des Herausgebers Rudolf Augstein (1923–2002). Da die Anschuldigungen nicht stichhaltig waren, musste Strauß schließlich zurücktreten. Vor allem aber führten diese Vorgänge zu einer nachhaltigen Solidarisierung der kritischen Intelligenz mit dem Blatt und begründeten dessen Ruhm als unerschrockener Verfechter der Pressefreiheit. Eine andere berühmte Affäre beleuchtet die Kehrseite des investigativen Journalismus, mit dem derartige Zeitschriften, aber auch Zeitungen versuchen, Skandale aufzudecken oder an geheim gehaltene Informationen bzw. Dokumente zu gelangen, die das Interesse des Publikums wecken sollen. 1983 veröffentlichte der *Stern* Tagebücher Adolf Hitlers, die sich im Nachhinein als Fälschungen herausstellten. Diesen spektakulären Fall stellte der Regisseur Helmut Dietl (*1944) in satirischer Weise in seinem Film *Schtonk!* (1992) dar.

5.3 | Massenmedien und Öffentlichkeit

Konstitution von
Öffentlichkeit

Wie bereits gesehen, spielt die Entwicklung von Zeitungen als den ersten Massenmedien historisch eine bedeutende Rolle für die Schaffung von Öffentlichkeit. Die bürgerlich-liberale Öffentlichkeit stellt idealtypisch eine kommunikative Sphäre der freien Meinungsäußerung, der Kritik und der Entscheidungsfindung für alle gesellschaftlichen Bereiche dar. In der Realität ist diese Form der Kommunikation angewiesen auf konkrete Medien, die Öffentlichkeit erst herstellen, indem sie bestimmte Themen zur Kommunikation zulassen oder auch nicht.

Gatekeeping

Abb. 5.13 |
Kurt Lewin
(1890–1947), der
Sozialpsychologe
führte den Begriff
Gatekeeping 1947 in
die Theorie ein

Diese „Türhüterfunktion" der Massenmedien wird mit dem englischen Begriff *Gatekeeping* bezeichnet. Der Ausdruck wurde von Kurt Lewin geprägt, der als deutscher Jude 1933 in die USA emigrierte. Er bringt zum Ausdruck, dass Medien stets auch eine Selektionsfunktion haben. Es unterliegt ihrer Auswahl, welche Informationen der Öffentlichkeit vermittelt werden und welche nicht. Dadurch können die Medien auch bestimmen, was überhaupt in der Gesellschaft diskutiert werden kann. Das *Gatekeeping* stellt eine Art Kontrollinstanz der öffentlichen Kommunikation dar. Freilich sind die Medien hier nicht immer frei von externen Einflussnahmen, die ein spezifisches Interesse daran haben können, dass einzelne Sachverhalte zu einem bestimmten Zeitpunkt thematisiert werden oder nicht. So kann es z. B. zur Vertuschung von Skandalen oder auch zu deren Produktion kommen. Mit *Gatekeeping* wird allgemein der Sachverhalt bezeichnet, dass es in der Wirklichkeit noch keine ‚natürliche' Hierarchie der Themen gibt, der die Medien dann einfach folgen würden, indem sie das Wichtigste präsentierten. Vielmehr wird Wichtigkeit in der öffentlichen Wahrnehmung eben gerade durch Medienpräsenz erzeugt, jedenfalls dann, wenn Inhalte der überwiegenden Mehrheit der Bevölkerung nur massenmedial zugänglich sind. Abgesehen von lokalen Ereignissen trifft dies auf beinahe alle Themen zu.

Die Frage nach der medialen Erzeugung von Wichtigkeit und Bedeutung betrifft jedoch nicht nur die Schwelle, die ein Inhalt überschreiten muss, um überhaupt in die Massenmedien zu gelangen, sondern auch die Binnendifferenzierung der Präsentation in den Medien. Der Ausdruck *Agenda-Setting* beschreibt die Gliederung und Festlegung der Rangfolge von Themen in den Medien. Zeitungen können die Wichtigkeit von bestimmten Informationen durch ihre Platzierung im Blatt sowie durch Umfang und Häufigkeit der Berichterstattung unterstreichen. Dadurch entsteht eine Hierarchisierung der Themen, die nicht selten Anlass zu Kritik an den Massenmedien liefert. Denn durch das *Agenda-Setting* lenken die Medien auch die Aufmerksamkeit des Publikums. Gerade in der Boulevardpresse können so die persönlichen Skandale von Prominenten aus der Unterhaltungsbranche mehr Aufmerksamkeit erfahren als wichtige politische Entscheidungen. Allgemein wirkt sich hier eine Eigendynamik von Massenmedien aus, die Aktualität brauchen, um ihren eigenen auf periodisches Erscheinen festgelegten medialen Rahmen zu füllen. Eine Tageszeitung erscheint jeden Tag mit einem mehr oder weniger festen Umfang, unabhängig davon, wie viel und ob überhaupt etwas Wichtiges passiert ist. Die Unsicherheit, die damit für die Produktion gegeben ist, muss durch die Etablierung mittelfristig weiterverfolgbarer zentraler Themen aufgefangen werden, die dann mit einem Strauß kurzer Einzelmeldungen ergänzt werden können. Einzelne Themen werden daher alleine schon aus einem Eigeninteresse der Zeitung heraus durch ihre Platzierung auf der Titelseite und den Umfang der Berichterstattung herausgehoben, so dass eine Folgeberichterstattung am nächsten Tag plausibel erscheint. Andererseits lässt sich dies nicht beliebig fortschreiben, wenn nicht neue aktuelle Entwicklungen unterstützend hinzukommen, so dass aufgrund der gleichen Eigendynamik Themen auch wieder allmählich zurücktreten, ohne dass ihre außermediale Bedeutung oder Wichtigkeit deshalb geringer geworden sein müsste (vgl. Abschnitt 14.2.2).

Agenda-Setting

Übungsaufgaben |5.4

1   Nennen Sie die wesentlichen Charakteristika des Printmediums Tageszeitung und grenzen sie dieses von anderen Druckerzeugnissen ab.

2   Worin besteht der Unterschied zwischen *Gatekeeping* und *Agenda-Setting*?

3   Warum lässt sich von Werbung als einer parasitären Kommunikationsform sprechen? Welche Funktion erfüllt sie für ein Massenmedium wie die Zeitung?

4 Welche Einflüsse hatten die Erfindung des elektrischen Telegrafen und des Hörfunks auf das Medium Zeitung?

5 In welchem Verhältnis stehen Text und Fotografie in der Presseberichterstattung?

6 Welche Bedeutung hatte die Verbreitung von Zeitungen und Zeitschriften für die Entwicklung moderner bürgerlicher Gesellschaften?

7 Vergleichen Sie die Zeitschriften *Stern, Focus, Merkur, Bunte* sowie *Forschung und Lehre* hinsichtlich ihrer Themen, deren Präsentation, Auflagenhöhe, Preis, Erscheinungsweise und vermutlich angesprochenem Leserkreis.

5.5 | Literatur

Dewitz, Bodo u. Robert Lebeck (Hg.): Kiosk. Eine Geschichte der Fotoreportage 1839–1973. Göttingen 2001.

Leschke, Rainer: Einführung in die Medienethik. München 2001.

Pross, Harry: Zeitungsreport. Deutsche Presse im 20. Jh. Weimar 2000.

Stöber, Rudolf: Deutsche Pressegeschichte. Von den Anfängen bis zur Gegenwart. 2. überarb. Aufl. Konstanz 2005.

Straßner, Erich: Zeitung. 2. veränd. Aufl. Tübingen 1999.

Wolff, Volker: ABC des Zeitungs- und Zeitschriftenjournalismus. Konstanz 2006.

Sprache und Bild

Inhalt

6.1	Lautsprache	72
6.2	Schrift	72
6.3	Bild	74
6.3.1	Ikonizität	74
6.3.2	Indexikalität	75
6.3.3	Symbolik	76
6.4	Historische Stationen der Bildlichkeit und Text-Bild-Beziehungen in Europa	77
6.4.1	Höhlenmalerei	78
6.4.2	Antike Fresken	78
6.4.3	Mittelalter	79
6.4.4	Renaissance	81
6.4.5	Barocke Emblematik	83
6.5	Stilbegriffe	84
6.6	Übungsaufgaben	86
6.7	Literatur	87

Sowohl Sprache als auch Bilder können zur Darstellung und Vermittlung von Informationen genutzt werden. Beide dienen als zeichenhafte Repräsentationen, die auf etwas verweisen, was außerhalb von ihnen liegt. In ihrer Art und Weise, diese Informationen darzustellen, unterscheiden sich Sprache und Bild jedoch deutlich voneinander. Die verschiedenen semiotischen Bedingungen und Möglichkeiten von Sprache und Bildern sowie einige historische Stationen ihrer Nutzung und Kombination sollen in dieser Einheit erläutert werden.

6.1 | Lautsprache

Lautsprachliche Ausdrücke haben in der Regel (mit Ausnahme von *Onomatopoetika*, s. Abschnitt 1.2.5) keinerlei Ähnlichkeit mit dem von ihnen Bezeichneten. Wie gelingt es dennoch, das Material, das in den lautlichen Möglichkeiten der menschlichen Stimme besteht, so zu formen, dass daraus verstehbare Zeichen werden?

Doppelte Artikulation   Die Funktionsweise der Lautsprache beruht auf dem Prinzip der *doppelten Artikulation*. D. h., ihr Zeichensystem ist auf zwei Ebenen gegliedert.

Phoneme   Die erste Ebene dieser Gliederung ist die der Phoneme. Phoneme sind die einzelnen unterscheidbaren Laute, aus denen sich unsere Sprache zusammensetzt. Sie sind damit die kleinsten bedeutungsunterscheidenden Einheiten der gesprochenen Sprache. So unterscheiden sich z. B. die Wörter „Hase" und „Hose" nur in einem Phonem, sind dadurch aber in der Lage, ganz andere Bedeutungen anzunehmen. Die einzelnen Phoneme alleine haben gar keine

Morpheme   Bedeutung. Erst die Komplexe aus mehreren Phonemen (Morpheme) werden zu bedeutungtragenden Einheiten der Sprache und bilden somit die zweite Artikulationsebene. Die Morpheme entsprechen den Wörtern einer Sprache.

Diese Organisation hat zur Folge, dass sich aus einem Arsenal von meist ca. 30 bis 40 Phonemen einer Sprache eine quasi unbegrenzte Anzahl von Wörtern bilden lässt. Um diese Vielzahl der Möglichkeiten des Sprachgebrauchs zu reduzieren, bildet jede Sprache ihre eigenen Kombinationsregeln, welche Zusammenstellung von Lauten als sprachliche Zeichen zulässig sind und welche nicht. Die den Buchstaben f-t-k-p entsprechenden Laute lassen sich z. B. in der deutschen Sprache nicht zu einer sinnvollen Einheit zusammenfügen. Nur durch solche Beschränkungen der Kombination kann man in der Kommunikation leichte Wiedererkennbarkeit in Verbindung mit Eindeutigkeit und Präzision herstellen.

6.2 | Schrift

Die verschiedenen existierenden Schriftsysteme lassen sich gut anhand des Kriteriums unterscheiden, ob sie über doppelte Artikulation funktionieren oder nicht.

Unsere phonetische Alphabetschrift, die versucht, durch ihre Buchstaben die Laute der Sprache abzubilden, beruht auf dem Prinzip doppelter Artikulation. Die Buchstaben entsprechen den bedeutungsunterscheidenden Phonemen und die geschriebenen Wörter den bedeutungstragenden Morphemen. Die Schrift basiert daher auf demselben Prinzip wie die Lautsprache. Aus 25 bis 30 Buchstabenzeichen lassen sich alle Wörter zusammensetzen.

Alphabetschrift

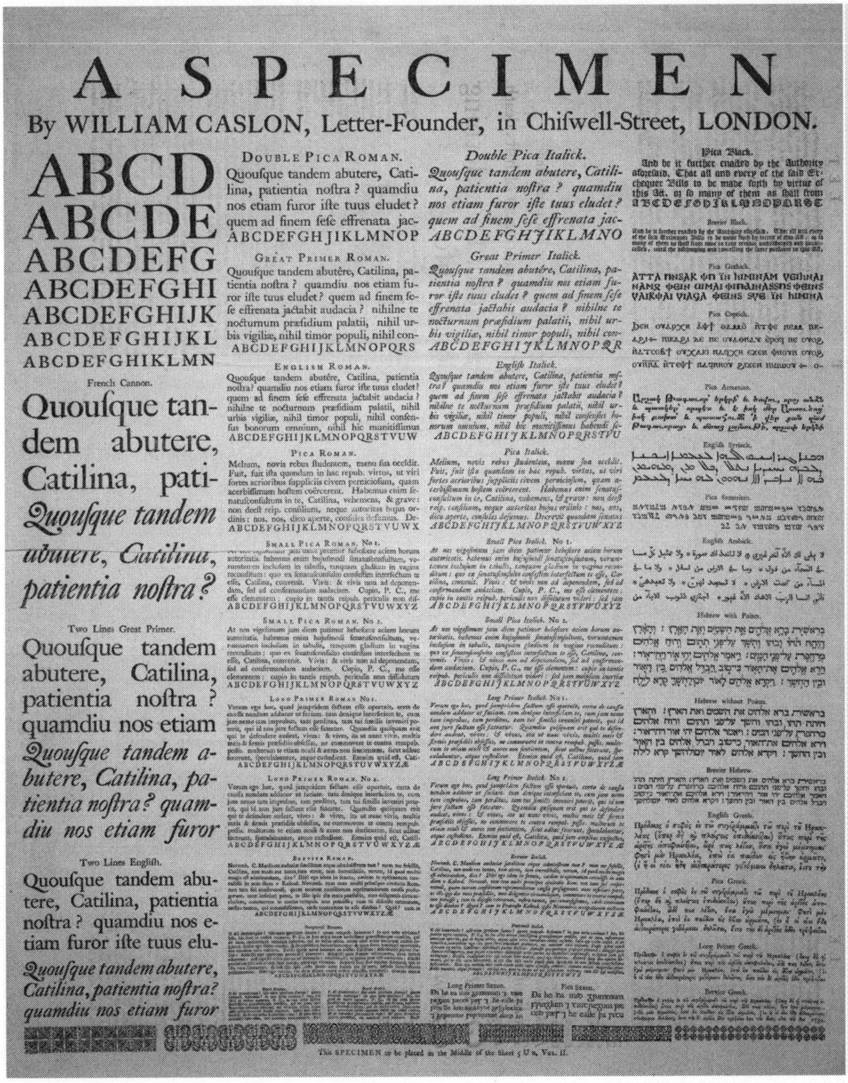

Abb. 6.1
Musterblatt des englischen Schriftgießers William Caslon (1692–1766) mit Textproben folgender Alphabetschriften: Lateinisch, Altenglisch, Englisch, Gothisch, Koptisch, Armenisch, Syrisch, Samaritanisch, Arabisch, Hebräisch, Griechisch

Anders verhält es sich bei Schriftsystemen, deren Zeichen auf einem piktografischen Prinzip beruhen, wie z.B. das Chinesische. Hier entspricht ein Schriftzeichen einem Wort der Sprache. Die Gliederung in eine weitere Arti-

Piktografische Schrift

kulationsebene fehlt. Daher werden zur Abbildung der Lautsprache wesentlich mehr Einzelzeichen benötigt als bei den Alphabetschriften. Eine solche Schriftsprache ist sehr aufwändig zu erlernen und kein einzelner Benutzer verfügt über die Kenntnis der Bedeutung sämtlicher Zeichen.

Abb. 6.2 |
Chinesisches
Schriftzeichen für
„Schildkröte" mit
der Abfolge der
einzelnen Striche ©
M4RC0

Ein Vorteil der Alphabetschrift ist es, dass alle Lesefähigen dazu in der Lage sind, das Lautwort zu erkennen, das durch die Kombination von bestimmten Buchstaben abgebildet wird. Notwendig ist dafür nur die Kenntnis der begrenzten Anzahl von Buchstaben. Bei einem chinesischen Schriftzeichen ist diese Zuordnung des geschriebenen zum gesprochenen Wort so nicht möglich. Sie muss für jedes Wort/Zeichen eigens gelernt sein.

6.3 | Bild

Interpretationsfähiger
als Sprache

Bilder verfügen nicht über eine doppelte Artikulation. Die Form ihrer Bedeutungsproduktion stützt sich auf andere Prinzipien. Bilder sind daher interpretationsfähiger und offener in ihrer Bedeutung als Sprache. Diese Feststellung kann zunächst verwundern, weil bei Bildern doch gewöhnlich ein Ähnlichkeitsverhältnis mit dem Abgebildeten besteht, während dies bei Lautsprache und alphabetischer Schrift fehlt. Allerdings lassen sich hier drei verschiedene Dimensionen der Bedeutungsproduktion feststellen, die oft in Kombination miteinander auftreten. Häufig ist zu deren Erschließung wiederum die Kenntnis bestimmter Texte erforderlich.

6.3.1 | Ikonizität

Ähnlichkeits-
beziehung

Ikonizität ist das erste Prinzip, das Bilder auszeichnet. Es besagt, dass zwischen Bildern und dem Abgebildeten ein Ähnlichkeitsverhältnis besteht. Zwischen der Abbildung und dem Gegenstand oder einzelnen Teilen desselben gibt es eine Analogiebeziehung. Allerdings ist diese Ähnlichkeit oft schwer einzugrenzen. Ein Baum kann in einer Zeichnung sehr stark vereinfacht werden und ist immer noch als Baum erkennbar. Irgendwann ist jedoch ein Maß der Vereinfachung erreicht, ab dem nur noch Striche erkannt werden können. Wo die Grenze jedoch genau liegt, lässt sich im Allgemeinen nur schwer bestimmen. Bilder funktionieren darüber, dass sie Wahrnehmungsbedingungen reproduzieren. Das heißt jedoch auch, dass sie keine exakte Übereinstimmung der Abbildung mit dem Gegenstand liefern können. Die Darstellung eines in Wirklichkeit dreidimensionalen Gegenstandes muss in die Zweidimensionalität übertragen werden. Damit kann immer nur eine bestimmte Ansicht der Realität gegeben werden. Die Abbildung muss sich beschränken, da nicht alle Wahrnehmungsmöglichkeiten eines Gegenstandes in ein Bild übertragbar sind.

Wahl einer Ansicht

Abb. 6.3
Ein Piktogramm in einem australischen Zoo, das wegen der Alligatoren vor dem Schwimmen warnt
© Phasmatisnox

Die Betrachtenden eines Bildes sind daher gefordert, selbst eine Ergänzungsleistung zu erbringen. Die Defizite der Zweidimensionalität können durch die Vorstellungskraft der Betrachtenden kompensiert werden, weil sie wissen, dass es sich bei dem Abgebildeten um Dreidimensionales handelt. Das Vorwissen hilft somit bei der Wahrnehmung. Wird einem Menschen ein zweidimensionales Bild vorgelegt, werden die tatsächlichen Wahrnehmungsbedingungen eingerechnet und das Abgebildete dreidimensional vorgestellt. Die durch Zeichen vermittelte Wahrnehmung des Gegenstandes wird dabei eigentlich nur simuliert.

Ergänzungsleistung

In der Geschichte der Bildmedien lässt sich eine Tendenz zur Steigerung des Realismus feststellen, auch wenn diese Steigerung nicht linear verläuft, wie noch zu zeigen sein wird. Von einfachen Zeichnungen über Ölgemälde und Fotografie bis hin zu dreidimensionalen Projektionen werden die Dinge immer wirklichkeitsgetreuer dargestellt. Die Abbildung nähert sich der Reproduktion der Wahrnehmungsbedingungen in der Wirklichkeit an. Von den Betrachtenden werden dabei immer weniger Ergänzungsleistungen gefordert.

Tendenz zum Realismus

Indexikalität

6.3.2

Indexikalität ist die zweite Ebene, auf der Bilder Bedeutung produzieren. Jedes Bild gibt durch verschiedene Spuren Hinweise auf seine Herstellungsbedingungen. So lässt sich das Material, z. B. Bleistift, Kohle oder Ölfarbe, eines Bildes bestimmen. An einem Foto lässt sich durch den Grad der Vergilbung oder den Farbzustand ungefähr sein Alter feststellen. Auch der Zustand der Trägermaterialien eines Bildes wie Holz oder Leinwand gibt darüber Auskunft.

Spuren der Herstellung

In die indexikalische Dimension des Bildes fällt auch die Erkennbarkeit der Umstände der Produktion: wurde eine Zeichnung in Eile skizziert oder wurde ein Bild sorgfältig und in mehreren Schichten gemalt. Die Art der Gestaltung eines Bildes, sein Stil kann ebenfalls Auskunft über seine Entstehungszeit und Herkunft geben. Die indexikalische Dimension eines Bildes betrifft also alle Hinweise auf seine realen Produktionsbedingungen und die sonstigen Gegebenheiten, mit denen es seit seiner Entstehung ansonsten in Verbindung stand.

Abb. 6.4
Der Pont de Langlois in Arles – einmal als Fotografie und einmal als Gemälde (1888) von Vincent van Gogh (1853–1890)

6.3.3 | Symbolik

Voraussetzung: kulturelles Wissen

Eine dritte Ebene der Bedeutungsproduktion von Bildern besteht in ihrer *Symbolik*. Diese beruht häufig auf Konventionen oder der Verbindung zu bestimmten Texten. Daher ist das Verständnis dieser Dimension auch am stärksten kulturabhängig. Die Betrachtenden müssen über Kenntnisse bestimmter Bedeutungskonventionen oder Erzählungen verfügen, um die Symbolik zu entschlüsseln. In vielen Bildern kann erst durch die Kenntnis bestimmter historischer oder religiöser Texte etwas erkannt werden, was allein aus der ikonischen Qualität eines Bildes nicht hervorgeht. So ist etwa die Bedeutung der Abbildung des Brandenburger Tores auf den deutschen Cent-Münzen ohne Wissen über die deutsche Geschichte nicht zu verstehen.

Historische Stationen der Bildlichkeit und Text-Bild-Beziehungen in Europa | 6.4

Auch wenn sich fast alle Bilder auf allen drei genannten Bedeutungsebenen untersuchen lassen, zeigt sich doch, dass sich die bildende Kunst in ihrer Geschichte mehrfach hin und her bewegt zwischen einer stärkeren Betonung der ikonischen oder der symbolischen Qualität von Bildern. In der *Antike* gab es eine Tendenz zur ikonischen Dimension, wie sich z. B. an der Entwicklung der griechischen Plastik ablesen lässt. So versuchten die Künstler ihre Abbildungen des menschlichen Körpers immer realistischer zu gestalten.

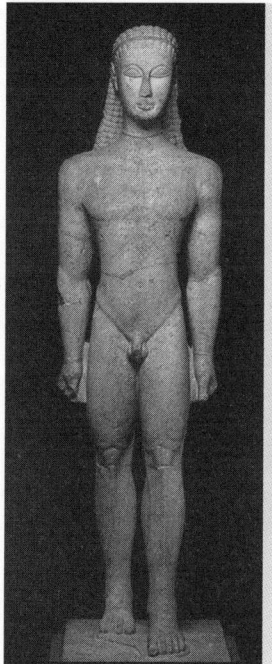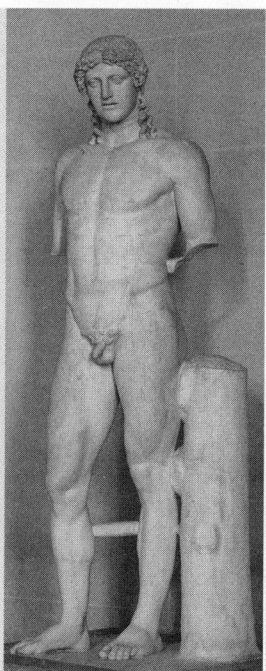

| Abb. 6.5
Drei antike griechische Plastiken: links der sog. *New York Kouros* (ca. 590–580 v. u. Z.), in der Mitte die Statue einer männlichen Person (ca. 530–520 v. u. Z.), auf seiner Tunika steht in Ionischem Dialekt: „Ich bin [die Statue von] Dionysermos, dem Sohn des Antenor", und rechts eine römische Kopie einer griechischen Skulptur von Apollo (ca. 450 v. u. Z.)

Im *Mittelalter* wurde die symbolische Dimension von Bildern wichtiger. Diese bestand zumeist im Bezug des Dargestellten auf das heilsgeschichtliche Geschehen. Seit der *Renaissance* gibt es wieder eine Hinwendung zur Ikonizität, die sich z. B. in der Einführung der Zentralperspektive zeigt. Im 19. Jh. entstand der Malerei mit der Fotografie ein Konkurrenzmedium, das diese im Realismus der Abbildung schnell übertraf. Darauf reagierte die Malerei wiederum mit einer Abwendung von der Ikonizität und entwickelte mit der *abstrakten Malerei* sogar eine Richtung, die vollständig auf die Abbildung von Gegenständen verzichtete. Hierbei ist es oft die indexikalische Dimension der Kunst, die betont wird, indem etwa die Materialität oder der Herstellungsprozess der Malerei selbst in den Vordergrund tritt. Einige wichtige Stationen dieser historischen Entwicklung sollen im Folgenden genauer betrachtet werden.

6.4.1 | Höhlenmalerei

Die Geschichte der Bildmedien kann man bis zur steinzeitlichen Höhlenmalerei zurückverfolgen. Zu Bedeutung und Funktion dieser Bilder lässt sich nur Spekulatives äußern, da es keine weiteren Dokumente aus dieser Zeit gibt. Allerdings kann gesagt werden, dass diese Bilder technisch meisterhaft sind und ausgeprägten ikonischen Charakter besitzen. Abgebildete Tiere lassen sich eindeutig erkennen. Vermutet werden muss jedoch, dass die Bilder auch eine symbolische Bedeutung hatten. Bei den dargestellten Jagdszenen geht es vermutlich nicht primär um die Abbildung eines realen Geschehens, sie waren wahrscheinlich vielmehr Teil eines religiösen Ritus, der durchgeführt wurde, um eine erfolgreiche Jagd herbeizuführen. Die Bilder hatten also eine Bedeutung und Zielsetzung, die über die reine Abbildung der Realität hinausging.

Ikonische Qualität

Symbolische Bedeutung

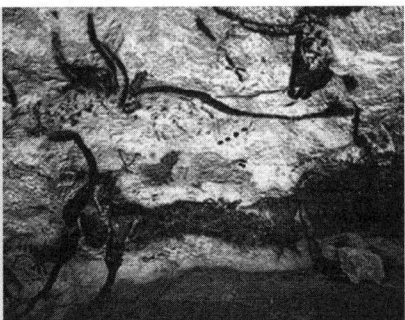

Abb. 6.6 | Wandmalereien in der Höhle von Lascaux (Dordogne): *Einhorn* (links) und *Auerochse* (rechts). Die Höhlenmalereien entstanden um 16.000–13.000 v. u. Z

6.4.2 | Antike Fresken

Abb. 6.7 | Porträt eines Mädchens (sog. *Sappho*) mit Griffel und Wachstafel, Fresko aus Pompeji (ca. 50 n. u. Z.)

Durch eine sehr hohe ikonische Qualität zeichnen sich die *Fresken* der europäischen Antike aus, wie etwa an Beispielen aus Pompeji betrachtet werden kann. Die Darstellungen von Menschen sind sehr detailgenau und wirken realistisch.

Wie stark die antike Kunst nach einer möglichst illusionistischen Abbildung der Realität strebte, geht aus einer Anekdote hervor, die der römische Gelehrte Plinius d. Ä. (ca. 23–79 n. u. Z) über die griechischen

Maler Zeuxis und Parrhasios erzählt. Diese sollen sich darüber gestritten haben, wer in seiner Malerei das größere Maß an Realismus erreichen könnte. Zeuxis habe danach Trauben auf einem Wandbild so illusionsecht gemalt, dass diese von Vögeln für echt gehalten und angepickt wurden. Parrhasios wusste diese Leistung jedoch noch zu überbieten, indem er einen so täuschend echten Schleier malte, dass Zeuxis versuchte, ihn beiseite zu schieben, um das Bild darunter sehen zu können. Die Geschichte veranschaulicht deutlich das Ideal einer Kunst, die ganz auf die ikonische Qualität ihrer Werke setzt.

Ideal der Illusion

Mittelalter

|6.4.3

Einen völlig anderen Ausschlag nimmt das Kunstverständnis im europäischen Mittelalter. Hier schiebt sich die symbolische Bedeutung bildhafter Darstellungen eindeutig in den Vordergrund. Dies ist nur im Zusammenhang mit den religiösen Vorstellungen der Zeit zu verstehen. Der christliche Glaube war auf das Jenseits ausgerichtet. Das Diesseits mit seinen vergänglichen materiellen Gütern erfuhr eine Abwertung. Die Verdopplung der „schlechten" und zu überwindenden diesseitigen Welt durch ihre ikonische Abbildung konnte daher nicht mehr das Ideal einer an den Glauben gebundenen Kunst sein. So kam es im Laufe der mittelalterlichen Geschichte auch mehrfach zu Bilderverboten und Bilderstürmen. Kunst war nur insofern legitimiert, als sie die Aufmerksamkeit über die Ebene der sinnlichen Wahrnehmung hinaus auf eine symbolische Bedeutung zu lenken vermochte. Die symbolische Referenz bestand dabei stets in Hinweisen auf Motive der christlichen Heilsgeschichte. Die Kunst hatte zu deren Veranschaulichung eine rein dienende Funktion.

Betonung von Symbolik

Bindung an Religion

Ein aufschlussreiches Beispiel für das mittelalterliche Kunstverständnis gibt das *Krönungsbild aus dem Evangeliar Heinrichs des Löwen* (um 1188) ab.

Das Bild wird durch ein Schmuckband in einen oberen und einen unteren Bereich geteilt. Oben sehen wir in der Mitte Christus umringt von Engeln und Heiligen. Im unteren Teil wird vermeintlich ikonisch die Krönungsszene Heinrichs und seiner Frau Mathilda dargestellt. Es handelt sich dabei jedoch keineswegs um eine realistische Abbildung des historischen Ereignisses. Aus anderen Quellen ist bekannt, dass ein Teil der Verwandten, von denen das Paar umringt wird, zum Zeitpunkt dieser Krönung bereits verstorben war. Somit überwiegt bereits im

|Abb. 6.8
Krönungsbild (Fol. 171v aus *dem Evangeliar Heinrichs des Löwen*, um 1188), in: Klemm 1988: Tafel 34

unteren Bereich des Bildes die symbolische Bedeutung, die im Verweis auf die Legitimität der Herrschaft Heinrichs und Mathildas durch die Abbildung ihrer Vorfahren besteht. Was die Darstellung damit zeigen will, ist mehr die genealogische Ordnung, in der die Krönung steht, als das reale Ereignis. Dieser symbolische Charakter wird durch das Zusammenspiel mit dem oberen Bildteil noch verstärkt. Die Hände, die Heinrich und Mathilda krönen, reichen von oben, aus dem „göttlichen" Bereich in den „irdischen" hinein. Sie werden von Gott selbst ermächtigt und ihre Herrschaft ist dadurch auch göttlich

Abb. 6.9
Bestienpfeiler in der Abbaye de Sainte-Marie in Souillac, in: Duby o. J.: 69

legitimiert. Die obere Bildhälfte für sich bildet die Hierarchie der Engel und Heiligen durch ihre Anordnung um Christus ab. Das gesamte Bild ist symbolisch strukturiert und erhält seine Bedeutung erst durch die Verbindung diesseitiger Ereignisse mit einer göttlichen Sphäre.

Ein weiteres Beispiel für mittelalterliche Kunst, die von der Spannung zwischen ikonischer und symbolischer Qualität der Darstellung lebt, ist der *Bestienpfeiler* aus der Marienkirche in Souillac (um 1130).

Im oberen Bereich der Säule ist ein Mensch dargestellt, der versucht, nach oben zu steigen, während eine Menge monströser Fabelwesen sich an ihn hängt und versucht, ihn zurückzuhalten. Das Ensemble wird auch mit dem Titel „Die Verstricktheit der Welt" bezeichnet. Denn es stellt einerseits den von den Lastern und Plagen des Diesseits gequälten Menschen dar, der sich freizukämpfen hat von den Dingen der Welt. Darüber hinaus verweist es aber auch durch die nach oben strebende Bewegung und den Übergang der Säule in das Deckengemälde auf die Verbindung von diesseitiger und jenseitiger Welt. Somit hat die Darstellung eine eindeutige religiöse Botschaft. Diese ermöglicht auch die kunstvolle und spektakuläre Darstellung der Monster, von der die Faszination auf die Betrachtenden ausgeht. Diese Verbindung zur Religion prägt die gesamte mittelalterliche Kunst und legitimiert dann durch die symbolische Aufladung auch sinnlich äußerst ansprechende Werke, die ihrerseits für Verbreitung und Veranschaulichung der Glaubensinhalte sorgen. Kirche und Kunst gehen gewissermaßen eine Zweckgemeinschaft ein. In ihrer symbolischen Bedeutung erschließbar werden die mittelalterlichen Werke erst durch die Kenntnis christlich-religiöser Texte wie der *Bibel* oder Heiligenlegenden.

Spannung zwischen ikonischer und symbolischer Qualität

Zweckgemeinschaft Kirche/Kunst

Renaissance

6.4.4

Mit der Epoche der Renaissance, die sich in vielfältiger Weise auf die Antike zurückbesinnt, kommt es auch erneut zu einer Aufwertung der ikonischen Qualität von Kunstwerken. Die Neuorientierung in der Philosophie und der Wandel im Verhältnis zur Natur schlägt sich auch in der Kunst nieder. Die Künstler orientieren sich an den aufstrebenden Naturwissenschaften. Ein anschauliches Beispiel dafür gibt Albrecht Dürers (1471–1528) Stich *Der Zeichner des liegenden Weibes* (1525).

Das Bild selbst macht die Technik zur exakten Abbildung der Natur zum Thema. Es zeigt den Aufbau zur Herstellung einer genauen Aktzeichnung. Ein Netzrahmen zwischen Zeichner und Modell dient dazu, den dreidimensionalen Körper korrekt auf die zweidimensionale Fläche abbilden zu können. Als Hilfsmittel für den Zeichner, um immer dieselbe Perspektive zu behalten, dient ein kleiner Obelisk vor seinen Augen, über den er die Figur anpeilen kann. Das Ideal dieser Kunst ist es offenbar, die Natur möglichst genau zu erfassen. Gleichzeitig wird die Natur in ein Ordnungssystem übertragen.

Exakte Abbildung der Natur

Hierfür werden naturwissenschaftliche Erkenntnisse, z.B. aus der Optik, genutzt, um die reale Wahrnehmung des Objekts möglichst genau ins Bild zu übertragen. Trotzdem ist ein solches Bild wie das von Dürer nicht nur rein ikonisch zu verstehen. Es bringt auch auf der symbolischen Ebene etwas zum Ausdruck. Dies betrifft etwa die Ordnung der Geschlechter. Der schaffende Künstler ist ein Mann, das Objekt eine Frau. Diese Rollenverteilung verweist wiederum auf eine kulturelle Tradition, die durch den religiösen Text der Bibel fundiert ist.

Symbolische Ebene

Wie stark auch die Kunst der Renaissance von symbolischen Aufladungen durchwirkt ist, lässt sich an einem anderen Werk Dürers, dem Kupferstich *Melencolia I* (1514) zeigen. Im Vordergrund rechts sitzt eine Frauengestalt mit Flügeln, die sinnend den Kopf auf den angewinkelten Arm stützt. Im Hintergrund ist die im Meer untergehende Sonne dargestellt. Um die Frau herum verteilt findet sich eine Vielzahl von Objekten wie Zimmermannswerkzeuge, ein Mühlstein, auf dem ein Putto sitzt, ein abgemagerter Hund, ein Zirkel, eine Sanduhr, eine Glocke, eine Waage, eine Leiter und ein so

**Symbolische
Bildprogramme**

genanntes „magisches Quadrat". Das Schriftband mit dem Titel des Bildes, das im Hintergrund von einer Fledermaus gehalten wird, gibt Hinweise auf die Deutung der Darstellung. Bei der Frau soll es sich offensichtlich um eine allegorische Figur handeln, die die Melancholie darstellt, so wie Figuren der Justitia an Gerichtsgebäuden allegorisch das Recht repräsentieren. Damit werden auch die einzelnen Gegenstände in ihrer symbolischen Bedeutung lesbar. Der Zirkel ist ein Zeichen des Gelehrten, denn die Melancholie galt als typische Gelehrtenkrankheit. In der Zeit wurden bestimmte Tierarten mit bestimmten Organen identifiziert. Der Hund wurde der Milz zugeordnet, der wiederum die Produktion der schwarzen Galle zugeschrieben wurde. Nach der Lehre von den Körpersäften wurde im Überhandnehmen der schwarzen Galle die Ursache der Melancholie gesehen.

Das Zimmermannswerkzeug deutet auf den Kreuzigungstod Christi hin, der Trauer auslöst. Die untergehende Sonne und die Fledermaus sind Zeichen für das Ende des Tages und im übertragenen Sinne für das Ende des Lebens. Auch die Glocke steht für den Tod (Todesglocke). Die Leiter symbolisiert den Übergang in eine andere Welt, der Putto gilt als Vermittler zwischen diesen Welten. Sanduhr und Mühlstein symbolisieren das Verrinnen bzw. das unbarmherzige Mahlen der Zeit. Das magische Quadrat enthält die Zahl 1514, das Jahr, in dem der Stich geschaffen wurde, und außerdem das Todesjahr von Dürers Mutter.

Ein solches symbolisches Bildprogramm zu entschlüsseln ist nur vor dem Hintergrund von textbasiertem Wissen möglich. Ohne dieses wäre nur die ziemlich präzise ikonische Darstellung von Figuren und Gegenständen in dem Bild erkennbar.

Textbasiertes Wissen als Schlüssel

Barocke Emblematik

6.4.5

Eine besonders enge Verbindung gehen Text und Bild in der *Emblematik* ein, einer seit der frühen Barockzeit beliebten Kunstform. Ein Emblem hat einen

Text/Bild-Verbindung

30   AND. ALC. EMBLEM. LIB.

Potentißimus affectus amor.   VII.

CVPIDO

Aspice ut inuictus uires auriga leonis,
    Expreßius genua pusio uincat amor,
Vtq; manu hac saucam teneat,hac flectat habenas,
    Vtq; sit in pueri plurimus ore decor.
Dira lues procul esto,feram qui uincere talem,
    Est potis,à nobis temperet an ne manus?

Das buechle der verschroten werck. 31

Lieb ist die gewaltigest anfechtung. VII

Die bildnuß zaygt, wie grosse macht
Hab Cupido der wagenman:
Sich wie er auff die Lewen schlacht,
Die an dem zugel muessen gan,
Weyß ist,der sich sein maßen kan:
Dan herscht er so ein gwaltig thier,
Vil ehe macht er im vnderthan
Die leut,so volgen yer begier.

Abb. 6.12
Emblem, in: Alciatus
1987 [1542]: 30f.

dreiteiligen Aufbau. Ein Bild wird umschlossen von einer Überschrift (*Inscriptio*) und einer Unterschrift (*Subscriptio*). Die Überschrift nennt das Motto des Bildes. Die *Subscriptio* besteht in einem Epigramm, das die Bedeutung des Bildes erläutert. Ein Beispiel hierfür ist dem *Emblematum libellus* (1542, Erstausgabe 1531) von Andreas Alciatus (1492–1550) entnommen, das das erste Emblembuch war und einen Boom dieser Kunstform im Barockzeitalter auslöste.

Das Beispielbild zeigt den Liebesgott Cupido, der mit verbundenen Augen einen Wagen lenkt, der von Löwen gezogen wird. Die Bedeutung des Dargestellten geht nicht unmittelbar aus dem Bild hervor. Auch die Überschrift, die in der deutschen Übersetzung lautet: „Lieb ist die gewaltigst Anfechtung", gibt nur einen Hinweis. Erst die Subscriptio erläutert den Sinn und die Lehre, die aus dem Zusammenspiel aller drei Elemente zu entnehmen ist. Diese könnte kurz gefasst etwa lauten: Die Liebe ist blind und wird von Leidenschaften angetrieben, die es zu kontrollieren gilt.

Die Kunst des Emblems funktioniert nur über das Zusammenspiel von Text und Bild. Die Deutung wird über den Text an das Bild herangetragen. Die Bilder selbst bestehen aus einer Kombination symbolisch aufgeladener Motive (wie hier z. B. der Liebesgott, die Löwen und das Motiv des Wagenlenkers) und bedürfen zu ihrer Erschließung der sprachlichen Erläuterung.

Deutung durch Text

Diese enge Verbindung von Bild und Text ist typisch für die frühe Neuzeit im 16. und 17. Jh. Im 18. Jh. kommt es zum Streit um die Kunstform der Emblematik. Sie erfuhr zunehmende Ablehnung und es kam zu einer schärferen Trennung der Textkünste und der Bildkünste.

6.5 | Stilbegriffe

Realismus, *Klassizismus* und *Manierismus* sind drei Stilbegriffe, durch die sich Bilder in ihrer grundsätzlichen gestalterischen Ausrichtung unterscheiden lassen.

Realismus

Der Realismus als Kunstrichtung setzt auf die ikonische Dimension von Bildern. Ziel ist eine möglichst treue und genaue Abbildung der äußeren Wirklichkeit. Subjektive Darstellungen, Verzerrungen, Stilisierungen oder auch Idealisierungen sind aus Sicht des Realismus abzulehnen.

Klassizismus

Davon hebt sich der Klassizismus ab. Zwar hält er an der Abbildung der äußeren Wirklichkeit fest, setzt aber stärker auf deren Stilisierung und Idealisierung. Die Wirklichkeit soll nicht so gezeigt werden, wie sie ist, sondern die Kunst soll eine schönere und bessere Wirklichkeit schaffen. Dabei spielt der Bezug auf als vorbildlich erachtete Kunstwerke der Antike eine wichtige Rolle.

Manierismus

Unter dem Begriff Manierismus kann zum einen eine übersteigerte Form der Stilisierung und der Verspieltheit der Darstellung verstanden werden,

Abb. 6.13
Realismus
Jean-François Millet:
Les Glaneuses (*Die*
Ährenleserinnen),
Kupferstich (nach
1857)

Abb. 6.14
Klassizismus
Joseph Anton Koch:
Heroische Landschaft
mit dem Regenbogen
(1805)

Abb. 6.15 |
Manierismus
Parmigianino: *Die Madonna mit langem Hals* (1534–1540)

zum anderen aber auch die subjektive Verzerrung, Abwandlung oder Übertreibung einer vorgegebenen Form. Gewünscht ist dabei gerade die Abweichung von der wahrnehmbaren Realität.

Alle drei Begriffe können sowohl auf die bildende Kunst als auch auf die Literatur angewendet werden und haben eine zweifache Bedeutung. Zum einen bezeichnen sie bestimmte historisch eingrenzbare Epochen der Kunstgeschichte, in denen die entsprechenden stilistischen Tendenzen dominierend waren. Zum anderen dienen sie aber auch als allgemeine Stilbegriffe, die verwendet werden können, um die Ausrichtung einzelner Kunstwerke unabhängig von ihrer Entstehungszeit zu charakterisieren.

6.6 | Übungsaufgaben

1 Was wird unter dem Prinzip der doppelten Artikulation verstanden? Nennen Sie weitere Zeichensysteme, die über die doppelte Artikulation verfügen.

2 Welchen Vorteil bieten Alphabetschriften für Lernende gegenüber anderen Schriftsystemen wie etwa dem Chinesischen?

3 Warum lässt sich sagen, dass Bilder interpretationsfähiger und offener in ihrer Bedeutung sind als Sprache?

4 Worauf würde man bei der Analyse eines steinzeitlichen Höhlengemäldes achten, wenn es unter einer indexikalischen Perspektive betrachtet werden soll?

5 Inwiefern lässt sich für das Mittelalter von einer Zweckgemeinschaft von Kirche und Kunst sprechen?

6 Warum ist das Verständnis der symbolischen Bedeutung von Bildern am stärksten kulturabhängig?

7 Was besagt die Anekdote vom Streit der Maler Zeuxis und Parrhasios über das Ideal der antiken Kunst?

Literatur

Alciatus, Andreas: Emblematum libellus. Reprograf. Nachdruck der Orig.-Ausg. Paris 1542. Darmstadt 1987.

Dürer, Albrecht: Das gesamte graphische Werk . Bd. 2. Einleitung v. Wolfgang Hütt. München 1970.

Das Evangeliar Heinrichs des Löwen. Erläutert von Elisabeth Klemm. 2. Aufl. Frankfurt/M. 1988, Tafel 34.

Böhm, Gottfried (Hg.): Was ist ein Bild? München 1994.

Duby, Georges: Das Europa der Mönche und Ritter 980–1140. Stuttgart o. J.

Eco, Umberto: Einführung in die Semiotik. München 1972, S. 197–249.

Scholz, Oliver R.: Bild. In: Ästhetische Grundbegriffe. Historisches Wörterbuch. Hg. v. Karlheinz Barck u. a. Stuttgart, Weimar 2000, S. 618–669.

Scholz, Oliver R.: Bild, Darstellung, Zeichen. 2. vollst. überarb. Aufl. Frankfurt/M. 2004.

Fotografie

Inhalt

7.1	Entwicklung zur Fotografie	90
7.2	Leistungen der Fotografie	95
7.3	Fotografie als Beruf und als Massenphänomen	97
7.4	Dokumentarische und künstlerische Fotografie	98
7.5	Folgen der Digitalisierung	99
7.6	Von der Fotografie zum Film	100
7.7	Übungsaufgaben	101
7.8	Literatur	102

Das Kapitel behandelt die Entstehung der Fotografie zunächst vor dem historischen Hintergrund bestimmter Tendenzen in der europäischen Malerei, wie sie bereits im vorangegangenen Kapitel besprochen wurden. Verschiedene apparative Vorstufen wie die *Camera obscura*, die *Laterna magica* oder die *Daguerreotypie* führen im 19. Jh. schließlich zur Entwicklung der Fotografie als erstem technischen Bildmedium, das eine mechanische Abbildung im statischen Bild, dessen Fixierung und identische Reproduktion ermöglicht. Die Fotografie ist aufgrund der schwierigen Bedienbarkeit der frühen Apparate zunächst ein Expertenmedium, bevor sie sich durch weitere technische Fortschritte zum gesellschaftlichen Massenphänomen entwickeln kann. Mit künstlerischer und dokumentarischer Fotografie lassen sich zwei Tendenzen im Umgang mit dem Medium unterscheiden. Der Einzug der Digitaltechnik seit den 1990er Jahren sorgt dafür, dass sich der Status fotografischer Bilder grundlegend ändert. Versuche, Bewegungsabläufe mithilfe der Fotografie zu erfassen, führten schließlich Ende des 19. Jh. zur Erfindung des auf ihr beruhenden Nachfolgemediums, des Films.

7.1 | Entwicklung zur Fotografie

Steigerung des Realismus

Zentralperspektive

Die Entwicklung hin zur Technik der Fotografie ist im Zusammenhang der Tendenzen in der europäischen Kunstgeschichte zu betrachten, den Realismus des Bildes zu steigern. Eine entscheidende Schwelle stellt die Einführung der *Zentralperspektive* in der Malerei der italienischen Renaissance dar. Dabei

Abb. 7.1 |
Filippo Brunelleschi: *Die Schlüsselübergabe von Perugino* (erste Hälfte des 15. Jh.). Brunelleschi hat als erster eine korrekte Zentralperspektive in der Malerei konstruiert. Der Fluchtpunkt befindet sich in der Mitte der Tür

werden die Wahrnehmungsbedingungen des Menschen im Bild simuliert und somit eine scheinbar größere Ähnlichkeit mit dem dargestellten Objekt erzeugt. Das menschliche Auge wird dabei als Zentralpunkt vorgestellt, von dem aus sich Lichtstrahlen sternförmig zu den Gegenständen verbreiten. Durch die perspektivische Verkürzung kommt es im zweidimensionalen Bild zur Illusion einer dreidimensionalen Wirklichkeit.

Einen ersten Vorläufer der Fotografie als technische Apparatur zur Bilderzeugung stellt die *Camera obscura* (lat.: dunkle Kammer) dar. Die Camera obscura ist ein Kasten oder auch ein ganzer Raum mit einer kleinen Öffnung, an der der Lichteinfall reguliert werden kann. Auf der der Öffnung gegenüberliegenden Wand entsteht dadurch die spiegelverkehrte Projektion des sich außerhalb der Kammer vor der Öffnung befindenden Motivs. Das Lichtbild ist allerdings von der Apparatur noch nicht fixierbar. Man kann lediglich durch eine weitere Öffnung in die Kammer hineinblicken und dort das Bild betrachten. Maler nutzten diese Technik, um an der verkleinernden Projektion ein Motiv zu skizzieren. Als ein solches Hilfsmittel war die Camera obscura bereits Künstlern wie Leonardo da Vinci im 15. Jh. bekannt. Die vorher nicht mögliche Leistung der Camera obscura besteht in der Möglichkeit der Erzeugung einer leicht handhabbaren Ansicht eines Gegenstandes auf einer Projektionsfläche.

Camera obscura

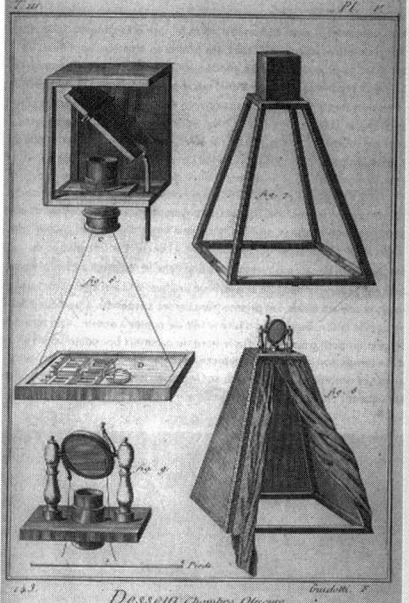

|Abb. 7.2
Beispiel für eine *Camera obscura*; die Zeichnung stammt aus der *Encyclopédie, ou dictionnaire raisonné des sciences, des arts et des métiers* (1772)

Die *Laterna magica* (lat.: magische Lampe), die im 17. Jh. entwickelt wurde, stellt apparativ gewissermaßen die Umkehrung der Camera obscura dar. In einen Kasten wird eine Lichtquelle gestellt, z. B. eine Kerze, durch eine Öffnung fällt das Licht aus. Vor diese Öffnung können nun bemalte Glasplatten oder anderes transparent bemaltes Material geschoben werden. Auf der durch die Lichtquelle angestrahlten Wand ergibt sich die Projektion des Bildes nach demselben Prinzip, nach dem auch ein heutiger Diaprojektor funktioniert.

Laterna magica

Werden mehrere Laternae magicae in einen runden oder halbrunden Raum gestellt, bei welchem die Wand als Projektionsfläche genutzt wird, ergibt dies ein *Panorama*. Dieses zielt darauf ab, mit der Projektion den menschlichen Sehwinkel zu überschreiten und damit einen stärker illusionierenden Eindruck zu erreichen.

Panorama

Diorama Das *Diorama* stellt eine Weiterentwicklung des Panoramas dar. Mit verschiedenen Mitteln wird dabei versucht, den Illusionismus der Bilder noch

Abb. 7.4 |
Félix Nadar: *Porträt
von Louis Daguerre*
(1787–1851)

weiter zu steigern. Durch das Aufstellen von Kulissen zwischen Betrachter und Projektion wird der Eindruck räumlicher Tiefe verstärkt. Flackerndes Licht oder bewegliche Lichtquellen können für die Illusion von Bewegung in den Bildern sorgen. Dies weist schon auf den Film voraus.

Panorama und Diorama waren im 19. Jh. weit verbreitet und sprachen zum ersten Mal ein Massenpublikum an.

Daguerreotypie Die *Daguerreotypie* ist ein frühes Verfahren zur technischen Fixierung von Lichtbildaufnahmen. Sie ist benannt nach ihrem Erfinder Louis Jacques Mandé Daguerre (1787–1851). Dieser war Dekorationsmaler für Theater und

Abb. 7.5 |
Anton Martin: *Ältere
Frau vor einem
Gobelin, in Bieder-
meiermode gekleidet,*
Daguerreotypie
(um 1840)

Panoramen und von daher an der Herstellung möglichst realistischer Bilder interessiert. Er entwickelte die Daguerreotypie in den Jahren 1835–1839. Das Verfahren beruht auf der Verwendung einer durch chemische Behandlung lichtempfindlich gemachten Kupferplatte, die in eine Kamera eingelegt wird. Die Platte dient nach der Entwicklung gleichzeitig als Bildträger. Damit ist jede Aufnahme ein Original/Unikat, da noch keine Vervielfältigung des Bildes möglich ist.

Daguerre hatte auf die Vorarbeit von Joseph Nicéphore Niépce zurückgegriffen, von dem die ersten mechanisch produzierten Lichtbilder stammen. Hippolyte Bayard (1801–1887) begann, Papier als Trägerstoff zu benutzen. „Unsterblich" in der Fotografiegeschichte wurde er mit seinem *Selbstporträt als Ertrunkener*: Er fingierte seinen Selbstmord durch einen beigefügten, gewissermaßen aus dem Jenseits geschriebenen Brief, und wurde mit dieser Klage eines verkannten Erfinders zum ersten Fotofälscher. William Henry Fox Talbot (1800–1877) war es, der 1835 das Negativ-Positiv-Verfahren entwickelte und somit als der eigentliche Erfinder der Fotografie gelten kann . Talbot schrieb auch das erste Buch über die Fotografie, das den aufschlussreichen Titel *The Pencil of Nature* (1844) trägt.

|Abb. 7.6
Joseph Nicéphore
Niépce (1765–1833)

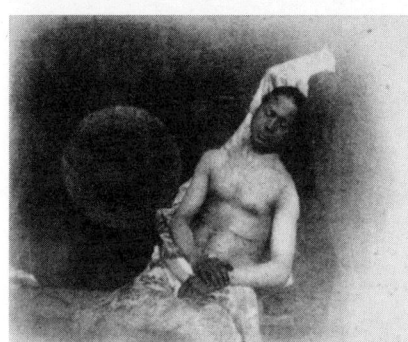

|Abb. 7.7
Hippolyte Bayard:
*Selbstporträt als
Ertrunkener* (1840)
|Abb. 7.8
William Henry Fox
Talbot (1844)

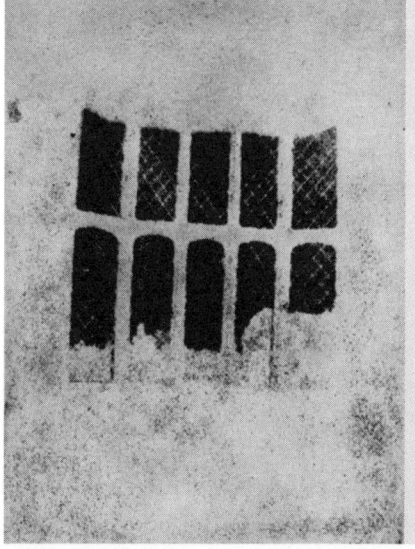

|Abb. 7.9
Talbots Fotografie
*Das Erkerfenster
der Lacock Abbey,
Wiltshire*, die älteste
erhaltene Negativfo-
tografie
|Abb. 7.10
William Henry Fox
Talbot: *The Pencil of
Nature* (1844), eine
Sammlung früher
Fotografien. Foto-
grafie ist nach Talbot
ein Produkt der
Natur selbst, der der
Mensch nur zu einem
Mittel verholfen hat,
sich auszudrücken

Erst das *Negativ-Positiv-Verfahren* der Fotografie macht schließlich die identische Reproduktion von Bildern möglich. Dabei wird das Bild zunächst als Negativ fixiert und erst in einem weiteren Schritt das eigentliche Foto als Positiv erstellt. Mit diesem Verfahren lassen sich nun erstmals beliebig viele

Negativ-Positiv-
Verfahren

Abzüge einer Aufnahme in identischer Qualität herstellen. Dies bedeutet ein historisches Novum. Bei allen früheren Bildreproduktionsverfahren, wie z. B. dem Holzschnitt oder dem Steindruck, ist keine identische Reproduktion möglich. Da sich die Vorlage abnutzt, lässt die Qualität der Abzüge nach und ihre Anzahl ist somit begrenzt.

Abb. 7.11 |
Positiv (links) und
Negativ (rechts)
eines Fotos

Realismus und
Automatismus der
Abbildung

In ihren Anfängen wurde die Fotografie mit der Malerei hauptsächlich unter den Aspekten des *Realismus* und des *Automatismus* verglichen. Die Frühzeit der Fotografie fällt in eine Epoche der Malerei, die sich besonders um die realistische Wirkung von Bildern bemüht. Daher wird auch die neue Technik der Fotografie zunächst unter dem Gesichtspunkt der realitätsgetreuen Abbildung von Gegenständen betrachtet, die auf der Reproduktion von Wahrnehmungsbedingungen beruht. Der technische Hauptunterschied zur Malerei liegt im Automatismus der Abbildung. Der Einfluss der Subjektivität wird ausgeschaltet, da das Bild nicht vom Menschen, sondern von der Apparatur geschaffen wird.

Kunst oder Technik

Dieser technische Umstand löst eine lange Debatte aus, ob die Fotografie nun *Kunst oder Technik* sei. Ist der Fotograf ein Künstler, der die Apparatur als künstlerisches Produktionsmittel verwendet, oder ist er nur der Bediener einer Maschine? Der Automatismus der Aufnahme, der vermeintlich jede „künstlerische Handschrift" im Bild ausschaltet, spricht für das Urteil gegen die Kunst. Andererseits liegt auch jeder fotografischen Aufnahme die subjektive Wahl eines Ausschnitts, einer Perspektive und des technischen Materials zugrunde. Zur Präsentation von Fotografie als eigenständiger Kunstform in Museen und Bildbänden kam es erst im 20. Jh.

Für die Streitfrage zwischen Kunst und Technik spielt der Begriff des *Originals* eine wichtige Rolle. In der Malerei ist jedes Bild ein Original, das so nicht reproduzierbar ist, und gerade aus diesem Umstand seinen künstlerischen Wert erhält. In der Fotografie werden Erstabzüge dann auch als Originale präsentiert. Walter Benjamin stellte in seiner Abhandlung über *Das Kunstwerk im Zeitalter seiner technischen Reproduzierbarkeit* (1936) jedoch die berechtigte Frage, ob der Begriff des Originals in Anbetracht der Möglichkeit der identischen Reproduktion von Bildern im Fall der Fotografie überhaupt noch Sinn mache. Genau genommen wäre (jedenfalls bei der analogen Fotografie) das Negativ als Original anzusehen, das allerdings selbst gar nicht als eigentliches Bild, sondern nur als Vorstufe zum Endprodukt betrachtet wird.

Frage nach dem Original

Leistungen der Fotografie

| **7.2**

Die Fotografie ist das erste *technisch basierte Bildmedium*. Alle früheren Bildproduktionsmethoden waren an ein menschliches Subjekt gebunden, das mit oder ohne technische Hilfsmittel das Bild erstellte. Die Apparatur der Fotografie hingegen ermöglicht die *mechanische Abbildung im statischen Bild* sowie dessen *Fixierung*. Darüber hinaus erlaubt sie erstmals die *identische Reproduktion* einmal gemachter Bilder.

Erstes technisch basiertes Bildmedium

Als erstes Bildproduktionsverfahren ermöglicht die Fotografie die *direkte Umwandlung von Wahrnehmung in Aufzeichnung*. Fotografie gibt nicht mehr nur bewusst Erfahrenes und gedanklich bereits Verarbeitetes wieder, sondern die Anschauung selbst. Der Fotoapparat wird zum Wahrnehmungsapparat, denn durch ihn wird das Angeschaute, nicht eine subjektive Vorstellung davon, aufgezeichnet.

Umwandlung von Wahrnehmung in Aufzeichnung

Die Fotografie hält den Augenblick *instantan*, im Moment selbst, fest. Bei der Malerei hingegen sind der Moment der Wahrnehmung und das Festhalten im Bild immer zeitversetzt. Damit erreicht die Fotografie auch eine Erweiterung der menschlichen Wahrnehmungsfähigkeit. Der Augenblick, in dem das Foto gemacht wurde, kann im fixierten Bild dann beliebig lange und genauer als in dem Augenblick selbst betrachtet werden. Dadurch ist es möglich, Details zu erkennen, die in Echtzeit nicht wahrgenommen wurden und vielleicht aufgrund ihres schnellen Vorübergehens auch gar nicht wahrgenommen werden konnten.

Michelangelo Antonioni (1912–2007) hat in seinem Film *Blow Up* (1966) die Möglichkeiten der Fotografie zur Steigerung der menschlichen Wahrnehmungsfähigkeit ins Zentrum der filmischen Handlung gestellt. Er reflektiert damit die Leistungen und Grenzen des Mediums Fotografie in dem auf ihm beruhenden Nachfolgemedium, dem Film. In *Blow Up* schießt ein Fotograf in einem Park Bilder von einem Paar. Die fotografierte Frau verlangt daraufhin die Herausgabe und Vernichtung der Negative von ihm. Der Fotograf wei-

Steigerung der menschlichen Wahrnehmungsfähigkeit

gert sich jedoch und sucht nun, neugierig geworden, durch Entwicklung und Vergrößerung nach Hinweisen auf den Fotos. (Der im Filmtitel aufgegriffene englische Ausdruck *to blow up* bedeutet im Deutschen soviel wie *vergrößern*.) Dabei entdeckt er im Hintergrund einen Mann mit einer Pistole sowie eine am Boden liegende Leiche. Beides war ihm bei der Aufnahme des Fotos nicht aufgefallen.

Abb. 7.12 |
Szenenbild aus *Blow Up* (Michelangelo Antonioni 1966)

Die Fotografie erweitert damit die Wahrnehmungsfähigkeit des Fotografen. Durch die statische Situation im Foto hat er mehr Zeit, Details zu entdecken, als im Augenblick der Aufnahme selbst. Durch Vergrößerung und Veränderung der Belichtung bei der Entwicklung werden Einzelheiten in Bildbereichen erkennbar, die zuvor aufgrund der Entfernung und der Lichtverhältnisse nicht erkennbar waren. Der Film macht im Weiteren aber auch die Grenzen des Mediums Fotografie deutlich, die in seiner Ausschnitthaftigkeit bestehen. Die Konzentration auf einzelne Details ist nur durch die Vernachlässigung anderer möglich. Zeitliche Prozesse, Vorgänge und Handlungszusammenhänge werden erst durch das Zeigen mehrerer Fotografien hintereinander erkenn- und darstellbar, im Film *Blow Up* durch Kameraschwenks und Montage, also spezifisch filmische Mittel, realisiert.

Grenzen der Fotografie

Fotografie als Beruf und als Massenphänomen

Die Fotografie war zunächst ein reines Expertenmedium. Zu groß, zu schwer und zu kompliziert in der Bedienung waren die Apparate, als dass sie bei einer größeren Schicht Verbreitung hätten finden können. Zudem war jede einzelne Aufnahme ein langwieriger Prozess und somit im Alltag nicht nebenbei durchführbar. Dadurch entstand der Beruf des Fotografen. Dieser wurde zunächst getragen durch die Nachfrage nach Fotoportraits, die ihre gemalten Vorläufer wiederum an Wirklichkeitstreue übertrafen und diese beinahe vollständig ersetzten. Außerdem waren bei einem breiteren Publikum Aufnahmen aus entlegenen und exotischen Weltgegenden sehr beliebt, die man selbst nie erreichen konnte.

Beginn als Expertenmedium

Abb. 7.13
Ansel Adams: *The Tetons and the Snake River* (1942), Grand Teton National Park, Wyoming

Im Jahr 1888 wurde der *Rollfilm* erfunden. Hierbei wird im Apparat eine belichtbare Folie an einer Perforation weitergeführt. Dies löste das aufwändige Verfahren mit einzelnen Fotoplatten ab. Erst diese Erfindung ermöglicht durch die vereinfachte Handhabung der Technik die Ausbreitung der Amateurfotografie, die sich zum Massenphänomen entwickelt. Von nun an ist es möglich, Alltagsszenen im Bild festzuhalten. Jeder ist damit in der Lage, sein eigenes, privates Fotoarchiv anzulegen. Die Apparate wurden kontinuierlich leichter, günstiger und einfacher zu bedienen.

Erfindung des Rollfilms

Einen weiteren wichtigen Schritt zur Ausbreitung der Fotografie als Massenphänomen stellt das seit den 1880er Jahren entwickelte Verfahren des

Fotodruck

Fotodrucks dar. Erst dieses ermöglicht die Entstehung der Pressefotografie – und das Auftreten der ersten professionellen Bildjournalisten. Durch die Option, Fotos in Artikel zu integrieren, kommt es zu einer nachhaltigen Veränderung der gesamten Presseberichterstattung, die sich bis in die jüngste Zeit hinein verfolgen lässt. Haben sich doch erst vor kurzem auch die letzten großen deutschen Tageszeitungen dem Trend angeschlossen, ihre Titelseite mit einem Foto zu gestalten.

Farbfilm   Seit den 1930er Jahren steigert die Erfindung des Farbfilms den Realitätseindruck der Fotos noch einmal enorm.

7.4 | Dokumentarische und künstlerische Fotografie

Die Ausbreitung der Fotografie als Bildproduktionsverfahren bringt die Spaltung in eine *künstlerische* und eine *dokumentarische* Richtung mit sich.

Dokumentarische
Fotografie
   Die *dokumentarische Fotografie* stellt den abgelichteten Gegenstand ins Zentrum der Aufmerksamkeit. D. h. das Abgebildete ist wichtiger als das Bild

selbst. Die dokumentarische Fotografie hat daher die Tendenz, ihre Medialität zu verbergen. Die Herstellungsbedingungen und Techniken der Aufnahme sollen möglichst nicht mit in den Blick geraten. Die Fotografie präsentiert sich dabei als neutraler Vermittler der Realität.

Die *künstlerische Fotografie* hingegen hat die Tendenz, ihre Medialität auszustellen. Das Bild als solches, die dahinter stehende künstlerische Entscheidung sowie Technik und Prozess des Fotografierens werden in den Fokus der Aufmerksamkeit gerückt. Die Fotografie beginnt dabei auch, ihren vermeintlichen Status als Abbild der Realität in Frage zu stellen. Bei der so genannten „Geisterfotografie", dem Spiel mit Mehrfachbelichtungen und durch Fotomontagen entstehen Bilder, die keine direkte Referenz in der Wirklichkeit mehr haben.

Künstlerische Fotografie

Die kanadische Fotopionierin Hannah Maynard (1834–1918) experimentierte mit den Möglichkeiten der Doppelbelichtung. Auf dem Beispielbild (Abb. 7.15) erscheint nicht nur sie selbst zweifach links und rechts, sondern auch ihr Enkelsohn, der sich selbst als Statue ohne Rumpf und Unterarme betrachtet. Die gerahmten Bilder in der Mitte sind Fotografien von Hannah Maynards verstorbenen Töchtern. Durch die Zusammenstellung der drei Generationen, die sich so nie begegnet sind, auf einem Bild wird auch die Möglichkeit der Fotografie demonstriert, das Vergangene festzuhalten und die Zeit im Medium zu überwinden.

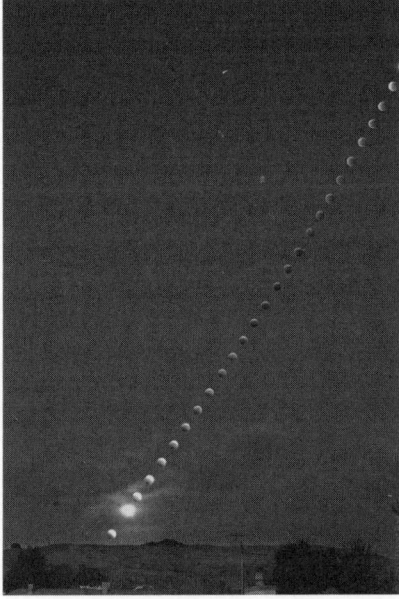

Abb. 7.16
Beispiel einer Mehrfachbelichtung: Mondfinsternis über Hayward, Kalifornien (2004)
© Mactographer (David Ball)

Folgen der Digitalisierung

|7.5

Eine tief greifende Veränderung des Status von Fotografie bringt seit den 1990er Jahren die Durchsetzung der digitalen Fotografie mit sich. Das Abbild wird dabei nicht mehr wie bei der analogen Fotografie in einem Negativ festgehalten, das auf einem Film gebannt ist, sondern in einer Datenmenge auf einem elektronischen Speichermedium. Diese Datenmenge kann bearbeitet werden, ohne dass dabei Spuren entstehen. Das Bild ist daher etwas anderes als das frühere Negativ. Damit lassen sich Fälschungen oder Manipulationen nicht mehr nachweisen. Dem entwickelten Foto lässt sich auch nicht mehr unbedingt ansehen, ob es analog oder digital entstanden ist. Die Fotografie

Manipulierbarkeit

verliert dadurch ihren Dokumentcharakter. Die digitale Technik erzeugt Bilder, die keine reale Basis mehr haben.

7.6 | Von der Fotografie zum Film

Sichtbarmachen von Bewegungsabläufen

Abb. 7.17 |
Eadward Muybridge
(1830–1904)

Serienfotografie

Abb. 7.18 |
Étienne-Jules Marey
(um 1850)

Seit den 1870er Jahren wurde versucht, mithilfe der Fotografie Bewegungsabläufe sichtbar zu machen, die aufgrund ihrer Geschwindigkeit die menschliche Wahrnehmungsfähigkeit überfordern. Pionier dabei war Eadward Muybridge. Er erhielt 1872 den Auftrag, die Frage zu klären, ob ein Pferd im Galopp immer mindestens einen Huf auf dem Boden hat, oder ob kurzfristig alle vier Hufe in der Luft sind. Zu diesem Zweck erfand er das Prinzip der Serienfotografie, bei dem mehrere Aufnahmen eines sich bewegenden Objekts in Folge in sehr kurzem Abstand gemacht werden. Dadurch werden Bewegungsabläufe analysierbar. Muybridge fand so schließlich heraus, dass das Pferd im Galopp tatsächlich zeitweilig alle vier Hufe vom Boden abhebt.

Auch der französische Physiologe Étienne-Jules Marey (1830–1904) beschäftigte sich mit der Untersuchung schneller Bewegungsabläufe bei Tieren, etwa der Bewegung einer fallenden Katze. Er nahm die Bewegung in Einzelbildern auf, um sie anschließend hintereinander, jedoch in langsamerer Folge ablaufen zu lassen. Dadurch machte er nicht nur tierische Bewegungsabläufe sichtbar, sondern hatte auch das Prinzip des Films erfunden (für dessen Weiterentwicklung er sich persönlich allerdings nicht interessierte).

Technisch war die Serienfotografie abhängig von der Möglichkeit, in kurzer Folge hintereinander Aufnahmen zu machen. Dazu wurde das bei Waffen verwendete Prinzip des Trommelrevolvers übernommen, das eine schnelle Weiterführung des Fotofilms im Apparat ermöglichte.

Ganz ähnlich funktioniert dann auch das Projektionsverfahren des Filmes. Durch das schnelle Abspielen aufeinander folgender Bilder desselben Objekts in verschiedenen Positionen können diese nicht mehr als einzelne wahrge-

Abb. 7.19 |
Eadward Muybridge:
Horse in Motion
(1878)

nommen werden. Aufgrund der Trägheit des menschlichen Auges entsteht der Eindruck einer kontinuierlichen Bewegung. (Heute sind es in der Regel 24 Bilder pro Sekunde, die auf die Kinoleinwand projiziert werden.) Um das schnelle Ablaufen des Films zu ermöglichen, verwendete man in der Frühzeit perforierte Zelluloidstreifen, die durch ein Zahnrad am Objektiv vorbei geführt wurden. Durch den schwarzen Streifen zwischen den Einzelbildern kam es bei der Projektion jedoch zu einem Flimmern, dem so genannten Flicker-Effekt. Abhilfe schaffte erst die Ersetzung des Zahnrades durch ein Malteserkreuzgetriebe. Dadurch kommt es beim Transport des Filmbandes zu einer Abwechslung von Bewegung und Stillstand. Erst diese Diskontinuität im Ablauf der Projektion schafft für die menschliche Wahrnehmung die perfekte Illusion kontinuierlicher Bewegungsabläufe.

Projektionsverfahren des Films

Die Funktionsweise des Malteserkreuzgetriebes finden Sie auf www.bachelorwissen.de.

|Abb. 7.20
Étienne-Jules Marey:
Pelikan im Flug
(um 1882). Marey
erfand ein Verfahren,
um mehrere
Bewegungen auf
einer Fotografie
darzustellen

Übungsaufgaben |7.7

1   Welche Veränderungen bringt die Digitalisierung für die Fotografie mit sich?

2   Inwiefern stellt der Film *Blow Up* eine Reflexion auf das Medium Fotografie im Medium Film dar?

3   Welche Rolle spielt die Zentralperspektive in der Geschichte der Bildmedien als Vorläuferin moderner technischer Bildmedien wie der Fotografie?

4   Was unterscheidet die Fotografie von ihren Vorläufern *Camera obscura* und *Daguerreotypie*?

5   Welche Einsatzmöglichkeiten der Fotografie sind ausschlaggebend für ihre Weiterentwicklung zum Film?

6   Wie unterscheiden sich eine dokumentarische und eine künstlerische Richtung in der Fotografie?

7 Welche Veränderung für den Status des „Originals" in der Kunst bringt die Fotografie mit sich?

7.8 | Literatur

Barthes, Roland: Die helle Kammer. Bemerkungen zur Photographie. Frankfurt/M. 1985.

Benjamin, Walter: Das Kunstwerk im Zeitalter seiner technischen Reproduzierbarkeit. In: Ders.: Gesammelte Schriften. Bd. I.2. Frankfurt/M. 1974, S. 435–508.

Busch, Bernd: Belichtete Welt. Eine Wahrnehmungsgeschichte der Fotografie. München, Wien 1989.

Crary, Jonathan: Techniken des Betrachters. Sehen und Moderne im 19. Jahrhundert. Dresden, Basel 1996.

Oettermann, Stefan: Das Panorama. Die Geschichte eines Massenmediums. Frankfurt/M. 1980.

Schanze, Helmut u. Gerd Steinmüller: Mediengeschichte der Bildkünste. In: Handbuch der Mediengeschichte. Hg. v. Helmut Schanze. Stuttgart 2001, S. 373–397.

Theorie der Fotografie. Bd. 1–3 hg. v. Wolfgang Kemp, München 1980–1983, Bd. 4 hg. v. Hubertus v. Amelunxen. München 2000.

Film

Inhalt

8.1	Das Kino-Dispositiv	104
8.2	Entwicklung der Filmtechnik	105
8.3	Unterscheidungen innerhalb des Mediums Film	107
8.3.1	Spaltung in Dokumentarfilm und Spielfilm	107
8.3.2	Real- und Animationsfilm	108
8.3.3	Realistische und artifizielle Tendenzen	110
8.4	Hybridität des Films	112
8.5	Montage	113
8.6	Ausbildung verschiedener Spielfilmgenres	115
8.7	Das Starsystem	115
8.8	Das Autorenkino	116
8.9	Übungsaufgaben	116
8.10	Literatur	117

Überblick   Das Medium Film baut in komplexer Weise auf den Voraussetzungen seiner Vorgängermedien auf. Technisch stellt es eine Weiterentwicklung der Fotografie dar. Inhaltlich und formal orientiert es sich an der Erzählliteratur, am Theater und an Traditionen aus der Bildkunst. Trotz dieser zahlreichen Einflüsse entwickelt sich der Film zu einem Medium mit ganz eigenen Kunstformen und einer ganz speziellen sozialen und ökonomischen Organisation.

8.1 | Das Kino-Dispositiv

Abb. 8.1 |
Georges Méliès
(1861–1938)

Kino-Dispositiv

Die frühesten Filmproduktionen wurden in der Zeit um 1900 im Rahmen bunter Abende im Varieté gezeigt. Dem entsprechenden Milieu entstammten auch die ersten Filmschaffenden wie der Franzose Georges Méliès. Als Betreiber eines Varietétheaters verwendete er die Filmtechnik zur Erzeugung illusionistischer Effekte und schuf darüber hinaus die ersten Spielfilmsequenzen.

Bald entsteht jedoch das Kino-Dispositiv, das die öffentliche Rezeption von Filmen bis heute bestimmt. Dieses Dispositiv, das uns heute selbstverständlich erscheint, besteht in der Anordnung der Zuschauerplätze in Reihen mit Blick auf die Projektionsfläche. Der Raum wird verdunkelt, um optimale Rezeptionsbedingungen zu schaffen. Dadurch wird die Konzentration der Zuschauer auf die zweidimensionale Projektionsfläche gerichtet und ein Eintauchen in die räumliche Illusion der Filmwirklichkeit ermöglicht.

Abb. 8.2 |
Die Mondlandung in
Georges Méliès' Film
*Le voyage dans la
lune* (1902)

Das Kino, wie wir es heute kennen, ist verbunden mit der speziellen und voraussetzungsreichen Form des abendfüllenden Spielfilms, d. h. der filmischen Gestaltung einer fiktionalen Erzählung. Bis zur Ausbreitung des Fernsehens wurde der Spielfilm im Kino noch kombiniert mit dokumentarischen Formaten wie der Wochenschau.

Die Produktion eines abendfüllenden Spielfilms setzt ein durchdachtes Konzept, aufwändige Technik und die entsprechende ökonomische Basis voraus. Daher entwickelt sich die Filmproduktion schnell von einem Ein-Mann-Unternehmen zu einer arbeitsteiligen Industrie mit vielen Spezialisten.

Frühe Zentren   Frühe Zentren der Filmproduktion waren in Europa und hier vor allem in Frankreich und Deutschland zu finden. In den USA begann sich die Filmindustrie an der Ostküste zu entwickeln. Durch den 1. Weltkrieg gewannen die Amerikaner einen Vorsprung auf diesem Gebiet. Die Produktion wurde von der Ost- an die Westküste verlagert, was wiederum ökonomische Gründe hatte. Die Produktion war dort billiger und das Wetter günstiger für Dreharbeiten.

Hollywood trieb die extrem arbeitsteilige Produktion von Filmen in großen Studios voran. Dabei war ein breites Spektrum von Spezialisten beschäftigt, die jeweils bestimmte Funktionen bei der Filmproduktion erfüllten (Drehbuchautor, Regisseur, Kameraleute, Cutter etc.). So wurde die industrielle Produktion des Films weiter forciert. Es war üblich, dass ein Team von einer Produktion zur nächsten wechselte und nicht kontinuierlich ein Team an einem Film arbeitete. Die eigentlichen Filmemacher wurden die Produzenten.

Arbeitsteilige Produktion

Abb. 8.3
Die Nestor-Studios, das erste Filmstudio Hollywoods

Entwicklung der Filmtechnik

| 8.2

Die Entwicklung der Filmtechnik war wie die der Fotografie von dem Bemühen bestimmt, den Realismus der Darstellung zu steigern. Die detailgenaue und realistische Abbildung der Welt stand im Vordergrund. Die stark illusionierende Wirkung, die von Filmbildern ausging, untermauert eine Anekdote über die frühen Filmvorführungen der Brüder Lumière. Bei der öffentlichen Vorführung ihres Films *L'arrivée d'un train en gare de la Ciotat* (1895) sollen die Zuschauer angesichts des bei der Einfahrt in einen Bahnhof frontal gefilmten Zuges in Panik den Zuschauerraum verlassen haben.

Detailgenaue und realistische Abbildung der Welt

Die Gebrüder Auguste (1862–1954) und Louis (1864–1948) Lumière gelten als die Pioniere der Filmtechnik. Sie waren Besitzer einer Chemikalienfabrik und in diesem Zusammenhang an der technischen Weiterentwicklung der Fotografie und deren industrieller Nutzung interessiert. 1895 zeigten sie die erste Filmvorführung mit dem von ihnen entwickelten Cinematographen, einem Apparat, der Filmkamera, Kopiergerät und Projektor in einem war.

Brüder Lumière

Abb. 8.4
Auguste (1862–1954) und Louis (1864–1948) Lumière

Zur entscheidenden Steigerung des realistischen Eindrucks trug vor allem die Erfindung des Ton- und des Farbfilms bei. Insbesondere Letzterer bewirkte noch einmal eine deutliche Stärkung der ikonischen Dimension des Mediums Film.

Tonfilm

Üblich war die Begleitung von Stummfilmvorführungen durch Livemusik. Die technischen Voraussetzungen für das synchrone Abspielen von Film- und Tonaufnahmen wurden erst in den 1920er Jahren entwickelt. Der erste abendfüllende Tonfilm war *The Jazz Singer* (1927). Der Tonfilm verdrängte den Stummfilm innerhalb weniger Jahre fast vollständig. Wichtige Stummfilmproduktionen gab es danach nur noch wenige. Charlie Chaplins *Modern Times* (1936) setzt den Ton noch sehr sparsam und indirekt ein und reflektiert damit den Übergang vom Stumm- zum Tonfilm. Dialoge sind in dem Film noch gar nicht vertont. Wiedergegeben wird etwa der Ton beim Abspielen einer Schallplatte. Charlie Chaplin selbst singt in der Schlussszene ein Lied, dessen Text jedoch aus unverständlichen Fantasiewörtern besteht, weil er den eigentlichen Text vergessen hat. Somit führt er die neuen technischen Möglichkeiten, die der Tonfilm mit sich bringt, ad absurdum.

Abb. 8.5 |
Werbeplakat zum
Film *The Jazz Singer*
(1927)

Die Durchsetzung des Tonfilms brachte eine grundlegende Veränderung in der Art der Schauspielerei mit sich und verlangte völlig andere Talente bei den Schauspielern. Daher hat kaum einer der großen Stars der Stummfilmära den Übergang zum Tonfilm mit vollziehen können.

Hollywood selbst hat diesen Umbruch zum Thema gemacht in dem bekannten Filmmusical *Singin' in the Rain* (1952). Der Film spielt 1927, in der Zeit des Übergangs vom Stumm- zum Tonfilm. Ein Schauspielerpaar, beide Stars des Stummfilms, soll ihr jüngstes Filmprojekt nun in ein Filmmusical transformieren. Während er damit gut zurechtkommt, ist ihre Stimme dafür nicht zu gebrauchen. Die junge Schauspielerin, deren Stimme für die des Stars eingespielt wird, macht ihr zusätzlich den Filmpartner abspenstig. So werden die realen Vorgänge, die sich in der Filmindustrie am Ende der 1920er Jahre vollzogen haben, in einer Hollywood gemäßen Geschichte verarbeitet.

Farbfilm

Schon Anfang des 20. Jh. wurde mit dem Einsatz von Farbe bei der Herstellung von Filmen experimentiert. Dabei wurde zunächst das Filmband im Nachhinein mit Farbe bearbeitet. Mit der frühen Filmtechnik waren beispielsweise keine Nachtaufnahmen möglich. Daher wurden auch Nachtszenen bei

Tag gefilmt und anschließend der Film blau eingefärbt, um den Eindruck von Nacht entstehen zu lassen. Auch versuchte man durch das Einfärben einzelner Elemente den Realismus zu erhöhen. Diese Methode des nachträglichen Retuschierens wird *Viragierung* genannt. Der eigentliche Farbfilm entstand erst in den 1950er Jahren. Die damaligen *Technicolor*-Farben wirkten allerdings noch recht künstlich.

Unterscheidungen innerhalb des Mediums Film |8.3

Spaltung in Dokumentarfilm und Spielfilm |8.3.1

Das Medium Film differenziert sich nach seiner Verwendungsweise beinahe von Beginn an in zwei Hauptsparten: den *Dokumentarfilm* und den *Spielfilm*. Der Dokumentarfilm ist bestimmt dadurch, dass er ein Abbild der Realität liefern will. Er zeichnet ein Geschehen auf, das auch ohne die Filmaufnahme so stattgefunden hätte. So zeigt etwa einer der frühesten Filme der Brüder Lumière die Arbeiter beim Verlassen ihrer Firma in Lyon. Ebenso drehten die Filmpioniere aber auch bereits kleine gespielte Szenen, inszenierte Witze, die mit den dokumentarischen Aufnahmen zusammen ein abendfüllendes Programm ergeben sollten. Bereits hier manifestiert sich der bis heute bestehende Unterschied zwischen Dokumentarfilmen und fiktionalen Spielfilmen, welche eine Handlung festhalten, die lediglich zum Zwecke der Aufzeichnung inszeniert wird.

Abbildung der Realität oder inszeniertes Geschehen

|Abb. 8.6
Eines der ersten Werbeplakate der Brüder Lumière. Dargestellt ist eine Szene der Komödie *L'Arroseur Arrosé*

Filmsparten

Neben diesen beiden Hauptsparten des Films haben sich jedoch noch zahlreiche weitere Sparten herausgebildet, wie *Lehr-*, *Werbe-*, *Essay-* und *Experimentalfilm*, die sich oft zwischen Dokumentar- und Spielfilm bewegen. Die dokumentarischen Formen des Films sind heute allerdings kaum noch im Kino zu finden, sie werden eher im Fernsehen gezeigt. (Erst in den letzten Jahren kam es zu einer kleinen Renaissance durch einige populäre Dokumentarfilme, wie etwa die von Michael Moore, die sich im Kino überraschend zu Kassen-

Dominanz des Spielfilms

schlagern entwickelten.) Die allgemeine Dominanz des Spielfilms im Kino wurde seit den 1960er Jahren durch das Verschwinden von Wochenschauen und Vorfilmen verstärkt, die die Möglichkeit zur Präsentation verschiedener Filmformen im Kinoprogramm darstellten. Heute finden neben dem abendfüllenden Spielfilm nur noch Werbespots ihren Platz im Kino, die jedoch auch zum Großteil aus Spielszenen bestehen.

8.3.2 | Real- und Animationsfilm

Unterscheidung nach dem Herstellungsverfahren

Eine weitere Unterscheidung im Medium Film lässt sich nach der Art und Weise der Herstellung der Filmbilder treffen. Neben dem *Realfilm* entwickelte sich der *Animationsfilm*.

Realfilm

Der Realfilm beruht auf der fotografischen Aufnahme der äußeren Wirklichkeit. Was auf dem Bild zu sehen ist, muss es somit auch außerhalb des Films gegeben haben, unabhängig davon, ob das Geschehen im Rahmen einer fiktionalen Handlung gestellt oder dokumentarisch abgefilmt wurde.

Animationsfilm

Der Animationsfilm kommt im Gegensatz dazu ohne eine vorangegangene Wirklichkeit aus. Was auf dem Bild zu sehen ist, wurde nur für dieses produziert. So verhält es sich z. B. bei Zeichentrickfilmen oder digital animierten Filmen. Es gibt hier keine den Bildern vorausgehende Wirklichkeit außerhalb der Bilder.

Ausschnitt aus dem Raum-Zeit-Kontinuum oder rein mediales Produkt

Der gezeichnete Film als klassische Version des Animationsfilms besteht wie der Realfilm aus Einzelbildern, die jedoch jedes einzeln für sich gezeichnet worden sind. Die Zeichnungen werden hintereinander abgespielt, um die Illusion von kontinuierlicher Bewegung wie bei einem herkömmlichen Spielfilm zu erzeugen. Beim Realfilm werden Ausschnitte aus einem Raum-Zeit-Kontinuum gezeigt. Zum Beispiel wird gefilmt, wie ein Mensch eine Straße überquert. Im Film kann dieser Ausschnitt aus dem Raum-Zeit-Kontinuum geschnitten werden. So kann man sehen, wie der Mensch, gerade noch auf der einen Seite, im nächsten Augenblick schon auf der anderen Seite steht. Der Zuschauer denkt sich die Zwischenbewegung, also den fehlenden Ausschnitt aus dem Raum-Zeit-Kontinuum dazu, womit eine Illusion von Kontinuität entsteht. Beim Animationsfilm ist dies auch möglich. Allerdings gibt es hier gar kein Jenseits der Bilder. Es gibt keine Abläufe außer denen für den Film gezeichneten. Eine Trickfigur läuft nach dem Abblenden der Kamera nicht weiter, da sie gar nicht außerhalb der Bilder in einem unabhängigen Raum-

Zeit-Kontinuum existiert. Ein Animationsfilm zeigt keinen Ausschnitt aus einer Wirklichkeit, sondern ist ein rein mediales, künstliches Produkt.

Dank der heutigen Digitaltechnik wird es möglich, die Grenzen zwischen Real- und Animationsfilm zu verwischen. Zuvor gab es nur vereinzelte Grauzonen zwischen diesen beiden Polen, beispielsweise Filme, die auf dem Abfilmen von Plastilinfiguren beruhen (bekannte Beispiele: *Chicken Run – Hennen rennen* (Großbritannien 2000) und *Wallace & Gromit* (Großbritannien 2005)). Solche Filme basieren auf der Aneinanderreihung von Einzelbildfolgen, wie bei der Animation, die jedoch durch das Fotografieren „realer Objekte" zustande kommen. Im technischen Sinne muss diese Art von Filmen daher zu den Realfilmen gezählt werden.

Exkurs

Filme bestehen außer aus dem Hauptteil, in dem sich die Handlung vollzieht, auch aus einem Vorspann und einem Abspann. Diese stehen außerhalb der im Film konstruierten fiktionalen Wirklichkeit. Die Zuschauer unterscheiden zwischen der auf die Realität der Filmproduktion verweisenden Schrift, die während Vor- oder Abspann über die Projektionsfläche läuft, und der fiktionalen Realität des Filmes, auch wenn im Hintergrund bereits Szenen aus dieser Welt gezeigt werden.

Anhand der Abspannkonventionen, wie sie sich in den 1980er und 1990er Jahren beim Spielfilm entwickelt haben, um die Zuschauer während des Abspanns im Saal und bei Laune zu halten, lässt sich der Unterschied von Realfilm und Animationsfilm sehr gut beobachten. Besonders interessant ist hier der Abspann zum Animationsfilm *A Bug's Life* (*Das große Krabbeln*) (USA 1998). Dieser Film greift die beim Realfilm entwickelten Abspannkonventionen auf und überträgt sie auf das animierte Geschehen. Typischerweise werden im Abspann von Spielfilmen misslungene Szenen aus der Filmproduktion gezeigt, bei denen etwa Versprecher oder Lachanfälle der Schauspieler zu sehen sind. Der Abspann von *A Bug's Life* greift diese Motive auf und spielt sie mit den künstlich animierten Figuren durch. Er besteht aus Szenen, in denen z. B. ein ins Bild ragendes Mikrofon zu sehen ist, ein Regieassistent, der ins Bild gerät, weil die Kamera kippt, oder die Klappe, die den Beginn der Aufnahme einer Szene markiert. Der zugleich komische und im Bezug auf die medialen Differenzen aufschlussreiche Effekt entsteht dadurch, dass bei einem Animationsfilm solche Szenen gar keinen Sinn ergeben. Denn es gab nie eine Wirklichkeit, in der Dreharbeiten stattgefunden haben und die gezeigten Missgeschicke passieren konnten. Der Animationsfilm hat kein räumlich-zeitliches Jenseits, aus dem die Szenen entnommen sind. Es gibt keine Wirklichkeit außerhalb der Bilder, in der Filmcrew, Kameras und Schauspieler agiert hätten und sich in Missgeschicke verstricken konnten. Indem der Abspann von *A Bug's Life*

Spiel mit den Unterschieden von Realfilm und Animationsfilm

Abb. 8.7│
Abb. 8.8│
Standbilder aus dem
Abspann von
A Bug's Life (1998)

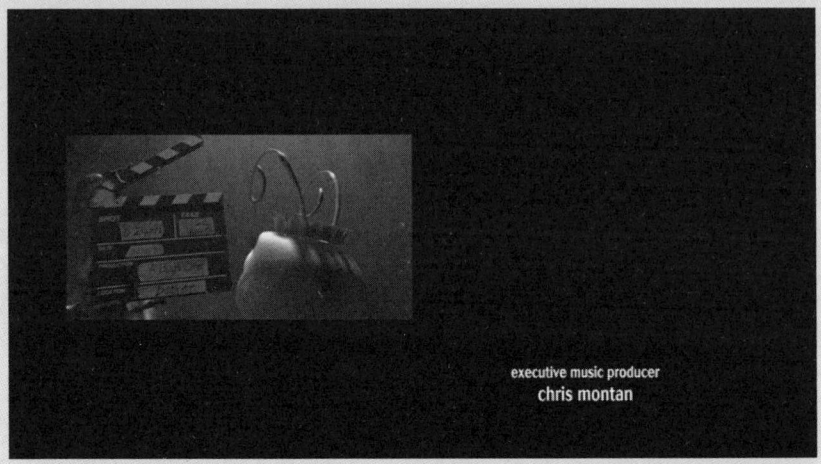

dies jedoch behauptet, reflektiert er die produktionslogische Differenz von Realfilm und Animationsfilm. Der Abspann bezieht seine Komik gerade daraus, dass er etwas vorführt, was unter den Bedingungen des Mediums gar nicht möglich ist. Der mediale Unterschied von Realfilm und Animationsfilm wird den Zuschauern durch die Übertragung von Formen aus dem einen Medium in das andere vorgeführt.

8.3.3│ Realistische und artifizielle Tendenzen

Der Unterschied zwischen realistischen und artifiziellen Tendenzen ist nicht identisch mit der Differenz von dokumentarischem und fiktionalem Film, denn realistische Tendenzen gibt es sowohl im dokumentarischen Film als auch im Spielfilm.

Wie bei der Fotografie kann auch beim Film die Abbildfunktion des Mediums betont werden. Dann steht das Gefilmte im Vordergrund. Die Aufmerksamkeit richtet sich auf eine Wirklichkeit, die jenseits des Mediums Film selbst liegt. So kann man den Dokumentarfilm nutzen, um einen Teil der Wirklichkeit zu präsentieren, ohne darüber zu reflektieren, dass es eben das Medium Film ist, das diesen Teil der Wirklichkeit zur Anschauung bringt. Diese realistische Tendenz zeigt sich aber auch in Spielfilmen, die sich darum bemühen, eine fiktionale Handlung möglichst realistisch wiederzugeben und somit eine Pseudo-Wirklichkeit zu erzeugen. Bei der Produktion von Spielfilmen verwendet man zu diesem Zweck das *continuity editing*, das durch unsichtbare Schnitte das Dargestellte im fertigen Film ohne raumzeitliche Brüche erscheinen lässt, obwohl die Szene so in ihrem kontinuierlichen Ablauf nie stattgefunden hat. Darüber hinaus gibt es Spielfilme, die bewusst einen dokumentarisch-realistischen Eindruck erzeugen wollen. Der amerikanische Horrorfilm *Blair Witch Project* (1999) wurde zu einem weltweiten Erfolg, indem vom Produktionsstudio gezielt das Gerücht gestreut wurde, es handle sich bei dem Film tatsächlich um das authentische Videomaterial einer Gruppe von Filmstudenten, die beim Dreh eines Dokumentarfilms über einen Hexenwald auf unerklärliche Weise verschwunden sind.

Abbildung der Wirklichkeit

Die artifizielle Tendenz kann ebenfalls sowohl beim Dokumentarfilm als auch beim Spielfilm auftreten. Dabei werden die medialen Bedingungen der Produktion in die Aufmerksamkeit der Zuschauenden gerückt. Das heißt, das Gezeigte wird als Gefilmtes wahrgenommen.

Ausstellung der medialen Voraussetzungen

Beim Dokumentarfilm können beispielsweise die Bedingungen der Produktion des Films selbst thematisiert werden, so z.B. technische Schwierigkeiten oder die Beeinflussung des Geschehens, die durch die Anwesenheit der Kamera selbst verursacht wird. Bereits durch den bloßen Wechsel zwischen Interviews und vor Ort gedrehten Szenen, wie er typisch für viele Dokumentarfilme ist, wird der Eindruck einer direkt präsentierten Wirklichkeit unterbrochen.

Dokumentarfilm

Beim Spielfilm kann unter artifiziellen Tendenzen verstanden werden, dass die erzählte Geschichte selbst als Konstrukt dargestellt wird. Ebenso wie beim Dokumentarfilm kann beim Spielfilm die Herstellung des Films thematisiert und damit hervorgehoben werden, dass es sich beim Gezeigten um etwas medial Produziertes handelt. (Vgl. dazu auch Abschnitt 12.2.5)

Spielfilm

Ein Beispiel für einen solchen selbstbezüglichen Spielfilm wäre François Truffauts *La nuit américaine/Die amerikanische Nacht* (Frankreich 1973), dessen Handlung das Drehen eines Spielfilms zeigt. Schon der Titel verweist auf einen filmischen Trick, nämlich Nachtszenen mit einem speziellen Filter am Tag zu drehen, und mithin darauf, dass der Illusionseffekt des Films auf medialen Manipulationen der aufgezeichneten Realität beruht.

8.4 | Hybridität des Films

Integration und
Adaption verschiedener Medien

Der Film ist ein Medium, das auf der Integration und Adaption verschiedener anderer medialer Formen basiert. Er ist somit ein hybrides Medium.

Fotografie

Technisch basiert der Film auf der Fotografie, die er um die Darstellung von Bewegung erweitert. Er kann sich jedoch jederzeit auch auf diese zurückziehen, indem er das Bild anhält in Form von Standbildern (Vgl. Abschnitt 7.2. Filmbeispiel *Blow Up*).

Malerei

Aber auch noch ältere Bildtraditionen aus der bildenden Kunst gehen in den Film ein, besonders was bildkompositorische Fragen betrifft, die sich in der Malerei ebenfalls bereits stellten. So hat etwa Friedrich Wilhelm Murnau bei seinem *Faust*-Film (1926) bei der Flugszene auf Gemälde Altdorfers u. a. zurückgegriffen, um die überflogene Landschaft darzustellen. Besonders ausgeprägt ist der Bezug auf Bildtraditionen der Malerei in Filmen Peter Greenaways (*1942), etwa in *ZOO – A Zed & Two Noughts* (1985), der nicht nur einzelne Gemälde Jan Vermeers direkt nachstellt, sondern auch intensiv mit bildkompositorischen Prinzipien wie der Symmetrie arbeitet.

Abb. 8.9 |
Friedrich Wilhelm
Murnau (1888–1931)

Theater

Ein weiteres wichtiges Bezugsmedium für den Film ist das Theater. Von diesem übernimmt er die grundlegende Darstellungsweise, Geschichten in szenischer Form zu präsentieren. Tatsächlich wirken frühe fiktionale Filme sehr wie abgefilmtes Theater, was auf die eingeschränkten aufnahmetechnischen Möglichkeiten zurückzuführen ist. Erst durch die Einführung beweglicher Kameras und des Schnitts änderte sich dies. Außerdem griff man auch auf die Stoffe der Weltliteratur sowie auf Schauspieler, Kostüme und Requisiten des Theaters zurück. Ebenso bediente sich der Film bei den Traditionen des Bildaufbaus und der Raumgestaltung des Theaters. Das frühe Kino musste wegen der geringen Beweglichkeit der Kamera zunächst vor allem mit Mitteln des Theaters arbeiten und je Szene einen wie einen Bühnenraum gestalteten Handlungsort, zumeist einen Innenraum, aus einer Perspektive zeigen. Aber auch noch ein Filmexperiment wie Alfred Hitchcocks *Rope/Cocktail für eine Leiche* (USA 1948), der ohne sichtbaren Schnitt auskommt, spielt in einem einzigen Raum, so dass man sich das Geschehen auch auf einer Bühne vorstellen könnte.

Veränderte
Anforderungen an
Schauspieler

Bald entwickelte der Film aber auch eigene Konventionen der Schauspielkunst, die von denen des Theaters abweichen und auf die besonderen medialen Bedingungen des Films reagieren. So bietet der Film im Gegensatz zum Theater die Möglichkeit von Großaufnahmen. Dadurch kann die Mimik von Schauspielern als Ausdrucksmittel in den Vordergrund gerückt werden. Davon machte insbesondere der Stummfilm starken Gebrauch. Außerdem lassen sich die Szenen bei der Produktion beliebig oft wiederholen, bis sie perfekt sind. Die einzelnen Szenen können zeitlich unabhängig voneinander gedreht werden. Daher müssen die Schauspieler im Film im Unterschied zum Theater auch jeweils nur den Text für die aktuelle Sequenz parat haben. Die Anforderungen an die Schauspieler sind beim Film demnach andere als beim Theater, wo die Mimik nicht detailliert zu erkennen ist, aber dafür der Schauspieler seinen Text beherrschen muss, um die ganze Aufführung zu spielen.

Ein weiterer Aspekt, unter dem der Film auf frühere Medien zurückgreift, ist die Form der erzählerischen Vermittlung von Geschichten. Hier kann er auf in der Literatur entwickelte Traditionen aufbauen. Der Film entnimmt nicht nur einen Großteil seiner Stoffe aus der Erzählliteratur, sondern orientiert sich an dieser auch, was die Organisation komplexer Handlungsabläufe betrifft. So muss nicht alles chronologisch gezeigt werden, sondern die zeitliche Reihenfolge kann umgekehrt werden. Die meisten Fernsehkrimis funktionieren so, dass zunächst eine Leiche gefunden und der Tathergang dann erst gegen Ende des Films als Auflösung des Falls gezeigt wird. Es gibt aber auch Filme, die fast vollständig aus Rückblenden bestehen, wie etwa der Filmklassiker *Citizen Kane* (USA 1941).

Literatur

In der Literatur finden sich Beispiele für solche Erzählverfahren, wie zeitliche Vorgriffe, Rückgriffe und Darstellung der Gleichzeitigkeit von Handlungssträngen. Der Film greift solche Erzählweisen auf. Dabei ist der Film jedoch stets darauf angewiesen, das Erzählte mit szenischen Mittel zu adaptieren und zu präsentieren. Die Instanz des Erzählers aus der Literatur steht dem Film nur in sehr eingeschränkter Form zu Gebote.

Montage

| 8.5

Der Film entwickelte eigene Konventionen für die erzählerische Verbindung verschiedener Handlungsstränge. Das wichtigste Mittel dabei ist die *Montage*. Diese nutzt die Möglichkeit, den Film, der kontinuierlich und ohne Sprünge gefilmt wurde, neu zusammenzusetzen. Zwischen jedem Einzelbild ist prinzipiell ein Schnitt möglich. So kann eine neue Ordnung hergestellt werden, etwa um in einer so genannten Parallelmontage die Gleichzeitigkeit verschiedener Handlungsstränge darzustellen. Die Schnitte werden dann so gesetzt, dass der Film zwischen mehreren Handlungssträngen hin und her springt. Das Filmpublikum lernte schnell, diese Präsentationsform als Darstellung von Gleichzeitigkeit zu interpretieren. Ein frühes Beispiel für den spannungssteigernden Einsatz der Parallelmontage findet sich in *The Great Train Robbery* aus dem Jahr 1903 von Edwin S. Porter (1870–1941). Hier wird z.B. die Flucht der Räuber und der gleichzeitige Aufbruch der Verfolger hintereinander montiert. (Einen *Link* zu diesem Film finden Sie auf www.bachelor-wissen.de).

Montage

| Abb. 8.10
Edwin S. Porter
(1870–1941)

Im Grunde ist für die Herstellung einer Montage noch nicht einmal der Schnitt notwendig, sondern es genügt das Anhalten der Kamera und die nahtlose Fortsetzung der Aufnahme vor einer anderen Szene. Allerdings ist

Abb. 8.11 |
Still aus *The Great Train Robbery*: einer der Gangster zielt auf das Publikum

mit dieser Technik noch keine Neuorganisation des gefilmten Materials möglich, man ist an die ursprünglich gefilmte Reihenfolge gebunden.

In den ersten drei Jahrzehnten des Mediums entwickelten und etablierten sich die Techniken und Konventionen der Montage und ermöglichten so ein spezifisch filmisches Erzählen. Ein frühes Beispiel für den breiten Einsatz der Montage ist *Panzerkreuzer Potemkin* von Sergej

Abb. 8.12 |
Sergej Eisenstein (1898–1948)

Eisenstein aus dem Jahr 1925. Eisensteins Film spielt während des russischen Revolutionsjahrs 1905. Er weist für die damalige Zeit eine innovative Montage- und Schnitttechnik auf. Die bekannteste Szene des Films ist die Treppenszene von Odessa. Zahlreiche Groß- und Detailaufnahmen werden kombiniert, verschiedene Bewegungsachsen werden gegeneinander geschnitten. Soldaten gehen eine Treppe hinab und das Volk flüchtet vor ihnen. Durch die Gegenbewegung einer Frau zu den marschierenden Soldaten, die stellvertretend für das geschundene Volk steht, kommt es zu einer zusätzlichen

Abb. 8.13 |
Abb. 8.14 |
Standbilder aus *Panzerkreuzer Potemkin*: Zaristische Soldaten marschieren die Treppe hinunter und flüchtende Bevölkerung

Aufladung der gezeigten Vorgänge. Beide Bewegungen werden durch die Bewegung der Kamera unterstrichen. Die Perspektive wird immer wieder gewechselt. So ist etwa in objektiver Kameraperspektive zu sehen, wie ein von einem Schuss getroffener Mann stürzt, dann folgt der Schnitt und die Kamera nimmt die subjektive Perspektive des Stürzenden ein, kippt und wird unscharf. Bestimmte Vorgänge werden nur indirekt gezeigt. Eine Frau wird von einem Schuss getroffen, was die Zuschauer allerdings nur erschließen können, denn das Abfeuern des Schusses wird nicht gezeigt. Das Beispiel zeigt, wie die Betrachter aufgrund etablierter Konventionen vom kausalen Zusammenhang zwischen den Szenen ausgehen. Mit der Filmkamera lassen sich verschiedenen Ausschnitte wählen und das Gezeigte aus verschiedenen Distanzen darstellen. Großaufnahmen von Gesichtern können abwechseln mit der Totalen sich bewegender Menschenmassen. So können durch die Kameraperspektive die Aufmerksamkeit auf bestimmte Details gelenkt und Emotionen beim Zuschauer erregt werden, indem er sich mit Einzelpersonen identifiziert. Am Ende der Treppenszene werden Bilder von gesprengten Gebäuden und Statuen hintereinander geschnitten, die für das zaristische Regime und dessen Überwindung stehen. Es handelt sich hier um eine symbolische Montage, die keine narrativen, sondern rein inhaltliche Zusammenhänge und deren Bewertung vermittelt.

Die Montage ist Grundlage der spezifischen Erzählform des Mediums Film. Ihre Verfeinerung geht einher mit der Durchsetzung des Spielfilms als führender Gattung.

Ausbildung verschiedener Spielfilmgenres | 8.6

Innerhalb des fiktionalen Spielfilms haben sich verschiedene Filmgenres ausgebildet. Dies hat nicht zuletzt auch einen ökonomischen bzw. marketingtechnischen Hintergrund. Die Ausdifferenzierung der Genres, wie sie bis heute bekannt sind, fand vor allem in den 1920er und 1930er Jahren statt und hängt eng mit der Entwicklung Hollywoods zur Filmmetropole in Amerika zusammen. Die Filmproduktion entwickelte sich schnell zu einer eigenen Industrie. Der Aufwand bei der Herstellung eines Films ist bis heute hoch. Insofern ist es eine wichtige Frage, wie man Zuschauer zum Kinobesuch animieren kann und ihnen hilft, eine Auswahl zu treffen. Das Genre ist dabei eine Art Orientierungshilfe, um dem Publikum zu vermitteln, worum es in einem Film geht und um welche Darstellungsweise es sich handelt. Dabei lag die Aufteilung in Genres nach behandelten Stoffen nahe. Orientierung bot bereits die populäre Literatur. So entwickelten sich innerhalb des Spielfilms die Genres: *Krimi*, *Western*, *Science-Fiction*, *Horror*, *Erotik/Pornografie*, *Komödie*, *Melodram*, *Musical*, *Kriegsfilm*, *Katastrophenfilm* etc.

Ökonomische Hintergründe

Genre als Orientierungshilfe

Das Starsystem | 8.7

Das Hollywoodkino perfektionierte das Starsystem als Instrument für die erfolgreiche Vermarktung von Spielfilmen. Bereits früh zeichnete sich ab, dass die Anziehungskraft einzelner Schauspieler und Schauspielerinnen gezielt als Marketingmaßnahme eingesetzt werden kann, indem man diese für die Öffentlichkeit zu Stars mit einem ganz bestimmten Image aufbaut. Viele Schauspielerinnen und Schauspieler wurden festgelegt auf einen bestimmten Rollentyp. Für das Filmpublikum stellt die Mitwirkung bestimmter Schauspieler somit oft ein wichtigeres Auswahlkriterium beim Kinogang dar als Thema oder Handlung des Films.

Orientierung des Publikums an Mitwirkung von Stars

Abb. 8.15|
Lillian Gish
(1893–1993), einer
der ersten weiblichen
Filmstars

Abb. 8.16|
Marylin Monroe
(1926–1962) in
*The Prince and the
Showgirl* (1957).
Monroe war
einer der größten
Filmstars der 1950er
und frühen
1960er Jahre

8.8| Das Autorenkino

Regisseur tritt in den
Vordergrund

Das Starsystem hatte sich in den USA bis zum 2. Weltkrieg voll entwickelt. Als Gegenmodell dazu kam nach dem Krieg das so genannte Autorenkino auf, bei dem der Regisseur als eigentlicher Autor des Films in den Vordergrund des Publikumsinteresses tritt. Das Autorenkino ging von Europa, insbesondere von Frankreich aus, wurde aber wiederum von Hollywood marketingtechnisch instrumentalisiert. So wurde etwa der gebürtige Engländer Alfred Hitchcock (1899–1980) als Regisseur zu einem Markenzeichen in der amerikanischen Filmproduktion.

Abb. 8.17|
Alfred Hitchcock
(1899–1980)

8.9| Übungsaufgaben

1 Was beinhaltet der Begriff des Kino-Dispositivs?

2 Inwiefern ist der Film ein „hybrides" Medium?

3 Welche Bedeutung hat die Montage für das Medium Film?

4 Sind Filme, die durch das Abfilmen von Plastilinfiguren entstanden sind (wie z. B. *Wallace & Gromit* oder *Chicken Run*) dem Realfilm oder dem Animationsfilm zuzurechnen? Erläutern Sie ihre Einschätzung.

5 Erklären Sie mithilfe der gezeigten Bilder, wie der Abspann von *A Bug's Life* mit dem Unterschied von Realfilm und Animationsfilm spielt.

6 Welche Funktion erfüllen Genres und Starsystem für das Kinopublikum?

7 Auch Dokumentarfilme können artifizielle Tendenzen aufweisen, indem sich das Medium Film selbst reflektiert. Achten Sie beim Betrachten von Dokumentarfilmen darauf, ob und wie die Herstellung der Filmbilder im Film selbst thematisiert wird.

Literatur |8.10

Kreimeier, Klaus: Mediengeschichte des Films. In: Handbuch der Mediengeschichte. Hg. v. Helmut Schanze. Stuttgart 2001, S. 425–454

Albersmeier, Franz-Josef (Hg.): Texte zur Theorie des Films. 5., durchges. u. erw. Aufl. Stuttgart 2003

Hickethier, Knut: Film- und Fernsehanalyse. 4. akt. u. erw. Aufl. Stuttgart, Weimar 2007

Paech, Joachim: Literatur und Film. 2. überarb. Aufl. Stuttgart, Weimar 1997

Radio und Fernsehen

Inhalt

9.1	Radio	120
9.1.1	Entstehung	120
9.1.2	Programmgestaltung	122
9.1.3	Konkurrenz durch das Fernsehen	124
9.2	Fernsehen	125
9.2.1	Fernsehvisionen	125
9.2.2	Entstehung und Entwicklung	128
9.2.3	Charakterisierungen des Mediums Fernsehen	132
9.3	Übungsaufgaben	136
9.4	Literatur	137

Mit dem 20. Jh. beginnt auch die Zeit der elektronischen Massenmedien. Die technischen Möglichkeiten sind zunächst für den Hörfunk gegeben. In der zweiten Hälfte des Jahrhunderts entwickelt sich jedoch das Fernsehen zum gesellschaftlichen Leitmedium. Diese Einheit behandelt die Geschichte der Ausbreitung der beiden Medien sowie den Wandel von Programminhalten und Nutzungsgewohnheiten. Von entscheidender Bedeutung sind dabei auch immer die Konkurrenzsituationen, in denen sich die Medien befinden.

9.1 | Radio

Massenmedium

Radio und Fernsehen stehen insofern in einer Kontinuität mit dem Printmedium Zeitung, als es sich auch hier um Massenmedien handelt. Eine Sendequelle richtet sich an viele Empfänger, wobei die Richtung der Kommunikation einseitig bleibt. Gemeinsam mit Zeitungen und Zeitschriften hat der Hörfunk auch, dass es sich um ein *periodisches* Medium handelt. Bestimmte Sendungen werden regelmäßig zu festgelegten Zeiten gesendet. Allerdings ist das Radio ein rein *auditives* Medium und unterscheidet sich dadurch von den Printmedien einerseits sowie von Film und Fernsehen andererseits, die nicht auf den auditiven Kanal beschränkt sind, sondern die visuelle Komponente hinzufügen.

Periodisch und auditiv

9.1.1 | Entstehung

Elektromagnetische Wellen

Die technische Grundlage der Rundfunkmedien besteht in der Möglichkeit der drahtlosen Signalübertragung mittels elektromagnetischer Wellen. Der Nachweis dieser Wellen gelang erstmals Heinrich Hertz 1888.

Abb. 9.1 | Denkmal für Heinrich Hertz (1857–1894) auf dem Campus der Universität Karlsruhe

Abb. 9.2 | *Radiomensch*, in: *Weltrundschau* 1924: 137 (zitiert nach: *Wunschwelten* 2000: Tafel 41)

AN DIESER STAETTE ENTDECKTE
HEINRICH HERTZ
DIE ELEKTROMAGNETISCHEN WELLEN
IN DEN JAHREN 1885-1889

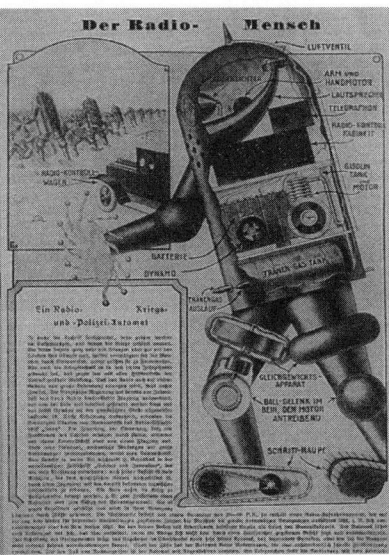

Die Radiotechnik wurde zunächst ausschließlich im militärischen Zusammenhang entwickelt. Hier diente sie hauptsächlich zum Aufbau eines drahtlosen Funkverkehrs. Aufgrund ihrer militärischen Relevanz wurde die Verwendung der Technik staatlich streng reglementiert und eingeschränkt. Die Kontrolle über das Medium sollte zunächst nicht aus der Hand des Staates gegeben werden. Welche Fantasien sich mit dem Medium Radio verbanden, zeigt z. B. die Vision eines „Radiomenschen" aus der *Weltrundschau* von 1924 (Abb. 9.2). Es handelt sich dabei um den Entwurf eines funkferngesteuerten Kampfroboters.

Militärische Nutzung

Erst nach dem 1. Weltkrieg kam es zu einer Ausbreitung der zivilen Nutzung des Hörfunks. Ausschlaggebend dafür war nicht zuletzt das Interesse der funktechnischen Industrie, die sich im Krieg entwickelt hatte, auch in Friedenszeiten Absatzmöglichkeiten zu eröffnen.

Zivile Ausbreitung

Die Verwendung der Radiotechnik orientierte sich zunächst am Vorbild des Telefons. Der Hauptunterschied bestand in der Drahtlosigkeit der Signalübertragung. Das Telefon wurde in seiner Frühzeit noch nicht wie heute zur privaten Individualkommunikation genutzt. Vielmehr wurden Hörräume eingerichtet, in denen gegen Entgelt per Telefon z. B. einer Opernaufführung gelauscht werden konnte. Diese Funktion der Übertragung von einer Quelle an viele Empfänger wurde schließlich vom Radio übernommen, während das Telefon für die Individualkommunikation zwischen einzelnen Personen genutzt wird.

Vorbild Telefon

Die erste Rundfunksendung in Deutschland wurde 1923 ausgestrahlt. In den 1920er Jahren etablierte sich in Deutschland ein privatwirtschaftlich organisiertes, aber staatlich kontrolliertes Rundfunksystem. Die Deutsche Reichspost hielt 51 % der Anteile an der 1925 gegründeten *Reichsrundfunkgesellschaft*. Das Sendegebiet wurde unter regionale Sender aufgeteilt. Das Reichsinnenministerium kontrollierte alle Nachrichten und alle Formen von politischer Berichterstattung. Statt des Empfangs im privaten Haushalt wurde in der Frühzeit das Modell des „Saalfunks" favorisiert. Durch die Ausstrahlung an öffentlichen Orten sollte die staatliche Kontrolle auch über die Empfänger gewahrt bleiben. Die häusliche Rezeption am eigenen Radiogerät setzte sich aber schließlich durch. Die Teilnehmerzahlen stiegen rasant an. 1924 waren es lediglich 99.000, 1926

Etablierung des Rundfunks

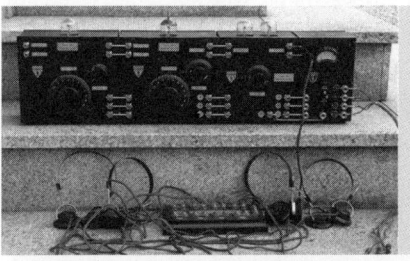

|Abb. 9.3
Eine der ersten Hörfunkempfangsanlagen von Siemens (1923), wegen der aneinandergekoppelten Einheiten auch als *D-Zug* bezeichnet

|Abb. 9.4
Volksempfänger VE 301 W. Er war der Renner in den Jahren 1933 und 1934: von ihm wurden fast anderthalb Mio. Exemplare abgesetzt

bereits 1 Mio. und 1933 4 Mio. Hörer in Deutschland. Die Nationalsozialisten förderten die Verbreitung des Mediums durch die Entwicklung günstiger Endgeräte, der so genannten *Volksempfänger*, um den Rundfunk gezielt als Propagandainstrument nutzen zu können.

9.1.2| **Programmgestaltung**

In der Frühzeit des Hörfunks blieb das Programm zunächst auf wenige Sendestunden am Tag beschränkt. Eine Auswahl zwischen mehreren Sendern und Programmen gab es noch nicht. Erst allmählich entwickelten sich die Programme in Umfang und Vielfalt.

Strukturierung der Sendezeit

Mit dem Beginn des täglichen Sendebetriebs der Rundfunkanstalten in der Mitte der 1920er Jahre ergab sich das Problem der zeitlichen Strukturierung des gesamten Beitragsangebotes. Die Sendezeit musste durch ein Programm strukturiert werden. Dies verlangte eine gezielte Auswahl und Platzierung von Beitragsformen. Den Zuhörenden musste ein attraktives Angebot präsentiert werden, um sie bei der Stange zu halten. Der Hörfunk und später auch das Fernsehen haben es mit ähnlichen Herausforderungen zu tun wie andere Medien vor ihnen auch. Das Kino muss ein Filmprogramm anbieten, von dem das Publikum angesprochen wird und aus dem es auswählen kann. Die Rezeptionsbedingungen sind dann allerdings andere. Beim Kino entscheiden sich die Besucher gezielt für einen Film und die Dauer ihres Aufenthalts ist durch den Film vorgegeben. Das Radio hingegen kann auch zu Hause und ungezielt eingeschaltet werden. Die Herausforderung für die Programmgestalter ist es daher, Sendeeinheiten, Formate und Inhalte so zu planen und zu platzieren, dass sie auf die Interessen und den Tagesablauf der Rezipienten abgestimmt sind und eine möglichst große Anzahl von Menschen erreichen und ansprechen.

Inhalte

Was die konkreten Programminhalte betrifft, orientierte sich das Radio zunächst an Formen aus anderen Medien. Es kann daher auch als ein hybrides Medium betrachtet werden. Mit dem Hörfunk wurden von der gesellschaftlichen Elite, die über seinen Gebrauch bestimmte, zunächst vor allem volkspädagogische und erzieherische Absichten verbunden. Daher wurden häufig z. B. Vorträge zu Bildungsthemen gesendet. Ohne Bearbeitung und radiospezifische Adaption überforderten diese jedoch die Zuhörenden und gingen am Interesse der breiten Masse vorbei.

Hörfunkspezifische Formate

Allmählich bildeten sich jedoch spezielle Beitragsformen für das neue Medium heraus und Formate aus anderen Medien wurden hörfunkspezifisch adaptiert. So entwickelte sich z. B. das Hörspiel als radiogerechte Abwandlung des Theaterstücks. Die Beitragsformen, die sich im Hörfunk herausgebildet haben, lassen sich unterscheiden in *informierende* und in *unterhaltende*. Zur ersten Gattung zählen Nachrichten, Berichte, Reportagen, Interviews und Diskussionen, zur zweiten Musikbeiträge, Radioshows, Hörspiele, Jingles etc.

Dazwischen ist die Werbung zu verorten, die vor allem seit der Einführung kommerzieller Sender in den 1980er Jahren einen immer wichtigeren Platz im Programm einnimmt. Außerdem lässt sich im Hörfunk zwischen *Massen-* und *Minderheitenprogrammen* unterscheiden. Letztere richten sich lediglich an eine Teilmenge der potenziellen Rezipienten, die einer bestimmten Interessensgruppe oder einem bestimmten Milieu angehören. Die Beiträge können daher spezialisierter und tiefergehend sein. So genannte *Spartenprogramme* unterscheiden sich durch den Inhalt und sind spezialisiert z. B. auf Sport oder bestimmte Musikrichtungen (Klassikradio etc.).

In der Frühzeit des Mediums in den 1920er Jahren lag eine solche Programmvielfalt noch in weiter Ferne. Es gab für jede Region nur einen Sender, so dass das Publikum keinerlei Auswahlmöglichkeit hatte. Die Programmgestaltung war stark von staatlichen Stellen beeinflusst. In der Zeit der Weimarer Republik wurden die Sender zwar privatwirtschaftlich betrieben, unterlagen jedoch der staatlichen Reglementierung.

Historische Entwicklung

Im nationalsozialistischen Deutschland wurde die Verbreitung des Radios nicht nur durch die Entwicklung billigerer Endgeräte gefördert, sondern auch durch Wandlung der Programminhalte. Während informierende Sendungen zurückgedrängt wurden, dominierten vor allem Unterhaltungssendungen mit leichter Musik das Programm. Dies half dabei, das Medium weiter zu popularisieren und damit auch als wichtiges Propagandainstrument in Stellung bringen zu können.

Zu einer grundlegenden Neuorganisation des Rundfunks in Deutschland kam es nach dem Ende des 2. Weltkrieges. Das Radio lebte wieder stärker von seiner informierenden Funktion und tagespolitischen Aktualität. Orientiert an der BBC (*British Broadcasting Corporation*) wurde in Deutschland das öffentlich-rechtliche Sendermodell eingeführt. Seit den 1950er Jahren entwickelte sich durch Sender mit Zweit- und Drittprogrammen eine größere Angebotsvielfalt. Die Programme waren jeweils auf eine bestimmte Zielgruppe in der Bevölkerung zugeschnitten, so dass die Rundfunkanstalten insgesamt möglichst das gesamte Publikum ansprachen. Seit der Zulassung privater Rundfunkanbieter in den 1980er Jahren entstand eine Vielzahl kommerzieller Sender, die sich häufig als Lokalsender oder Spartenprogramme für bestimmte Musikrichtungen eine Marktnische erschlossen.

|Abb. 9.5
BBC Broadcasting House in London (2007)

Programmstruktur

Auch bei der Programmstruktur kam es in der Geschichte des Hörfunks zu gravierenden Veränderungen. Die „Kästchenstruktur", die aus großen Sendeeinheiten von bis zu einer Stunde Umfang bestand, wurde zunehmend aufge-

Formatradio

löst. Sie wurde durch das *Formatradio* ersetzt, die Gliederung des Programms in wesentlich kürzere Einheiten von verschiedenen Formaten. Das Prinzip des *formatted radio* wurde in den 1950er Jahren in den USA entwickelt und seit den 1970er Jahren auch in Deutschland aufgenommen. Als Basis dient dabei die Grundeinheit von einer Stunde, die durch Nachrichten und Verkehrsmeldungen strukturiert wird. Die übrige Sendezeit wird in kleinere Einheiten von Musik, Wortbeiträgen und Moderationen gegliedert, die sich in regelmäßiger Folge abwechseln. Keiner der Einzelbeiträge dauert dabei länger als wenige Minuten.

9.1.3 | Konkurrenz durch das Fernsehen

Wandel von Nutzungszeiten und -gewohnheiten

Eine starke Veränderung in Programm und Struktur erfuhr der Hörfunk mit dem Aufkommen des Konkurrenzmediums Fernsehen. Dadurch verschoben sich Nutzungszeiten und wandelten sich Nutzungsgewohnheiten des Radios. Vor der Verbreitung des Fernsehens wurde am Abend oft das Radioprogramm im familiären Rahmen gemeinsam rezipiert. Diese Rolle im Alltag der Menschen nahm dann jedoch das TV ein. Das Radiohören wurde aus der „Primetime" verdrängt. Es wurde immer mehr zum „Nebenbei-Medium", denn es wird in der Regel tagsüber begleitend zu anderen Tätigkeiten gehört, wenn Fernsehen oder andere Medienrezeption nicht möglich ist.

Abb. 9.6 |
Familie beim
Fernsehen in den
1950ern

Das Radio als Begleitmedium wird häufig ungezielt eingeschaltet, z. B. beim Autofahren oder bei der Hausarbeit, nicht aber um eine spezielle Sendung von Anfang bis Ende zu hören. Oft richten die Rezipienten daher auch, während das Radio läuft, ihre Aufmerksamkeit auf anderes. Darauf muss auch die Programmgestaltung reagieren. Durch die Verkürzung der Beiträge im *formatted radio* wird es für Hörende möglich, jederzeit einzuschalten und schon beim nächsten Beitrag sofort zu wissen, worum es geht. Bei längeren Formen wie Vorträgen oder Hörspielen ist dies nicht gegeben. Durch den schnellen Wechsel der Beiträge wird somit auch die Umschalt- oder Abschaltwahrscheinlichkeit verringert.

Zusammenfassend kann gesagt werden, dass die Geschichte des Hörfunks eine Geschichte des beständigen Wandels seiner Strukturen und Inhalte ist. Er musste sich mehrfach neu definieren. Seine Entwicklung steht im Zusammenhang mit der gesamten Mediengeschichte des 20. Jh. Besonders stark ist dabei die Wechselwirkung mit dem Medium Fernsehen. Einerseits musste sich das Radio durch neue Programmstrukturen auf die durch die Medienkonkurrenz veränderten Rezeptionsgewohnheiten des Publikums einstellen. Andererseits adaptierte aber auch das Fernsehen für seine Programme Formate aus dem Hörfunk. Aus der Radioshow, einem Format, das heute völlig aus den Programmen verschwunden ist, entwickelte sich die Fernsehshow. Das Hörspiel, das mittlerweile zu einem Minderheitenprogramm geworden ist, wurde Vorbild für das Fernsehspiel.

Mediengeschichte(n) im Film: **Radio Days** *(USA 1987). Regie: Woody Allen*

Woody Allen hat in seinem Spielfilm *Radio Days* dem Medium Radio, wie es vor dem Aufkommen der Konkurrenz des Bildmediums Fernsehen war, ein filmisches Denkmal gesetzt. Der Film erhält in der Eingangssequenz seinen Reiz dadurch, dass er die Vorstellungen bebildert, die sich die Zuhörenden bei der Rezeption von Radiosendungen machen, und diese mit der normalerweise unsichtbaren Realität ihrer Produktion konfrontiert.

Fernsehen ⎟9.2

Beim Fernsehen handelt es sich wie beim Hörfunk um ein periodisch sendendes Massenmedium. Es ist allerdings nicht auf den auditiven Kanal beschränkt, sondern verbindet Visuelles mit Auditivem. Die neue technische Möglichkeit, die es bietet, besteht darin, Bilder über weite Entfernungen hinweg übertragen zu können.

Fernsehvisionen ⎟9.2.1

Das Medium Fernsehen wurde in seiner Frühzeit mit utopischen Vorstellungen in Verbindung gebracht. Um seine Einsatzmöglichkeiten zu verdeutlichen, wurde es aber auch in kulturelle Traditionen eingeordnet und mit älteren Medien verglichen.

Deutlich wird dies z. B. an einer Zeichnung, die 1928 unter dem Titel *Wunder, die wir vielleicht noch erleben werden: Besichtigung der Welt vom Bett aus durch den Fernseher* in der *Berliner Illustrierten Zeitung* erschien.

Abb. 9.7 | Theo Matejko: *Wunder, die wir vielleicht noch erleben werden: Besichtigung der Welt vom Bett aus durch den Fernseher*, in: *Berliner Illustrierte Zeitung* 2 (8.1.1928), 77 (zitiert nach: *Wunschwelten* 2000: Tafel 3)

Abb. 9.8 | „it is here!" Reklame in der Zeitschrift *Television* 1934 (zitiert nach: *TV-Kultur* 1997: 147)

Die Welt im Wohnzimmer

Hier wird eine neue Möglichkeit in Aussicht gestellt, die das televisionäre Medium eröffnen soll: Das Bereisen der gesamten Welt, liegend auf dem Bett. Das Medium verspricht eine Umkehr der bisherigen Bedingungen der Welterschließung. Der Mensch muss nicht mehr hinaus in die Welt, sondern sie kommt zu ihm in die heimische Stube. Bisher Unerreichbares kann nun visuell und auditiv von jedem einzelnen im Publikum ohne die geringste Anstrengung miterlebt werden, so wie auf der Illustration z. B. das Überfliegen eines Hochgebirges.

Wie das neue Medium mit tradierten menschlichen Wunschvorstellungen in Verbindung gebracht wurde, zeigt sich an einer Werbeanzeige aus einer englischen Zeitschrift von 1934.

Magische Fähigkeiten

Das Fernsehgerät wird in der Anzeige neben einer Hellseher-Glaskugel platziert. Die Kugel ist das allgemein bekannte Symbol für die menschliche Sehnsucht, in seiner Wahrnehmung Raum und Zeit überwinden zu können. Diese magische Fähigkeit wird mit dem neuen Medium in Verbindung gebracht. Jeder, der sich ein solches Gerät anschafft, kann damit Anteil haben an dieser Zauberkraft.

Ersatz für Kino

Die Werbung für das Fernsehen nutzte nicht nur kulturell verbreitete Muster, sondern auch den Vergleich mit älteren Medien, um die potenzielle Käuferschaft auf die Möglichkeiten des Mediums hinzuweisen. Eine Anzeige aus der amerikanischen Zeitschrift *Better Homes and Gardens* von 1953 rückt das

|Abb. 9.9
Werbung für das
Fernsehgerät ‚Emer-
son 21″ Space Saver
Model 740' in der
US-amerikanischen
Zeitschrift *Better
Homes and Gardens*
(31.10.1953) (zitiert
nach: *TV-Kultur*
1997: 197)

TV-Gerät an die Stelle des Kinos. Damit wird zum einen auf die Vergleichbarkeit der beiden audiovisuellen Medien hingewiesen, aber bereits auch auf die
Konkurrenz, in die sie zueinander treten sollten. Das Fernsehen drängt sich als
Ersatz für den Kinobesuch auf. Die Gestaltung der Werbeanzeige macht dies
sehr anschaulich.

Bereits Jahrzehnte vor ihrer technischen Realisierung löste die Aussicht auf
die Möglichkeit der Television auch problematische Vorstellungen von ihrem

Überwachungs-
instrument

Gebrauch aus. Carl Steiger hat 1890
in seinem *Zukunftsbilderbuch aus
dem Jahr 2500* eine Illustration mit
dem Titel *Der elektrische Fernseher*
aufgenommen.

Die drei dargestellten Szenen werden mit den Anmerkungen erläutert:

a) Ein junger Ehemann sieht eben
   zu, wie ihm die Frau die Suppe
   versalzt;

b) Ein Dienstmädel erhält Proben
   von der Treue ihres Schatzes;

c) Eine Mutter beobachtet den „Stu-
   diengang" ihres „treuen" Sohnes.

|Abb. 9.10
*Der elektrische
Fernseher*, aus Carl
Steiger: *Zukunfts-
bilderbuch vom Jahr
2500.* St. Gallen
1890 (zitiert nach:
Wunschwelten 2000:
Tafel 20)

Die Illustrationen machen auf die Möglichkeiten der Überwachung aufmerksam, die mit der Realisierung einer technischen Bildübertragung entstehen werden. Dieser Charakter des Mediums als Überwachungsinstrument wird immer wieder aufgegriffen, so auch in Charlie Chaplins Film *Modern Times* (1936), wo der Leiter einer Fabrik seine Arbeiter per Fernsehgerät überwacht und diesen dann auch selbst auf einem Bildschirm erscheint, um sie darauf hinzuweisen, dass sie zu lange Pause gemacht haben.

Abb. 9.11|
Charly Chaplin als
Arbeiter in *Modern
Times*

9.2.2| Entstehung und Entwicklung

Technische Grundlage

Abb. 9.12|
Karl Ferdinand
Braun (1850–1918)

Erste Sender
Live-Übertragung

Um Bilder elektrisch übertragen zu können, müssen sie punkt- und zeilenweise abgetastet werden. Theoretisch war man sich darüber bereits im 19. Jh. im Klaren. Die technischen Voraussetzungen dafür waren allerdings noch nicht gegeben. 1897 entwickelte Karl Ferdinand Braun eine Kathodenstrahlröhre. Mithilfe dieser Braunschen Röhre und einem oszillografischen Bildfeldzerleger gelang es Dénes von Mihály (1894–1953) 1919 zum ersten Mal, einfache Bilder per Kabel über mehrere Kilometer zu übertragen. Die Technik wurde in Europa und in den USA danach weiter vorangetrieben. Erste regelmäßige Fernsehsendungen wurden mit einem von der Firma General Electric entwickelten System seit 1928 in den USA ausgestrahlt. Der erste deutsche Fernsehsender wurde von Reichsrundfunkgesellschaft und Reichspost in Berlin betrieben und strahlte über den Sender Witzleben seit 1934 Versuchsprogramme mit Ton aus. Diese bestanden zunächst ausschließlich aus Spielfilmen und Wochenschauen. Erste Live-Übertragungen gab es von den Olympischen

Spielen 1936 in Berlin. Das Programm konnte an „öffentlichen Fernsehstellen"
kostenlos betrachtet werden.

Abb. 9.13
Fernsehtheater
mit Großbildüber-
tragung von den
Olympischen Spielen
1936 in Berlin (zitiert
nach: *TV-Kultur*
1997: 169)

Abb. 9.14
Krönung von
Elisabeth II. (Juni
1953)

Die Bildqualität beim Fernsehen war zu dieser Zeit wesentlich schlechter als
im Kino. Sendungen konnten noch nicht aufgezeichnet werden. Dies wurde
erst durch die Erfindung der Magnetaufzeichnungstechnik (MAZ) seit den   MAZ-Technik
1950er Jahren möglich. Damit kam es zu enormen Veränderungen im Programm. Nun war die Möglichkeit für Aufzeichnung, Archivierung, Bearbeitung und Wiederholung von Sendungen gegeben.

Wie bei der Entwicklung des Hörfunks gab es auch beim Fernsehen
zunächst nur wenige Sender, die mit ihrem Programm ein möglichst breites
Publikumsinteresse ansprechen mussten. In Deutschland nahmen nach dem   Entwicklung in
2. Weltkrieg seit 1953 zunächst die regionalen Landesrundfunkanstalten den   der BRD
Sendebetrieb auf. Das Gemeinschaftsprogramm der ARD (Arbeitsgemein-
schaft des öffentlich-rechtlichen Rundfunks der Bundesrepublik Deutschland)
gibt es seit 1954. Das Zweite Deutsche Fernsehen (ZDF) als weitere öffentlich-
rechtliche Anstalt wurde 1963 gestartet. Finanziert werden die öffentlich-
rechtlichen Programme durch Rundfunkgebühren, seit der zweiten Hälfte der
50er Jahre zusätzlich auch durch das Senden von Werbespots.

Erste „Fernsehereignisse", die halfen, das Medium zu popularisieren, waren
die Krönung der englischen Königin Elisabeth II. (1953) und die Fußballwelt-
meisterschaft 1954.

Einen großen Schub erfuhr das Medium mit der Einführung der Farbfern-   Farbfernsehen
sehtechnik seit 1966. Im Jahr 1964 empfingen rund 55 % der deutschen Haushalte Fernsehen, 1970 waren es bereits 85 % und bis 1995 98 % der Haushalte,
die über mindestens ein Gerät verfügten.

Leitmedium

Das Fernsehen entwickelte sich dadurch zum gesellschaftlichen *Leitmedium*. D. h. es übernahm die zentrale Rolle bei der Konstitution von Öffentlichkeit. Die Themen, die von der Gesellschaft breit diskutiert werden, sind die Themen, die im Fernsehen vertreten sind.

Rezeptions-
bedingungen

Das Fernsehen integrierte sich seit den 1960er Jahren zunehmend in den Alltag der Menschen und wurde zum Bezugspunkt des Gesprächs in der

Abb. 9.15|
Erster deutscher
Farbfernseher: der
PAL Color 708 von
Telefunken (1967)

Öffentlichkeit und in der Familie. Die Programmgestaltung orientierte sich am Tagesablauf und dem Alltag der Menschen. Die Platzierung von Programmen auf bestimmte Tageszeiten und Wochentage wurde durchdacht. Zur Hauptsendezeit werden Massenprogramme ausgestrahlt, die ein möglichst breites Publikum ansprechen. Minderheitenprogramme werden auf Nebensendezeiten gelegt, etwa am späten Abend. Die Rezeptionssituation des Fernsehens unterscheidet sich von der im Kino grundlegend. Beim Kinobesuch tritt das Publikum gezielt aus seinem Alltag heraus, um einen bestimmten Film gemeinsam mit anderen an einem öffentlichen Ort zu sehen. Das Interesse des anwesenden Publikums ist daher von vorneherein gegeben. Beim Fernsehen ist das nicht unbedingt der Fall, hier wird oftmals eingeschaltet, um zu sehen, was möglicherweise Interessantes kommt.

Abb. 9.16|
Pariser *Ciné 13*
Théâtre am
Montmartre
© Chunyang Lin

Auch das Fernsehen ist ein hybrides Medium. So werden viele Spielfilme einfach aus dem Kino übernommen. Bei Eigenproduktionen für das Fernsehen kann im Hinblick auf Bildgestaltung, Perspektivenwahl oder Montage auf die Techniken des Films zurückgegriffen werden. Die Fernsehshows beerben die Radioshows, das Fernsehspiel kann in der Nachfolge des Hörspiels gesehen werden. Das Theater liefert den Inhalt für Theaterübertragungen oder für Fernsehadaptionen von Theaterstücken.

Wenn das Fernsehen Ereignisse überträgt, die in einem anderen sozialen Kontext stehen und dort bereits von einem Publikum wahrgenommen werden, kann von einer sekundären Inszenierung gesprochen werden. Dies ist z. B. bei einer Ansprache vor Publikum der Fall, die im Fernsehen übertragen wird. Dabei richtet sich der Redner im Rahmen der primären Inszenierung unmittelbar an das Publikum vor Ort. Das Fernsehen kann diese erste Inszenierung aufgreifen und für sein Publikum noch einmal neu inszenieren, indem z. B. die Kameraeinstellungen auf den Redner gewechselt werden oder zwischen dem Redner und den Reaktionen des Publikums hin und her geschnitten wird, oder indem eben nur einzelne Teile aus dem ursprünglichen Vortrag herausgeschnitten und neu zusammengestellt werden.

An Programmformen lassen sich im Fernsehen *dokumentarische* und *fiktionale* sowie *informative* und *unterhaltende* Sendungen unterscheiden. Dabei ist festzuhalten, dass unterhaltend und fiktional nicht gleichbedeutend sind. So sind etwa Game-Shows nicht fiktional, aber dennoch unterhaltend. Auf der anderen Seite werden historische Dokumentationen oft mit erfundenen Spielszenen unterlegt. So vermischt sich auch der Unterschied zwischen Information und Unterhaltung zunehmend. Das Schlagwort *Infotainment* beschreibt die Tendenz, dass auch Informationssendungen zunehmend unterhaltend gestaltet werden.

Eine einschneidende Veränderung der deutschen Rundfunklandschaft bedeutete die Zulassung privater Sender 1984. Als erste nahmen hier Sat.1 und RTL den Sendebetrieb auf. Mit der Verbreitung kommerzieller Sender werden zahlreiche Folgen in Verbindung gebracht, die Rückwirkungen auch auf die öffentlich-rechtlichen Programme haben. Zunehmende Orientierung an den Einschaltquoten, Verflachung der Programminhalte und Abbau journalistischer Qualitätsstandards sind die zentralen Vorwürfe, die nicht nur die privaten Anbieter treffen.

Viele Sender versuchen heute in der Konkurrenzsituation die Binnenkohärenz ihrer Programme zu erhöhen. Eine Profilbildung wird angestrebt, um als Marke erkennbar zu sein und ein bestimmtes Zielpublikum anzusprechen und an sich zu binden.

Eine spürbare Veränderung der Fernsehgewohnheiten des Publikums brachte die Verbreitung der Fernbedienung für den Programmwechsel mit sich. Damit wurde *Zapping*, das schnelle und mühelose Umschalten vom Sessel aus, möglich. Diese Gewohnheit des Publikums wird auch bei der

Hybridmedium

Sekundäre Inszenierung

Programmformen

Veränderungen durch private Konkurrenz

Folgen der Fernbedienung

Programmgestaltung bedacht. So muss beim Einschalten eines Programms schnell verständlich werden, worum es geht. Bruchstellen im Programmablauf, die zum Umschalten verleiten, werden nach Möglichkeit vermieden. So wird etwa der Abspann von Kinofilmen im Fernsehen gar nicht mehr oder nur in sehr gekürzter Form gesendet. Vor dem Ende einer Sendung wird oft schon auf die folgende hingewiesen.

Videorekorder Auch die Erfindung des VHS-Videorekorders, der seit dem Ende der 1970er Jahre auf den Markt kam, veränderte die Sehgewohnheiten. Die Rezeption bestimmter Sendungen war nun nicht mehr an den Zeitpunkt der Ausstrahlung gebunden, die Zuschauer wurden damit unabhängiger von den Vorgaben des Programms. Die DVD (*Digital Versatile Disc*) und andere Formen der digitalen Aufzeichnung setzen diese Entwicklung fort und ergänzen sie noch durch den leichteren gezielten Zugriff auf Einzelstellen.

9.2.3 | Charakterisierungen des Mediums Fernsehen

„Null-Medium"

Abb. 9.17 |
Hans Magnus
Enzensberger (2006)
© Mariusz Kubik

Abb. 9.18 |
Nam June Paik:
Zen for TV, zweite
Fassung; Südkorea/
BRD 1963 (1982);
Museum Moderner
Kunst, Wien (zitiert
nach: *TV-Kultur*
1997: 239)

Hans Magnus Enzensberger (*1929) hat das Medium Fernsehen als „Null-Medium" bezeichnet und als etwas beschrieben, das man einschaltet, um abzuschalten. Dies mag etwas zugespitzt formuliert sein, trifft aber doch die Nutzungsgewohnheiten vieler Menschen. Das Fernsehen ist selten das Medium, das verwendet wird, um sich möglichst umfassend oder genau über die Geschehnisse in der Welt zu informieren. Hierfür stehen andere Medien wie z. B. die Zeitung zur Verfügung. Das Fernsehen wird tatsächlich eher in einer Weise genutzt, bei der nicht die übermittelten Inhalte im Vordergrund stehen, sondern der Konsum des Mediums als solchem. Daher kommt der polemische Ausdruck des „Null-Mediums". Eine Metapher, die Ähnliches besagt, ist die vom „Sich-Berieseln-Lassen" – eine Rezeptionshaltung ohne aktive Aufnahme von Informationen. Der Fernsehkonsum ist bei vielen Menschen in den Alltag integriert zur Entspannung und zum Abschalten am Ende des Tages.

Auf diese Nutzungsgewohnheit des Mediums spielt auch ein Kunstwerk des koreanisch-amerikanischen Künstlers Nam June Paik (1932–2006) mit dem Titel *Zen for TV* (Südkorea/BRD, 1963/82) an. Auf einem senkrecht gestellten Fernsehgerät ist lediglich ein weißer, leicht flimmernder Streifen zu sehen. Der Inhalt des Mediums sinkt damit tatsächlich auf einen Nullpunkt und der Fernseher wird beim Betrachten zu einer modernen Meditationsmaschine.

132

Eine vom Fernsehen selbst gepflegte Vorstellung ist die vom Live-Medium.   Live-Medium
In der Frühzeit des Mediums konnte das Fernsehen Übertragungen tatsächlich nur live senden, da es keine Aufzeichnungsmöglichkeiten gab. Heute ist zwar ein Großteil aller gesendeten Programmbeiträge aufgezeichnet, das Bild des Live-Mediums wird aber immer noch aufrechterhalten. Eine Faszination des Fernsehens bestand von Anfang an darin, etwas zur selben Zeit zu sehen, zu der es an einem weit entfernten Ort stattfindet – in der Wahrnehmung also den Raum überwinden zu können. Gerade dieser Live-Charakter war es, der das Medium Fernsehen vor älteren Medien auszeichnete. Die Zeitung kann immer nur nachträglich von Ereignissen berichten. Und selbst die Wochenschau im Kino fasste immer nur bereits Vergangenes zusammen. Lediglich beim Hörfunk war die Berichterstattung ohne Zeitverzögerung bereits möglich, hier aber ohne Bilder.

Neben dem Live-Charakter kann das Medium Fernsehen auch seinen Rea-   Reality-TV
litäts-Charakter betonen. Zunächst einmal ist es für alle Medien kennzeichnend, dass es eine Selektion dessen gibt, was aufgenommen und übermittelt wird. Damit entsteht aber auch der Eindruck, dass die Medien die Realität manipulieren. Das Reality-TV suggeriert nun gerade, dass es die Wirklichkeit, wie sie sich draußen ereignet, dem Publikum unverfälscht präsentiert. Ein zentrales Element dabei sind „echte" Gefühlsausbrüche „echter" Menschen, die herbeigeführt werden. Das aufsehenerregendste Reality-Format war die *Big Brother-Show*, deren erste deutsche Staffel im Jahr 2000 gesendet wurde. Das Reality-TV bringt auch Leute auf den Bildschirm, die keine besondere Leistung oder Stellung vorzuweisen haben, und die sich in keinem eigentlich mediengerechten Code ausdrücken. Damit kann für Jedermann und Jedefrau die Aussicht entstehen, ins Fernsehen zu kommen. Andy Warhol (1928–1987) brachte dies auf die visionäre Formel: „Everyone can be a star for fifteen minutes." Mit der Vermehrung von Sendeanstalten und Programmen muss auch immer mehr Sendezeit gefüllt werden, dadurch sinken die Selektionsschwellen. Die Attraktivität des Fernsehauftritts besteht darin, dass im Fernsehen zu sein bedeutet, Aufmerksamkeit zu erhalten. Dies ist ein sich selbst verstärkender Prozess, denn im Fernsehen gewesen zu sein, zieht selbst wiederum Aufmerksamkeit nach sich und macht interessant für weitere Auftritte in anderen Sendungen. Zugespitzt ließe sich sagen, viele Prominente sind gerade dafür berühmt, dass sie im Fernsehen sind.

Das Kunstwerk von Juan Downey (1940–1993) und Claudio Bravo (*1936) *Venus and her Mirror* (Chile/USA 1979/80) spielt mit mehreren dieser Facetten des Mediums Fernsehen. Das Bild kopiert das berühmte Gemälde *Venus vor dem Spiegel* von Diego Velázquez (1599–1660). An die Stelle des Spiegels wird allerdings das Fernsehgerät gesetzt. Damit wird zum einen der Aspekt des Realitätscharakters des Mediums veranschaulicht, indem vorgeführt wird, dass es sich beim Gezeigten lediglich um eine Verdoppelung der Realität handelt. Außerdem macht es den narzisstischen Aspekt des Wunsches, in die Medien zu kommen, offensichtlich. Dabei wird nicht einmal das Erkennen des eigenen Gesichtes möglich, sondern lediglich des eigenen Hinterteils.

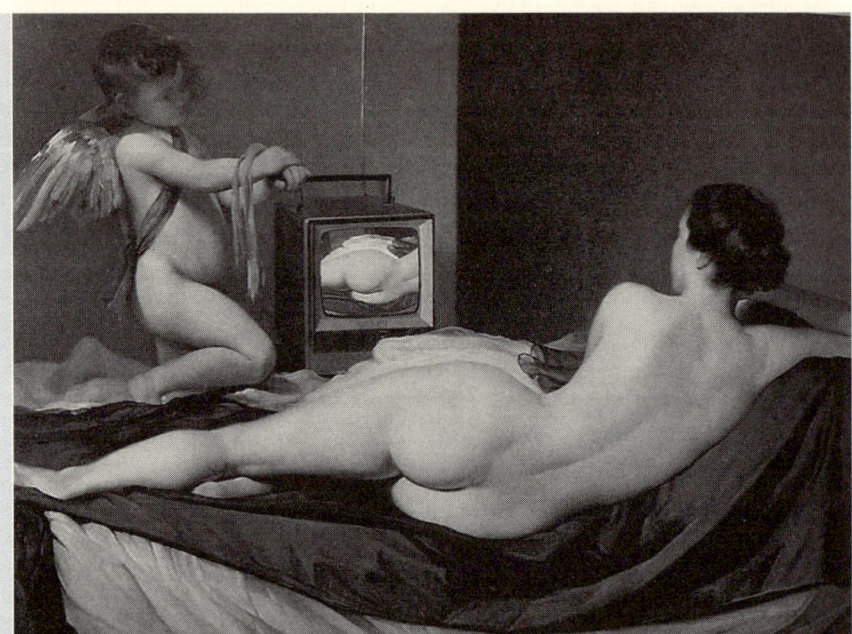

Abb. 9.19 | Juan Downey (Videoinstallation) u. Claudio Bravo (Malerei): *Venus And Her Mirror*. Chile/ USA 1979/1980; San Francisco Museum of Modern Art (zitiert nach: *TV-Kultur* 1997: 280)

Abb. 9.20 | Diego Rodríguez de Silva y Velázquez: *La Venus del Espejo* (Venus vor dem Spiegel; 1648–1651)

Mediengeschichte(n) im Film: **Truman Show *(USA 1998). Regie: Peter Weir***

Der Kinofilm *Truman Show* thematisiert das Medium Fernsehen und stellt ein Szenario auf, das einige Entwicklungstendenzen dieses Mediums konsequent auf die Spitze treibt. Zur Handlung: Eine Fernsehgesellschaft hat unmittelbar nach seiner Geburt einen Jungen adoptiert, um diesen in eine komplett künstliche Studiowelt inklusive künstlichem Himmel zu versetzen. In dieser kann er 24 Stunden täglich von 5.000 Kameras gefilmt werden, während die Bilder dem Publikum am Fernseher live in der *Truman Show* präsentiert werden. Die Filmhandlung setzt ein, als die Fernsehshow bereits im dreißigsten Jahr läuft. Ihr „Hauptdarsteller" Truman Burbank weiß bis zu diesem Zeitpunkt aber weder, dass er in einer künstlichen Welt lebt, noch dass er rund um die Uhr gefilmt wird. Er hält seine Studiowelt für die Realität, während alle anderen Menschen um ihn herum jedoch Schauspieler sind, die eine Rolle in dieser Reality-Soap spielen. Erst durch verschiedene Pannen kommt Truman im Laufe des Films dahinter, dass mit seiner Welt etwas nicht stimmt, und versucht sich schließlich daraus zu befreien.

Weirs Film greift die Eigenschaften bestimmter Fernsehformate wie *Reality-Shows* und *Daily Soaps* auf bzw. nimmt sie vorweg und spitzt sie zu. Der Film entstand bemerkenswerterweise vor der ersten *Big Brother*-Staffel, die 1999 in den Niederlanden ausgestrahlt wurde. Er betont sowohl den voyeuristischen als auch den manipulativen Charakter des Mediums Fernsehen. Während die fiktive Fernsehshow ihren Reiz für die Zuschauer dadurch gewinnt, dass ein „echter Mensch" – *true man* – in seinem Alltag beobachtet wird, ist derselbe ein komplett bis in seine Freundschaften und Beziehungen hinein manipuliertes Wesen.

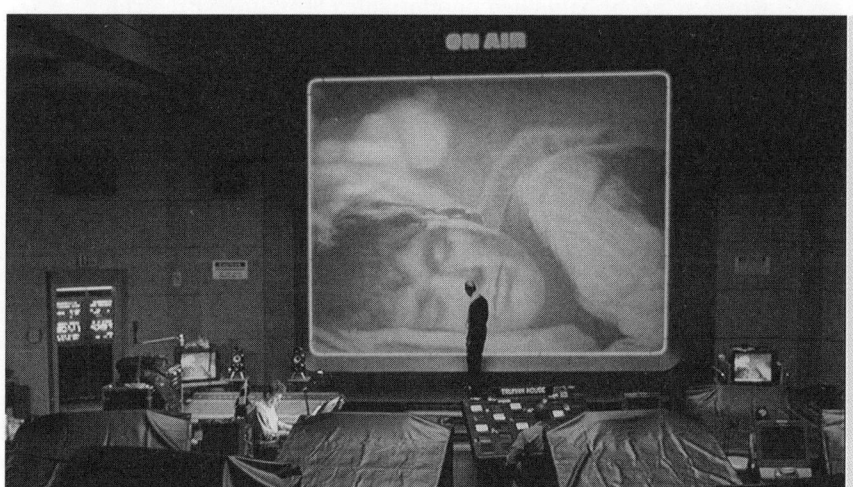

Abb. 9.21
Standbild aus der
Truman Show:
Making-of (Blick
hinter die Kulissen)

Durch verschiedene formale Mittel hält der Kinofilm *Truman Show* ständig bewusst, dass es sich bei dem Gezeigten um eine Fernsehshow handelt. So fängt der Film zunächst mit einem *Making-Of* der Fernsehsendung *Truman Show* an, bevor diese mit einem Vorspann beginnt. Die Einblendung „Live" im unteren rechten Bildrand macht klar, wann es sich bei den im Film gezeigten Bildern um die der Fernsehshow handelt. Außerdem signalisieren merkwürdige Einstellungen, dass es sich um Bilder handelt, die mit versteckten Kameras z. B. in der Wohnung Trumans gefilmt werden. Es handelt sich dabei um ein intermediales Spiel zwischen Film und Fernsehen, durch das das eine Medium das andere in seinen inhaltlichen und formalen Strukturen beleuchtet.

9.3 | Übungsaufgaben

1 In Einheit 2 wurde der Begriff des *Mediendispositivs* eingeführt. Wie kann nun das Mediendispositiv Fernsehen beschrieben werden und wie hat sich das heutige Dispositiv im Vergleich mit der Olympiaübertragung 1936 verändert?

2 Inwiefern kann bei vielen Fernsehsendungen von sekundären Inszenierungen gesprochen werden? Erläutern Sie diesen Sachverhalt an einem eigenen Beispiel.

3 Was wird unter *Formatradio* verstanden? Wie lässt sich die Entstehung dieser Programmstruktur mit veränderten Rezeptionsgewohnheiten in Zusammenhang bringen?

4 Inwiefern ist es berechtigt, das Fernsehen als *Live-Medium* zu charakterisieren?

5 Inwiefern ist das Fernsehen ein hybrides Medium?

6 Welche Auswirkungen hatte die Zulassung privater Sender auf die deutsche Fernseh-
landschaft?

Literatur | 9.4

Bleicher, Joan: Mediengeschichte des Fernsehens. In: Handbuch der Mediengeschichte. Hg. v. Helmut Schanze. Stuttgart 2001, S. 490–518.

Dussel, Konrad: Deutsche Rundfunkge-
schichte. 2. überarb. Aufl. Konstanz 2004.

Enzensberger, Hans Magnus: Das Nullme-
dium oder Warum alle Klagen über das
Fernsehen gegenstandslos sind. In: Ders.:
Mittelmaß und Wahn. Gesammelte Zer-
streuungen. Frankfurt/M. 1988.

Hickethier, Knut: Geschichte des deutschen
Fernsehens. Stuttgart, Weimar 1998

Holly, Werner: Fernsehen. Tübingen 2004.

Lersch, Edgar: Mediengeschichte des Hörfunks. In: Handbuch der Medienge-

schichte. Hg. v. Helmut Schanze. Stuttgart 2001, S. 455–489.

Lersch, Edgar u. Helmut Schanze (Hg.): Die
Idee des Radios. Von den Anfängen in
Europa und den USA bis 1933. Konstanz
2004.

TV-Kultur. Das Fernsehen in der Kunst seit
1879. Hg. v. Wulf Herzogenrath, Thomas
W. Gaethgens, Sven Thomas u. Peter
Hoenisch. Amsterdam, Dresden 1997.

Wunschwelten. Geschichten und Bilder
zu Kommunikation und Technik. Hg. v.
Museum für Kommunikation (Kurt Sta-
delmann u. Rolf Wolfensberger). Bern
2000.

Digitale Medien

Inhalt

10.1	Der Computer	140
10.1.1	Grundlagen der Computertechnik	141
10.1.2	Geschichte des Computers	144
10.2	Das Internet	146
10.3	Übungsaufgaben	149
10.4	Literatur	149

Diese Einheit stellt zunächst die Entstehung und Bedeutung des Computers als menschliches Werkzeug dar. Konzeptionelle Ansätze für Rechenmaschinen haben eine lange Vorgeschichte, konnten aber erst mithilfe der Elektrotechnik im 20. Jh. wirklich umgesetzt werden. Mit der Ausbreitung des Computers und der Steigerung seiner Benutzerfreundlichkeit konnte dieser sich auch zu einem Universalmedium entwickeln.

In der zweiten Hälfte der Einheit werden die Geschichte des Internets erläutert sowie die Nutzungsmöglichkeiten, die sich daraus ergeben. Das Internet schafft neue Kommunikationsformen und verändert die Strukturen der Öffentlichkeit.

10.1 | Der Computer

Universalmaschine

Der Computer ist eine Universalmaschine. Als solche ist er nicht nur im medienhistorischen Kontext zu betrachten, sondern muss auch als vorläufiger Endpunkt der Entwicklung des menschlichen Instrumentengebrauchs überhaupt gesehen werden.

Die Gattung Mensch zeichnet sich gerade dadurch aus, dass sie den Einsatz von Werkzeugen, der sich bereits bei den Primaten ansatzweise beobachten lässt, wesentlich erweitert hat. Jedes Lebewesen versucht zwar, seine natürliche Umwelt dahingehend zu beeinflussen und zu gestalten, dass es in ihr besser zurechtkommt und seine Bedürfnisse befriedigen kann. Der Mensch jedoch hat zu diesem Zweck eine zweite Stufe der Einflussnahme geschaffen. Er nutzt dafür nicht nur seine von Natur aus gegebene körperliche Ausstattung wie Arme, Beine, Zähne, sondern greift Gegenstände aus seiner Umgebung auf,

Menschlicher Werkzeuggebrauch

um diese umzuformen und gezielt als Werkzeuge verwenden zu können. Mit diesem Schritt werden die Möglichkeiten, die natürliche Umwelt zu beeinflussen und umzugestalten, wesentlich erweitert. Im Laufe der Geschichte gelingt es den Menschen zunehmend, ihre gesamte terrestrische (= zur Erde gehörende) Umwelt zu prägen und zu verändern. Dies bringt allerdings auch die ungewünschten und unkalkulierbaren Nebenfolgen mit sich, die heute unter Begriffen wie Umweltverschmutzung und Klimawandel bekannt sind.

Die Entwicklung und Ausbreitung der menschlichen Zivilisation war von der Entstehung immer komplexerer Instrumente bestimmt. Meilensteine hierbei waren z. B. die Beherrschung der Metallverarbeitung oder die Erfindung der Dampfmaschine. Alle diese Instrumente wurden für eine bestimmte Verwendung entwickelt. So lassen sich auch komplexe Maschinen nach ihrer Funktion unterscheiden, etwa Transportmittel, Waffen oder Produktionsmaschinen. Eine zweite Stufe stellt der Einsatz von Maschinen zur Herstellung von anderen Werkzeugen dar.

Computer als neue Stufe

In der Entwicklung des Computers lässt sich nun eine dritte Stufe des Instrumentengebrauchs beobachten. Der Computer ist eine universelle

Maschine, die nicht mehr nur für eine bestimmte Funktion vorgesehen ist. Vielmehr dient er der Bearbeitung von Daten, mit denen sich im Prinzip beliebige andere Maschinen steuern oder konstruieren lassen, die ihrerseits als Instrumente für bestimmte Zwecke verwendbar sind. Dies ist die Idee hinter dem Computer.

Grundlagen der Computertechnik

|10.1.1

Es stellt sich die Frage, warum eine solche Universalmaschine nicht schon früher entwickelt wurde. Dies liegt an den Voraussetzungen, die gegeben sein müssen, um eine derartige Maschine zu bauen. Auf der Ebene der Hardware ist es die technische Möglichkeit, Informationen schnell prozessieren zu können. Voraussetzung dafür waren die Halbleitertech-

|Abb. 10.1
Computerchip,
Detail einer inte-
grierten Schaltung

nik und die daraus resultierenden Chips, die erst in der zweiten Hälfte des 20. Jh. entwickelt wurden, von da ab aber eine rasante Verbesserung der Computertechnik auslösten. Die zweite Voraussetzung für das Funktionieren eines Computers betrifft eher die konzeptionelle Ebene. Es wird eine möglichst einfache Sprache benötigt, die von einer Maschine effizient verarbeitet werden kann. Eine solche Sprache muss wesentlich einfacher sein als etwa unsere Lautsprachen. Diese Voraussetzungen wurden schon wesentlich früher entwickelt als die technischen Möglichkeiten zu ihrer Umsetzung.

Technische Voraus-
setzungen

Konzeptionelle
Voraussetzungen

Gottfried Wilhelm Leibniz (1646–1716) entwarf bereits anfangs des 18. Jh. das binäre Zahlensystem, das nur aus zwei Zeichen (0 und 1) besteht. Dieser Code ist der denkbar einfachste, den es geben kann. Denn mit einem Code aus nur noch einem Zeichen ließe sich nichts mehr unterscheiden. Eine elementare Unterscheidung wird aber benötigt, um darauf alle weiteren höherstufigen Unterscheidungen aufbauen zu können. So lässt sich im binären Zahlencode alles ausdrücken, was sich auch in komplexeren Codes schreiben lässt. Jede beliebige Zahl unseres Dezimalzahlensystems lässt sich auch als binäre Zahl ausdrücken. Leibniz entwickelte dieses System bereits in dem Bewusstsein, dass sich damit Rechenmaschinen optimal steuern ließen. Allerdings macht die Einfachheit des Codes sehr viele Rechenschritte notwendig. Praktikabel wurde die Anwendung daher erst auf elektronischer Basis. Der Computer übersetzt die beiden Zeichen in die Zustände Strom *fließt* oder Strom *fließt nicht* und kann somit die Informationen prozessieren.

Binäres System

|Abb. 10.2
Gottfried Wilhelm
Leibniz (1646–1716)

Der binäre Code wird oft gleichgesetzt mit dem Begriff *digital*. Genau genommen ist er jedoch nur ein Spezialfall eines digitalen Codes. Digital sind alle Zeichensysteme, die aus diskreten (= unterscheidbaren, trennbaren,

Digital

abzählbaren) Einheiten bestehen. Auch unser gewöhnliches Dezimalzahlensystem ist ein digitales Zeichensystem. Digitale Zeichensysteme können aber von analogen unterschieden werden. Analoge Zeichensysteme sind solche, die auf Ähnlichkeitsbeziehungen zum Dargestellten beruhen.

Vergleich analog/digital

Am Vergleich von Schallplatte und CD lässt sich der Unterschied gut verdeutlichen. Das Signal, das auf einer Schallplatte aufgezeichnet werden soll, besteht physikalisch gesehen in einer Schallwelle, die durch die Luft übertragen wird. Die Schwingung der Schallwelle wird zur Aufzeichnung umgesetzt in die Schwingung einer Membran, die in die Bewegung eines Stichels überführt wird. Dieser graviert eine entsprechende Vinylplatte. Die Bewegung, die bei diesem Prozess jeweils übertragen wird, ist ihrer Struktur nach ähnlich. Entsprechend funktioniert auch das Abspielen. Die Gravur der Schallplatte wird durch die Nadel abgetastet und wiederum auf die Schwingung einer Membran übertragen, die dann schließlich die Schallwellen in der Luft erzeugt. Der aufgezeichnete Ton ist dem abgespielten Ton ähnlich, weil dazwischen eine ununterbrochene Kette von Ähnlichkeitsbeziehungen besteht. Die Struktur des einen Gliedes wird immer direkt in die des folgenden übertragen.

Abb. 10.3
Tonarm eines Plattenspielers © Tomasz Sienicki 2004

Ganz anders ist das Verfahren bei einem digitalen Datenträger wie der CD. Hier werden Schwingungen in Reihen diskreter Zahlenwerte (0/1) übertragen, die in keinerlei Ähnlichkeitsbeziehung zum ursprünglichen Schallereignis mehr stehen. Das Prinzip ist mit dem mathematischen Verfahren vergleichbar, bei dem die graphische Darstellung einer Funktion in eine Formel übertragen wird. Eine Funktion kann als Kurve in ein Koordinatensystem eingezeichnet werden, sie kann aber auch als Formel dargestellt werden, die das Verhältnis zweier Werte zueinander beschreibt. Die Formel hat keinerlei Ähnlichkeitsbeziehung mehr mit der Kurve, sondern hält lediglich das Verhältnis bestimmter diskreter Einheiten zueinander fest. So werden auch Schallwellen bei einer CD in Zahlen umgesetzt, die in diesem Fall auf dem binären Code beruhen.

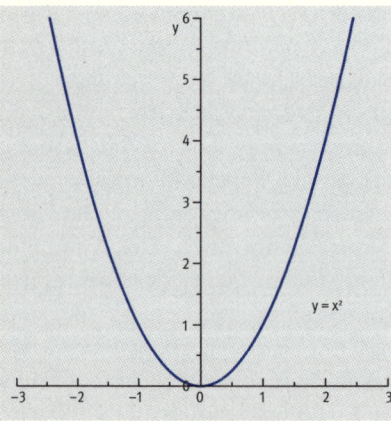

Abb. 10.4
Funktion als Kurve und als Formel

$y = x^2$

Auf dem zweiwertigen Code beruht die gesamte Programmierung eines Computers. Alle komplexeren

Programmiersprachen bauen darauf auf. Alle Informationen, die vom Computer verarbeitet werden sollen, müssen in diesen Code übertragen werden.

Ein Computer besteht aus relativ wenigen Einheiten, die sich funktional unterscheiden. Zunächst wird eine Einheit benötigt, die die Daten bearbeiten kann, die eingegeben werden. Dieser *Prozessor* oder auch CPU (*Central Processing Unit*) ist der Kern der Datenverarbeitungsmaschine. Der Prozessor verarbeitet Informationen, führt Berechnungen aus und verwaltet den Informationsfluss durch das Computersystem. Eine weitere benötigte Einheit ist der *Speicher*, der die Daten, die in das Gerät übertragen werden, festhält, damit sie weiterverarbeitet werden können. Die *Eingabeinstrumente* als dritte Einheit stellen die Schnittstelle zwischen Computer und Benutzer dar. Die Eingabeinstrumente erlauben, Daten in das Gerät zu übertragen. Es gibt verschiedene, wie Tastatur, Maus oder Joystick, mit denen sich Befehle auf den Computer übertragen lassen. Auch Peripheriegeräte wie der Scanner, der Daten zunächst transformiert und dann in den Computer überträgt, sind in diesem Sinne Eingabeinstrumente. Schließlich braucht ein Computer als vierte Einheit auch ein *Ausgabedisplay*. Die Ergebnisse der Berechnungen müssen in einer Form präsentiert werden, die für den menschlichen Benutzer lesbar ist. Auch hierfür muss wieder eine Transformation der Daten stattfinden. In der Frühzeit der Computertechnik waren diese Displays sehr einfach gestaltet und wenig benutzerfreundlich. Sie bestanden meist nur aus kleinen Fenstern oder einfachen Befehlszeilen.

Diese vier elementaren Einheiten, die zusammen die sogenannte *Hardware* ausmachen, hängen mit den drei wesentlichen Funktionen des Computers zusammen: *Speicherung*, *Bearbeitung* und *Darstellung* von Daten. Zur Erfüllung dieser Funktionen sind jedoch auch spezifische Programmierungen nötig, also die *Software*, zu der sowohl Betriebssysteme als auch einzelne Programme gehören. In der Frühzeit stand die Funktion des Speicherns und Bearbeitens im Vordergrund. Computer wurden vornehmlich dort eingesetzt, wo große Datenmengen anfielen, die so verarbeitet werden mussten, dass sich eine Automatisierung anbot. Dies war früh z. B. bei Steuerbehörden oder Versicherungen der Fall. Der Umgang mit dem Computer war zunächst eine Aufgabe für Experten. Daher waren die Anforderungen an die Darstellung der Daten relativ gering, weil ohnehin nur Spezialisten damit zu tun hatten.

Elemente des Computers

Abb. 10.5
IBM PC mit einem Floppy-Disc-Laufwerk und einer Festplatte © Marcin Wichary

Grundfunktionen

10.1.2 | Geschichte des Computers

Vorläufer

Abgesehen von Vorläufern wie dem Abakus oder dem Rechenschieber beginnt die Geschichte des Computers mit Lochkartenmaschinen im 19. Jh. 1822

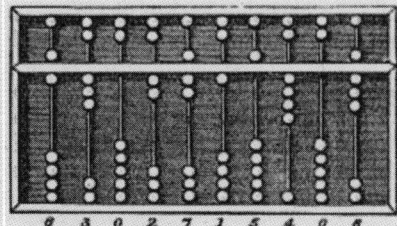

Abb. 10.6 |
Abakus (1875)

konstruiert der Engländer Charles Babbage die *Difference Engine*, eine programmierbare Rechenmaschine, die mit Lochkarten arbeitet. Auf den Lochkarten fungiert die Unterscheidung zwischen Stanzungen (Löchern) und Nicht-Stanzungen als binärer Code, mit dem sich Informationen speichern, in die Maschine hineinführen und ausgeben lassen. Ende des 19. Jh. wird die Lochkartentechnik von Herman Hollerith, einem Amerikaner österreichischer Herkunft, perfektioniert. Doch erst hundert Jahre nach Babbages Überlegungen und Versuchen konzipiert und baut der Deutsche Konrad Zuse (1910–1995) 1936–37 den ersten funktionierenden programmgesteuerten Rechenautomaten *Z1* für aerodynamische Berechnungen zu militärischen Zwecken, während zeitgleich Alan Turing in England seine *Universal Discrete Machine* entwirft.

Erste Computer

Abb. 10.7 |
Charles Babbage
(1792–1871)

Personal Computer

Turing war es auch, der 1941 den Code von ENIGMA, der Chiffriermaschine des deutschen Kriegsgegners, entschlüsselte. Die Bemühungen um automatisches Rechnen stehen also in engem Zusammenhang mit militärischen Erfordernissen und insbesondere mit dem Zweiten Weltkrieg. Im Jahr, mit dem dieser endet, entsteht der erste vollelektronische Rechner ENIAC an

Abb. 10.8 |
Charles Babbages
*Difference Engine
No. 1* (1832)

Abb. 10.9 |
ENIGMA Verschlüsselungsmaschine, die von den Deutschen im 2. Weltkrieg eingesetzt wurde

der University of Pennsylvania, der mit der Röhrentechnik arbeitet. Diese wird vom Transistor abgelöst, doch erst mit den Chips, die integrierte Schaltkreise tragen, beginnt Ende der fünfziger Jahre des 20. Jh. die enorme Leistungssteigerung bei fortschreitender Miniaturisierung, die schließlich um 1980 den PC (*Personal Computer*) möglich macht.

Erst mit der Ausbreitung des PCs trat die Funktion der Darstellung der Daten immer weiter in den Vordergrund und damit auch die Rolle des Computers als Medium. Mit der Weiterentwicklung der Ausgabedisplays hängt es zusammen, dass sich der Computer von einer Universalmaschine (die er immer noch ist) auch zu einem universalen Medium entwickeln konnte. Ein wichtiger Schritt war der Übergang von rein textbasierten zu bildbasierten Displays und entsprechenden grafischen Benutzeroberflächen. Ursprünglich von den Firmen Xerox und Apple entwickelt, dann vor allem von Microsoft verbreitet, setzten sich solche intuitiv steuerbaren Vermittler zwischen Rechner und Nutzer rasch durch. Sie sind untrennbar verbunden mit dem weltweiten Erfolg des PC. Zuvor auf der DOS-Oberfläche gab es nur Text, der über die Tastatur eingegeben werden konnte. Mit der graphischen Oberfläche entwickelte sich auch ein vereinfachtes, intuitiv zu bedienendes Eingabeinstrument wie die Maus.

|Abb. 10.10
Hermann Hollerith
(1860–1929)

|Abb. 10.11
Alan Turing
(1912–1954)

|Abb. 10.12
ENIAC-Rechner
an der University of
Philadelphia
(ca. 1947–1955)

145

10.2 | Das Internet

Vorbilder

Das Internet, wie wir es heute kennen, hat eine Vielzahl an Vorläufern. Strukturell kann man dazu bereits Straßennetze zählen, die sich seit der Antike entwickelt haben und die immer auch Kommunikationsnetze waren. Ein technisch näher verwandtes Vorbild ist sicherlich das Telefonnetz. Das Internet ging letztendlich hervor aus dem 1969 eingerichteten ARPANET des *Advanced Research Projects Agency Network*, einer Forschungsbehörde, die vom amerikanischen Verteidigungsministerium ins Leben gerufen wurde, um innovative Technologien zu entwickeln.

Hintergrund

Wenngleich der konkrete Zweck des ARPANET war, vorhandene Rechnerkapazitäten an verschiedenen Standorten durch die Vernetzung besser nutzen zu können, so stand die Idee für ein Informationsnetzwerk doch auch im Kontext militärischer Überlegungen, etwa der Erwägung eines sowjetischen Atomschlages. Eine zentralistisch gegliederte Informations- und Kommandostruktur lässt sich unter Umständen mit einem Schlag ausschalten. Daher wurde die Idee eines dezentralen Netzwerkes mit gleichberechtigten Knotenpunkten entwickelt, bei dem der Ausfall eines Knotens sofort über andere Verbindungen kompensiert werden kann.

Die Möglichkeit zur Verbindung mehrerer Computer bestand schon früher. Neu waren jedoch die dezentrale Struktur und die Entwicklung von Standards, die für die Kompatibilität der in einem großen Netzwerk verbundenen Rechner sorgen. Die Entwicklung von Netzwerk- und Internetprotokollen wie TCP/IP in den 1970er Jahren und später auch HTTP machte es möglich, jedem Computer eine virtuelle Adresse zuzuweisen und die Datenvermittlung so zu vereinheitlichen, dass die Kommunikation zwischen allen beliebigen

Abb. 10.13 |
Der erste Web-Server der Welt. Er gehörte Tim Berners-Lee, der am CERN das *World Wide Web* entwickelte

Knotenpunkten (Computern) stattfinden kann. Das um 1990 am CERN (*Conseil Européen pour la Recherche Nucléaire*, Europäische Organisation für Kernforschung) in Genf entwickelte *World Wide Web* (WWW) bot Nutzern eine grafische Oberfläche, die mit Hilfe von Browserprogrammen ähnlich intuitiv zu bedienen war wie die neue Generation der Benutzeroberflächen von PCs, und trug damit wesentlich zur breiteren Nutzung des Internets jenseits von Expertengruppen bei.

Das Internet eröffnet eine ganze Reihe sehr unterschiedlicher Nutzungsmöglichkeiten:

Nutzungsmöglichkeiten

► Inhalte können in Form abgeschlossener Dokumente präsentiert und abgerufen werden, in die jedoch durch Sprungmarken, sogenannte *Links*, gewissermaßen Unterkapitel integriert werden können, wodurch sich recht komplexe Strukturen entfalten können. Öffentliche Institutionen, Unternehmen und Privatpersonen nutzen dies, um eigene *Homepages* zu gestalten, die eine Selbstdarstellung, aber auch spezifische Kommunikations- und Interaktionsangebote enthalten können.

► Der Erfolg der *E-Mail* beruht darauf, dass sie ganz neue Möglichkeiten der Individualkommunikation eröffnete. Sie ist nicht nur wesentlich schneller als die herkömmliche Post. Sie bringt auch eine Ortsungebundenheit mit sich, die beim Empfang herkömmlicher Briefe nicht gegeben ist. E-Mails können von überall auf der Welt versendet oder abgerufen werden, sofern ein Computer mit Internetanschluss verfügbar ist. Somit ist es für einen Sender nicht mehr wichtig zu wissen, wo sich ein Empfänger tatsächlich aufhält, um ihn zu erreichen.

► *Diskussionsforen* sind eine Art virtuelle Gesprächsrunde. Die Diskussion kann von Außenstehenden verfolgt werden, oder sie können sich selbst mit Beiträgen einbringen.

► IRC (*Internet Relay Chat*) ist vergleichbar mit einer Telefonkonferenz. In den meist themenbezogenen Chatrooms können sich beliebig viele Teilnehmer treffen, um miteinander textbasiert zu kommunizieren.

► MUDs (*Multiple User Dungeons*) sind die Basis für Onlinespiele, die sich unter jungen Menschen mittlerweile großer Beliebtheit erfreuen. Verschiedene Spieler können gemeinsam an einem Computerspiel teilnehmen, ohne an denselben Aufenthaltsort gebunden zu sein.

Die neueste Entwicklung des Internets wird unter dem Begriff *Web 2.0* gefasst. Darunter versteht man weniger eine neue Technologie, sondern vielmehr veränderte Nutzungsgewohnheiten. War das ‚alte' Netz eine Sammlung von Angeboten, die Nutzer zur Kenntnis nehmen konnten oder auch nicht, so besteht das Web 2.0 aus interaktiven und kollaborativen Plattformen. Diese können der Präsentation von Wissen dienen wie die Online-Enzyklopädie *Wikipedia*, der Gemeinschaftsbildung wie die Netzwerke *MySpace* oder *facebook*, dem Tausch von medialen Inhalten wie *Flickr* oder *YouTube* oder dem sogenannten

Web 2.0

Abb. 10.14|
Textbasiertes MUD
(*Multiple User
Dungeon*)

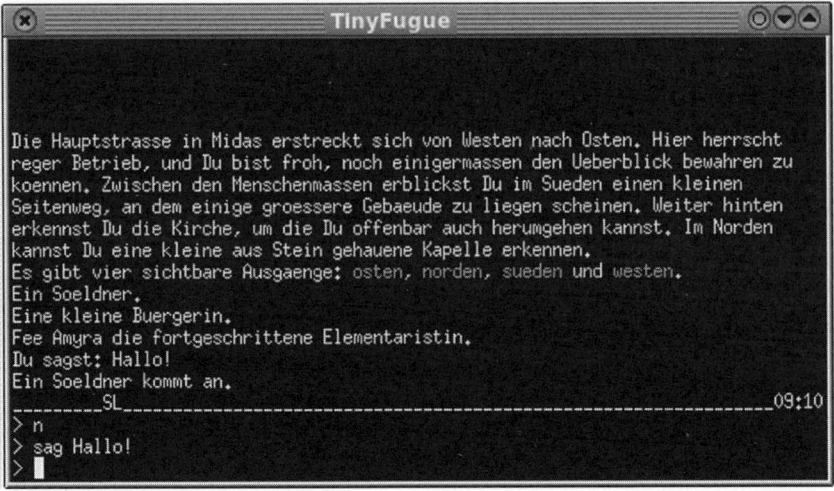

Abb. 10.14|
Textbasiertes MUD
(*Multiple User
Dungeon*)

social bookmarking wie *Delicious*. Im Web 2.0 tauchen also ältere Formen wie die Enzyklopädie oder das Tagebuch als *Blog* in neuer Art und Weise wieder auf. Dies zeigt, dass das Netz immer weitere Lebensbereiche durchdringt und dabei verändert. Eine wichtige Rolle spielt hierbei die Möglichkeit, Kommunikation und Informationsabruf ortsunabhängig betreiben zu können. Insofern konvergiert das Internet nicht nur technologisch mit anderen neueren Kommunikationstechnologien wie der Mobiltelefonie, sondern auch im Hinblick auf die Nutzungsgewohnheiten.

Digitale Identitäten   Mit der Abkopplung vom Ort und allgemeiner vom Raum hängt auch die Lösung von der an Körperlichkeit gebundenen personalen Identität und damit die Anonymität im Internet zusammen, die in Kontrast zu der Personalisierung des Web 2.0 durch die verstärkte Einbindung der Nutzer steht. Um Inhalte abzurufen, muss ich mich nicht persönlich zu erkennen geben, und auch viele Kommunikationsformen zwischen Individuen oder Gruppen verlangen keine extramediale (= außerhalb des Mediums liegende) Identifizierung, sondern allenfalls beispielsweise eine E-Mail-Adresse, die den anderen Beteiligten nicht ohne weiteres den Rückschluss auf die reale Person erlaubt, die sich dieser Adresse bedient.

Konkurrenz Internet –
Fernsehen   In jüngster Zeit ist häufiger davon die Rede, dass das Fernsehen seine Rolle als gesellschaftliches Leitmedium durch die Konkurrenz des Internets verlieren könnte. In der Tat verbringen gerade Jugendliche heute im Durchschnitt bereits mehr Zeit vor dem Computer als vor dem Fernseher. Videoportale wie *YouTube* gewinnen zunehmend an Beliebtheit. Sie verändern die Medienlandschaft sowohl auf der Produktions- als auch auf der Rezeptionsseite. Jeder hat damit die Möglichkeit, eigene Filmproduktionen einem breiteren Publikum zur Verfügung zu stellen ohne irgendwelche Selektionsschranken zu überwinden. Die Rezipienten ihrerseits sind nicht mehr an Programmvor-

gaben gebunden, sondern völlig frei in ihrer Auswahl des Angebots und des Zeitpunkts der Rezeption. In diesem Vorteil zeigt sich jedoch gleichzeitig der Nachteil des Internets. Denn es ist nicht mehr wie die klassischen Massenmedien dazu in der Lage, Gemeinsamkeit dadurch zu stiften, dass ein breiter Teil des Publikums zur selben Zeit dieselben Programme zur Kenntnis nimmt, die dann auch Gegenstand der Kommunikation zwischen den einzelnen Personen werden können. Mit anderen Worten: Die Wahrscheinlichkeit, sich am Montagmorgen mit der Kollegin über den neuesten *Tatort* unterhalten zu können, ist wesentlich größer als zufällig am Wochenende dieselben Homepages im Internet besucht zu haben.

Übungsaufgaben |10.3

1 Was sind die drei grundsätzlichen Funktionen eines Computers?

2 In einem PC mit Anschluss an das Internet vereinigen sich mehrere Formen der Medienanwendung. Theoretisch lassen diese sich im Rahmen einer technisch-funktionalen Unterscheidung von Medien in drei Hauptkategorien einteilen, auch wenn sie in der Praxis ineinander übergehen können. Nennen Sie die Kategorien und erläutern Sie diese kurz anhand des Beispiels.

3 Ordnen Sie E-Mail und Chat in die Kontexte von mündlicher und schriftlicher Kommunikation ein und begründen Sie Ihre Aussage.

4 Inwiefern ist der Computer eine Universalmaschine und ein Universalmedium?

5 Erklären Sie den Unterschied zwischen analogen und digitalen Medien. Gehen Sie dabei auch auf Veränderungen ein, die die Digitalisierung eines Mediums mit sich bringt.

6 Welche Rolle spielt der binäre Code für die Entwicklung des Computers?

7 Ist jeder digitale Code ein binärer Code?

Literatur |10.4

Ebersbacher, Anja, Markus Glaser u. Richard Heigl: Social Web. Konstanz 2008.

Friedewald, Michael: Der Computer als Werkzeug und Medium. Die geistigen und technischen Wurzeln des Personalcomputers. 2. korr. Aufl. Berlin 2008.

Gillies, James u. Robert Cailliau: Die Wiege des Web. Die spannende Geschichte des WWW. Heidelberg 2002.

Hafner, Katie u. Mathew Lyon: Arpa Kadabra oder Die Anfänge des Internet. 3. Aufl. Heidelberg 2008.

Kammer, Manfred: Geschichte der Digitalmedien. In: Handbuch der Mediengeschichte. Hg. v. Helmut Schanze. Stuttgart 2001, S. 519–554.

Meinel, Christoph u. Harald Sack: WWW. Kommunikation, Internetworking, Web-Technologien. Berlin, Heidelberg, New York 2004.

Naumann, Friedrich: Vom Abakus zum Internet. Die Geschichte der Informatik. Darmstadt 2001.

Multimedia und Hypermedia

Inhalt

11.1	Multimedia	152
11.2	Hypertext und Hypermedia	153
11.3	Medienkonvergenz	157
11.4	Übungsaufgaben	160
11.5	Literatur	160

Die Einheit beschäftigt sich mit der Möglichkeit, die die digitale Technik bietet, alle anderen Medieninhalte zu integrieren. Auf das Potential von Computer und Internet müssen die anderen Medien reagieren, indem sie sich selbst in ihrer Form anpassen oder ihr Programm durch zusätzliche Angebote im Netz erweitern.

Im Hinblick auf die Verknüpfbarkeit von Dokumenten und Informationen setzt die Hypertextstruktur des Internets ganz neue Maßstäbe. Dieser Vorteil birgt zugleich jedoch auch die Gefahr, die mit der Auflösung linearer Verbindungen und den potenziell unendlichen Verknüpfungsmöglichkeiten einhergeht. Den Nutzern droht bei der Vielzahl der Möglichkeiten der Überblick verloren zu gehen. Daher haben sich für die Suche und Navigation im *World Wide Web* verschiedene Orientierungshilfen herausgebildet, deren Funktionsweise ebenfalls dargestellt wird.

11.1 | Multimedia

Universalmedium Die Eignung des Computers als Universalmedium ist mit der Tatsache verknüpft, dass er Daten aus anderen Medien aufnehmen und verarbeiten kann. Das ermöglicht die Verwirklichung von *Multimedia* – die Verknüpfung verschiedener medialer Möglichkeiten in einem Gerät. Die entsprechenden Daten müssen dafür eingelesen und digitalisiert werden. Eine herkömmliche Fotografie kann etwa eingescannt und das heißt in den digitalen Datencode übertragen werden. Dabei wird die Information, die das Foto enthält, für den Computer lesbar, darstellbar und auch bearbeitbar gemacht.

Digitalisierung aller Inhalte Durch Digitalisierung können die gespeicherten Inhalte aller anderen Medien in den Computer überführt werden. Im Gegensatz zu analogen Medien werden die Inhalte hier nur als Datenmenge aufbewahrt. Sie sind daher nicht an ein bestimmtes Trägermaterial (wie z. B. Papier bei Fotos oder Tonband bei Audioaufnahmen) gebunden und können damit auch nicht altern oder an Qualität verlieren. Allerdings besteht die Gefahr, dass sie durch das Veralten von Datenformaten und Archivierungsstandards nicht mehr zugänglich sind. Die Transformation einer analogen Quelle in eine digitale Datenmenge ist zwar mit kleinen Veränderungen verbunden, diese sind jedoch mit den menschlichen Sinnesorganen meistens nicht erkennbar.

Verknüpfungsmöglichkeiten Im Computer lassen sich so Elemente aus verschiedenen Medien bearbeiten und miteinander verknüpfen. In Textdokumente können z. B. Bilder eingebunden werden oder auch Videosequenzen mit Ton.

Konsequenzen für die Wahrnehmung Die vielfältigen Möglichkeiten der Bearbeitung von digitalen Daten im Computer haben Konsequenzen für die Wahrnehmung aller Medienprodukte. Am deutlichsten wird dies am Beispiel der Fotografie. Vor der Entstehung der Digitaltechnik konnte davon ausgegangen werden, dass das, was auf einer Fotografie zu sehen war, das Abbild eines Ausschnitts der Realität war. Die Digitaltechnik zerstört diese Sicherheit beim Betrachten eines Bildes. Das Herstellungsprinzip der Fotografie, das in der automatischen Aufzeichnung von Wirklichkeit besteht, wird dadurch unterlaufen. Zwischen dem ursprünglichen Akt der fotografischen Aufzeichnung und einem präsentierten Bild können nun beliebige manipulative Eingriffe vorgenommen werden. Natürlich gab es auch bei der analogen Fotografie bereits Ansätze zur Manipulation der Realität etwa durch Doppelbelichtungen oder Retouchierung. Die Möglichkeiten zur Bearbeitung eines digitalen oder digitalisierten Bildes gehen jedoch erheblich weiter und sind vor allem am fertigen Produkt nicht mehr nachweisbar. Selbes gilt natürlich auch für den Film, in dem es durch die Digitaltechnik möglich wird, Bilder von Welten zu erzeugen, die keinerlei Bezug mehr zur Realität haben (vgl. Abschnitt 8.3.2).

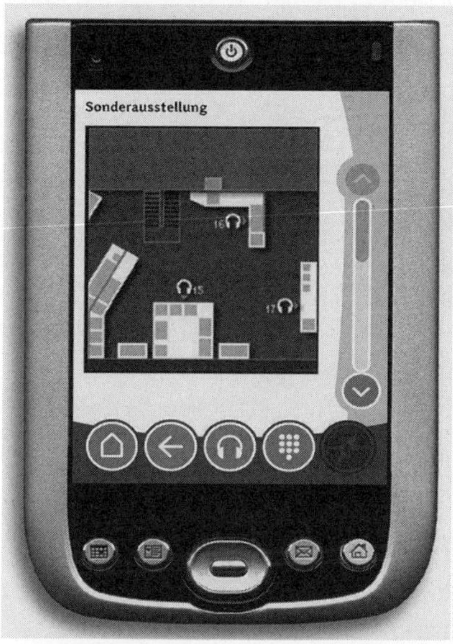

Manipulations-
möglichkeiten

Abb. 11.1
Multimedialer
Ausstellungsführer
„xpedeo" (2007): er
bietet verschiedene
Möglichkeiten
der Navigation an
(Karten, Nummern,
Themenführung)

Die Entwicklung des Internets zum Multimedium ist auch ökonomisch von höchster Bedeutung. Zu spüren bekommen hat dies zuerst die Musikindustrie. Die einfache Kopierbarkeit digitaler Datenträger und die Möglichkeit des Austauschs oder der gemeinsamen Nutzung über das Internet stellen den gesamten Handel mit Tonträgern in Frage. Die Bereitschaft, für eine CD Geld auszugeben, wenn sich dieselben Songs kostenlos aus dem Netz laden lassen, sinkt rapide. Welche Auswirkungen dies langfristig für die Bedeutung von Urheberrechten haben wird, und welche neuen Finanzierungsformen sich für die Musikschaffenden ergeben werden, ist momentan noch kaum abzusehen.

Abb. 11.2
Beispiel für manipulative Veränderung von digitalen Fotos: Gepardenforelle
© www.story-
boarder.de

Ökonomische
Auswirkungen

Hypertext und Hypermedia

11.2

Konventionelle Texte werden linear von vorne nach hinten gelesen. Es gibt nur wenige Ausnahmen von diesem Prinzip: Telefonbücher z. B. werden üblicherweise nur punktuell gelesen. Ein einzelner Name wird nachgeschlagen. Lexika

Konventionelle Texte

werden auch punktuell aufgeschlagen, sie bieten darüber hinaus aber noch die Möglichkeit, Querverweisen durch das gesamte Werk zu folgen, die sich in jedem einzelnen Artikel finden und auf andere Artikel verweisen.

Die Computertechnik erweitert die Möglichkeiten zu einer multilinearen Verbindung von Texten erheblich und vereinfacht deren Verwendung.

Hypertext

Das gesamte Internet kann als *Hypertext* oder *Hypermedium* verstanden werden. Voraussetzung für die Realisierung war die Festlegung einer einheitlichen Auszeichnungssprache für Internetdokumente. Als Standard hierfür etablierte sich html (*Hypertext Markup Language*). Charakteristisch für einen

Multilinearität

Hypertext ist seine *Multilinearität*. Im Gegensatz zu herkömmlichen Texten sind im Hypertext verschiedene Texte durch Sprungmarken (*Links*) direkt miteinander verknüpft. Die Leserichtung folgt also nicht mehr unbedingt einem Text von vorne nach hinten. Die Lesenden haben jederzeit die Möglichkeit, Querverweisen zu anderen Texten zu folgen, dort weiterzulesen oder weitere Links zu aktivieren. Ebenso ist auch die Rückkehr zum Ausgangstext möglich. Das Verfolgen von Querverweisen ist damit erheblich einfacher als z. B. in einem gedruckten Lexikon, wo es immer mit erneutem Suchen und Blättern verbunden ist. Außerdem sind die möglichen Verzweigungen und Verbindungen im Internet potenziell unendlich. Dies bringt allerdings auch den Nachteil mit sich, dass sich beim Benutzen das Gefühl der Orientierungslosigkeit einstellen kann.

Vorläufer

Vorläufer der heutigen Hypertexttechnologie gibt es in verschiedenen Bereichen. Konzeptionell hat der US-Amerikaner Vannevar Bush in seinem im Jahre 1945 erschienenen kurzen Artikel mit dem schönen, mehrdeutigen Titel *As We May Think* den Hypertext mit dem dort entworfenen System MEMEX vorweggenommen. Dieses sollte verschiedenste Verbindungen zwischen darin festgehaltenen einzelnen Notizen ermöglichen wie ein perfektionierter Zettelkasten mit unendlichen Querverweisen und damit auch der assoziativen Struktur unseres Denkens und Gedächtnisses besser entsprechen als die

Abb. 11.3|
Vannevar Bush
(1890–1974)

herkömmliche sequenziell-lineare Ordnung geschriebener oder gedruckter Texte. Den Begriff Hypertext prägte 1965 Ted Nelson (*1937) im Rahmen seines Projektes XANADU, das das Zettelkastenprinzip zu einer potenziell unendlichen und durch die Nutzer erweiterbaren Datenbank mit bidirektionalen Verbindungen zwischen allen Dokumenten erweitern sollte.

Mit dem Zettelkasten ist auch eine Proto-Technologie des Hypertextes benannt, die sich der Struktur nach in verschiedenen Bereichen finden lässt. So folgt die Kombination von Titelkatalog und Schlagwortkatalog in Bibliotheken dem Prinzip des

Abb. 11.4|
Ted Nelson beim Vortrag auf der ACM Hypertext 03 conference in Nottingham (Fotograf: Tim Brailsford)

Zettelkastens. Jedes Einzeldokument bekommt eine Signatur, unter der es eindeutig identifizierbar ist (das physische Buch im Regal mit der aufgeklebten Standortsignatur). Dieses erste Ordnungssystem wird mit einem zweiten kombiniert: Jedes Buch wird mit dem Namen seines Autors und seinem Titel in einem alphanumerisch (= nach Buchstaben und Ziffern) geordneten Katalog verzeichnet. Die Einträge in diesem Katalog verweisen wiederum auf die Standortsignatur und darüber auf das Buch selbst. Und schließlich kommt noch ein drittes Ordnungssystem hinzu: Im Schlagwortkatalog werden unter inhaltlich bestimmten Kategorien wiederum die Titelaufnahmen aufgeführt, die auch hier über die Signatur zum Buch führen. Man sieht, dass sich dieses Prinzip mit weiteren Ordnungssystemen fortführen ließe, nur würde dann der mit zusätzlichen Katalogen und deren Pflege zu treibende Aufwand schnell unvertretbar groß. In einem elektronisch-digitalen Hypertextsystem ist er hingegen wesentlich geringer, auch weil sich die Herstellung von Verbindungen automatisieren lässt, etwa indem die integrierten Dokumente vom System nach darin vorkommenden Ausdrücken durchsucht werden können.

Alle Zugriffshilfen, die im Zusammenhang mit Texten und Büchern entwickelt wurden, nehmen Aspekte der Hypertextualität vorweg, auch Inhaltsverzeichnisse, Indizes oder Fußnoten mit Verweisen auf andere Texte. Doch finden sich solche Vorgriffe nicht nur auf dieser praktischen Ebene, sondern auch in der schönen Literatur. Lexikonromane beispielsweise wie Milorad Pavić' *Chasarisches Wörterbuch* (1984) greifen die Struktur eines Hypertextes *avant la lettre* auf und nutzen sie literarisch, indem sie in den aufeinander verweisenden Einträgen eine fiktionale Welt und eine sich darin abspielende Geschichte so darstellen, dass sich verschiedene mögliche Lesewege unterschiedliche Varianten der Geschichte ergeben. Andere narrative Hypertexte orientieren sich an Spielen, wie Julio Cortázars Roman *Rayuela* (1963), dessen Titel der spanische Name des Spiels ‚Himmel und Hölle' ist, bei dem man bekanntlich über eine Reihe von Feldern in immer anderer Abfolge springen muss. In vergleichbarer Weise kann man die Kapitel des Romans in unterschiedlicher Reihenfolge lesen, wodurch voneinander abweichende Verknüpfungen der einzelnen Handlungsmomente entstehen.

Georges Perecs Text *Das Leben. Gebrauchsanweisung* (1978), der bezeichnenderweise den Untertitel *Romane* trägt, greift das Puzzle auf, das man ja auch mit unterschiedlichen Abfolgen der einzelnen Puzzlestücke zusammensetzen kann. Das zweite Modell, nach dem der Text funktioniert, sind jedoch die vielfältigen Beziehungen, die die Bewohner eines mehrstöckigen Mietshauses untereinander haben und die ihre Lebensgeschichten an einzelnen Punkten miteinander verknüpfen. Hier wird die hypertextuelle Darstellung also mit dem Versprechen verbunden, einen Wirklichkeitsausschnitt besser, nämlich umfassender und adäquater darstellen zu können, als es die Reduktion auf eine einzelne linear geordnete Geschichte könnte.

Zettelkasten

| Abb. 11.5
Milorad Pavić
(*1929) © Djordjes

Literarische Modelle

| Abb. 11.6
Julio Cortázar
(1914–1984)

| Abb. 11.7
Georges Perec
(1936–1982)

Hypertexte erwecken eine räumliche Vorstellung. Es wird gesurft und navigiert im virtuellen Raum. Orientierungshilfen dabei sind Menüs, die einen Überblick des Inhalts einzelner *Sites* verschaffen können. Dieser englische Ausdruck bedeutet ‚Ort' und folgt also ebenfalls der räumlichen Metaphorik. Wegen der lautlichen Ähnlichkeit wird er im Deutschen oft mit ‚Seite' wiedergegeben, was eine der spezifischen Medialität des Hypertextes gerade nicht angemessene Assoziation zum Medium Buch weckt. Die Seite taucht allerdings auch in der englischen *Homepage* auf. Von einer Seite im Netz aus kann man jedoch gerade nicht innerhalb einer festen Ordnung vor- und zurückblättern. Die entsprechenden Browserbefehle führen nur zu einer Bewegung entlang des eigenen bereits zurückgelegten Weges im Netz. Dieses bietet zwar durchaus Ordnungen etwa in Form von hierarchisch gegliederten Angeboten im Rahmen einer Homepage, doch sind diese Strukturen nicht unbedingt selbsterklärend. Man bewege sich zum Beleg nur einmal auf den Seiten einer beliebigen deutschen Universität!

Zur Orientierung im gesamten Netz gibt es die bekannten Suchmaschinen. Diese ordnen ihre oft sehr hohen Trefferzahlen jedoch nach einer Präferenz, die den Benutzern meist nicht zugänglich ist und nicht ohne weiteres ihren Interessen entspricht. Es ist daher von Vorteil, die Trefferzahl möglichst gering zu halten, indem man mehrere Suchbegriffe miteinander kombiniert oder, sofern diese bekannt sind, längere Abschnitte aus dem gesuchten Text im Originalwortlaut zur Volltextsuche einzugeben. Eine genauere Suche ist möglich, wenn Dokumente im Netz mit so genannten Metainformationen versehen sind. Diese funktionieren wie Schlagworte in einem Bibliothekskatalog, erfassen also Inhalte eines Dokuments, die sich nicht unbedingt über den Titel und auch nicht mit einer Volltextsuche erschließen lassen, durch Zuordnung zu einer Einheit in einem Kategoriensystem. Damit ein Dokument jedoch bei der Suche nach einer solchen Kategorie gefunden werden kann, muss es entsprechend ausgezeichnet worden sein, so wie ein Buch bei der Suche mittels Schlagwortkatalog nur gefunden werden kann, wenn ein Bibliothekar das entsprechende Schlagwort aufgrund seiner zumindest kursorischen Kenntnis des Inhalts dem Buch zugeordnet hat. Es muss also nicht völlig automatisierbare Arbeit geleistet werden, und außerdem müssen die verwendeten Kategoriensysteme allgemein verbindlich sein. Entsprechende Bemühungen gehen auf Vorschläge von Tim Berners-Lee (*1955), des Begründers des *World Wide Web* (WWW) zurück, ein *Semantic Web* zu schaffen, in dem die Einträge so aufbereitet wären, dass ein maschineller Zugriff auf Bedeutungen und nicht nur auf Signifikanten möglich wäre. In einem solchen Netz würde eine Suchmaschine Beiträge über Automobile auch dann finden, wenn in ihrem Titel und Text nur von Kraftfahrzeugen die Rede wäre.

Das Internet macht heute Informationen in einer Masse und Geschwindigkeit zugänglich, die mit materiell gebundenen Medien undenkbar gewesen wäre. Wer über einen Internetzugang verfügt, kann in Sekundenschnelle her-

Orientierungshilfen

Suchmaschinen

Verfügbarkeit von Wissen

ausfinden, was z. B. ein Semaphor ist, worauf sich das Bruttoinlandsprodukt der Färöer-Inseln beläuft oder wie die richtige Lösung der Übersetzungshausaufgabe aus dem Englisch-Schulbuch lautet. Dies sind zweifelsohne Vorteile, über deren Gefahren jedoch auch in jüngster Zeit diskutiert wird. „Macht das Internet doof?", fragte das Nachrichtenmagazin *Der Spiegel* auf der Titelseite einer Ausgabe im August 2008. Mit dem Bewusstsein der ständigen, mühelosen Verfügbarkeit von Wissen wird die Gefahr der Verkümmerung des menschlichen Intellekts in Verbindung gebracht. Aus der Mediengeschichte ist dieser Verdacht sehr wohl bekannt. Denn es ist derselbe, den Platon bereits gegen die Verbreitung der Schrift hegte. Auch er sah in dem neuen Medium, das den Menschen die Anstrengung des Memorierens von Informationen abnimmt, eine Gefahr für die Leistungsfähigkeit ihrer Köpfe (vgl. Abschnitt 3.2). Wie alle historisch wichtigen Medien wird wahrscheinlich auch das Internet seine Auswirkung auf die Strukturen des menschlichen Denkens entfalten. Wie die Geschichte zeigt, bedeutet das Sich-Einlassen auf neue Medien jedoch viel eher die Entwicklung ungeahnter Chancen als die Degeneration alter Fähigkeiten.

Medienkonvergenz | 11.3

Die digitalen Medien machen es nicht nur möglich, die Inhalte der früheren Medien zu integrieren, und wirken auf diese in der beschriebenen Art und Weise zurück, sondern sie stellen sogar deren selbständige Weiterexistenz in Frage. Auf eher experimentelle und für das alte Medium nicht wirklich gefährliche Weise findet dies im Bereich der *Netzliteratur* statt. Digitale literarische   Netzliteratur
Texte, die online oder auf Datenträgern verbreitet werden, setzen die erwähnten, noch im Printmedium durchgeführten hypertextuellen Versuche auf neuer technischer Basis fort und entfernen sich dabei von linearen Erzählstrukturen und Lesewegen hin zu dynamischen interaktiven Gebilden (Jeßing 2008: 243). Ökonomisch weitaus bedeutender ist hingegen die strukturell ähnliche Rolle, die *Computerspiele* im Verhältnis zum klassischen Kinofilm einnehmen. Sie   Computerspiele
greifen dessen Inhalte, Erzählstrukturen und Bildästhetik auf, transformieren sie jedoch in eine Spielanordnung, die über eine Kombination von kognitiven, emotionalen und motorischen Impulsen einen neuartigen Grad der persönlichen Immersion der Spielenden, des Eintauchens ins Spiel also, erzeugen. Der Spielfilm reagiert auf diese Herausforderung mit Verfilmungen von Computerspielen wie die Filme um die Figur Lara Croft aus dem Spiel *Tomb Raider*, doch auch mit wesentlich komplexeren intermedialen Reflexionen auf das Verhältnis von Film und Computerspiel, wie sie sich in den Filmen *eXistenZ* und *Matrix*, beide aus dem Jahr 1999, finden lassen, auf die in Einheit 13 noch ausführlicher eingegangen wird. Einer der erfolgreichsten deutschen Filme der jüngeren Vergangenheit widmet sich ebenfalls diesem Thema.

Mediengeschichte(n) im Film: Lola rennt *(Deutschland 1998). Regie: Tom Tykwer*

Der Film zeigt eine Geschichte in drei Varianten, mit drei verschiedenen Schlüssen, und erinnert damit an die Möglichkeit, in Computerspielen nach dem Scheitern im Spielverlauf eine neue Runde zu spielen, indem man zum Ausgangspunkt zurückkehrt und von vorne beginnt. Daneben finden sich eine Fülle von Anspielungen und Verweisen auf Computerspielgenres wie das *Jump and Run* und einzelne Spiele wie *Tomb Raider*, aber auch Reflexionen auf das Phänomen des Spiels im Allgemeinen und die Frage nach Determiniertheit oder Offenheit von Ereignisketten, wovon abhängt, ob wir uns als frei Handelnde oder als von gegebenen Faktoren Bestimmte erfahren.

Abb. 11.8 |
Philosophie des
Spiels als Motto des
Films *Lola rennt*

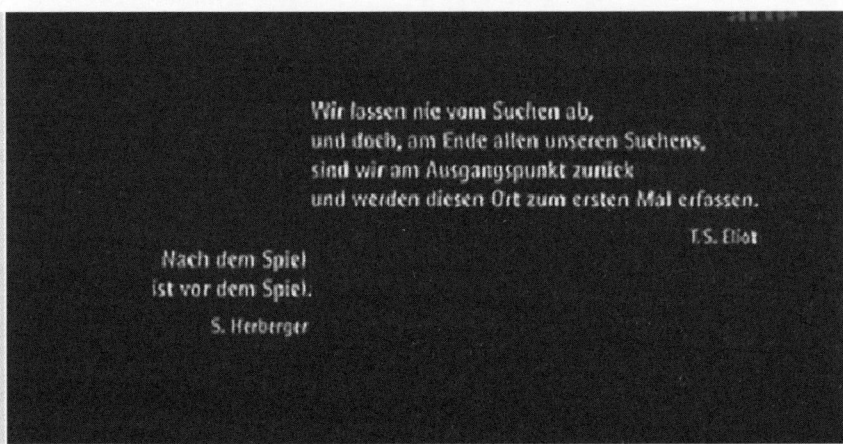

Abb. 11.9 |
Verweise auf *Jump &*
Run-Computerspiele
im animierten
Vorspann ...
Abb. 11.10 |
... und im Film
selbst

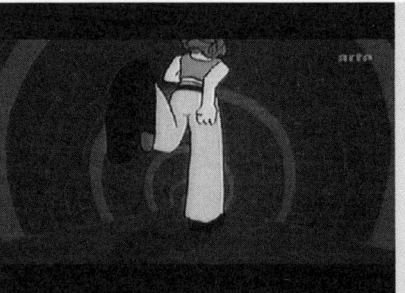

Zeitungen   Fast alle Zeitungen und Zeitschriften unterhalten mittlerweile auch eine Präsenz im Internet. Manche präsentieren dort nur Auszüge aus der aktuellen Printausgabe, andere bereiten deren Inhalte mediengerecht neu auf, versehen sie mit Zusatzangeboten und betreiben umfangreiche Archive ihrer älteren Ausgaben. Die *FAZ* hat das Erscheinen der deutschen Übersetzung von Jonathan Littells (*1967) Roman *Les bienveillantes* (2006) im Jahre 2008 nicht nur in der gedruckten Ausgabe mit Artikeln von Journalisten und Experten begleitet, sondern weitere Stimmen dazu im Internet veröffentlicht und die

158

Leser zur Diskussion in Form von Beiträgen eingeladen, die wiederum online gestellt wurden. Damit entsteht eine Mischung aus Publikationsweisen, wie sie das Druckmedium Zeitung charakterisieren, und Kommunikationsformen, die typisch für das Internet sind, wie Diskussionsforen, Chat, Blogs usw. Zeitungen und Zeitschriften tun zweifellos gut daran, diese Brücke zu schlagen. Sie werden zwar von der Gesamtbevölkerung nach wie vor häufig gelesen und erreichen entsprechend hohe Durchdringungsgrade, bei der jüngeren Generation sinkt jedoch der Anteil insbesondere derer, die Tageszeitungen lesen, drastisch zugunsten der Informationsbeschaffung über das Internet.

Besonders brisant ist das Verhältnis von Internet und Fernsehen. Hier findet eine technische Konvergenz insofern statt, als für Fernsehen und Internetnutzung grundsätzlich dieselben Geräte und Übertragungswege genutzt werden können. Während das Fernsehen seiner Genese nach jedoch ein programmbasiertes Medium ist, das sein Angebot periodisch gestaltet und Tageszeitenstrukturen anpasst, zeichnet sich das Internet durch die Simultaneität und potenzielle Dauerhaftigkeit der präsentierten Inhalte aus. Eine faktische Konvergenz könnte etwa darin bestehen, das Fernsehprogramm ins Internet einzuspeisen und dort alle Sendungen auf Abruf bereitzuhalten. Damit wäre es nicht mehr relevant, dass ein Programmbestandteil zu einem bestimmten Zeitpunkt ‚gesendet' wird. Ab diesem Zeitpunkt würde er als ein Angebot neben vielen anderen zur Verfügung stehen. Diesen Weg gehen die Fernsehsender bisher jedoch nicht, sondern sie versuchen vielmehr, die herkömmliche Programmstruktur beizubehalten und zu ausgewählten Sendungen im Netz ein digitales Zusatzangebot zu machen.

Fernsehen

Auch das Telefon ist als internetfähiges digitales Mobiltelefon zu einem Gerät geworden, das sich von einem tragbaren Computer nur mehr nach der Dominanz der genutzten Funktionen, aber nicht mehr seiner grundsätzlichen medialen Verfassheit und seinen Nutzungsmöglichkeiten nach unterscheidet, wie man umgekehrt mit einem WLAN (*Wireless Local Area Network*)-fähigen Laptop und entsprechender Zusatzausstattung auch telefonieren kann. Es zeichnet sich ab, dass wir in Zukunft multifunktionelle digitale Geräte sowohl zur Datenverarbeitung als auch zur Kommunikation und für Informations- und Unterhaltungszwecke nutzen werden, die sich nur noch hinsichtlich ihrer praktischen Eigenschaften wie Größe und Ge-

Telefon

Abb. 11.11
„Evolution" der Handys

wicht unterscheiden und sich für verschiedene Lebenssituationen anbieten werden.

🖰 11.4 | Übungsaufgaben

1 Erläutern Sie die Rolle von Zugriffshilfen in Hypertexten im Vergleich mit konventionellen Texten.

2 Was unterscheidet Hypertexte unter dem Aspekt der Orientierung von konventionellen Texten?

3 Diskutieren Sie die Begriffe ‚Ikonizität' (s. Abschnitt 6.3.1) und ‚Simulation' (s. Abschnitt 13.2) in Bezug auf moderne Bildmedien und skizzieren Sie wichtige mediale Veränderungen, die die Digitalisierung in diesem Zusammenhang mit sich bringt.

4 Inwiefern kann der Zettelkasten als Vorläufer elektronisch-digitaler Hypertextsysteme betrachtet werden und worin besteht deren Vorteil?

5 Wie könnte die Digitaltechnik durch die Konvergenz von Fernsehen und Internet die bisherige Struktur des Mediums Fernsehen völlig verändern? Warum werden diese Möglichkeiten wohl bisher nicht genutzt?

6 Worin gleichen sich aktuelle Vorwürfe gegen das Internet und Platons Kritik an der Schrift?

11.5 | Literatur

Cortázar, Julio: Rayuela. Himmel und Hölle. Frankfurt/M. 1981 (span. Orig. 1963).

Pavić, Milorad: Das Chasarische Wörterbuch. Lexikonroman in 100.000 Wörtern. München 1988 (serb. Orig. 1984).

Perec, Georges: Das Leben. Gebrauchsanweisung. Frankfurt/M. 1982 (frz. Orig. 1978).

Bolter, Jay David: Writing Space. Computers, Hypertext, and the Remediation of Print. 2. veränd. Aufl. Mahwah, N.J. 2001.

Bush, Vannevar: As We May Think. In: Atlantic Monthly 176/1 (July 1945), S. 101–108; online unter: http://www.ps.uni-sb.de/ ~duchier/pub/vbush/vbush-all.shtml (engl.) und http://wwwcs.uni-paderborn. de/~winkler/bush_d.html (gekürzte dt. Fassung mit Kommentar). Zugriff am 18.8.2008

Jeßing, Benedikt: Neuere deutsche Literaturgeschichte. Tübingen 2008.

Landow, George P.: Hypertext 3.0. Critical Theory and New Media in an Era of Globalization. Baltimore, Md. 2006.

Selbstreflexivität und Intermedialität

		Inhalt
12.1	Selbstreflexivität	162
12.2	Intermedialität	165
12.2.1	Intermedialität als Partizipation an der Aktualität der digitalen Medien	166
12.2.2	Fotografie und Emblematik	168
12.2.3	Fotografie und Malerei	169
12.2.4	Fotografie und Film	171
12.2.5	Film und Malerei	173
12.3	Übungsaufgaben	175
12.4	Literatur	175

Diese Einheit behandelt Möglichkeiten und Formen, mit denen Medien sich selbst thematisieren. Solche Phänomene erscheinen als Effekt einer fortschreitenden Medienentwicklung und -konkurrenz. In diesem Prozess beginnen die Medien auch, sich mit sich selbst und mit ihren eigenen Möglichkeiten zu beschäftigen. Der Gebrauch von und die Beeinflussung durch Medien spielt eine immer größere Rolle im Alltag der Menschen. Auch dadurch werden die Medien veranlasst, sich selbst und ihre Produkte als Themen wieder aufzugreifen. Gerade in populären Unterhaltungsformaten finden sich dafür Beispiele in der aktuellen Medienlandschaft.

Auch verschiedene Medien können zueinander in eine Beziehung treten, in der sie sich wechselseitig, gerade durch die Unterschiede, die erkennbar werden, in ihren spezifischen Möglichkeiten und Bedingungen beleuchten. Die Inszenierung solcher intermedialen Beziehungen findet sich in der Werbung genauso wie in der Kunstgeschichte, was an einigen Beispielen zu zeigen sein wird.

Kampf um Aufmerk-samkeit

Alle Medien bzw. Medienanbieter sind für ihren Fortbestand auf die Aufmerksamkeit des Publikums angewiesen. Diese muss konstant gehalten oder besser sogar gesteigert werden. Die Medien treten dadurch in Konkurrenz zueinander um die Aufmerksamkeit der Mediennutzer. Diese Konkurrenzsituation besteht heute sowohl zwischen den verschiedenen Medien wie z. B. Fernsehen und Internet als auch zwischen den verschiedenen Anbietern innerhalb eines Mediensektors wie dem Fernsehen. Gerade hier hat sich die Konkurrenzsituation in Deutschland mit der Entstehung privater Sender seit den 1980er Jahren erheblich verschärft. Der Kampf um Aufmerksamkeit bringt immer mehr auch eine Selbstthematisierung der Medien mit sich. Die Aufmerksamkeit auf die Medien wird noch dadurch verstärkt, dass die Medien sich selbst ihre Aufmerksamkeit schenken.

Selbstreferentialität

Von *Selbstreferentialität* (= Selbstbezüglichkeit) der Medien kann gesprochen werden, wenn in Medien Medien thematisiert werden. Diese können dabei in ihrer Funktion gezeigt werden oder bestimmte Inhalte aus den Medien können als solche aufgegriffen werden. Es gibt heute Formate im Fernsehen, die ausschließlich auf andere Fernsehereignisse Bezug nehmen, so z. B. Zusammenfassungen der wöchentlichen „Highlights" verschiedener Nachmittags-Talk-Sendungen am Wochenende.

12.1 | Selbstreflexivität

Selbstreflexivität

Die reine Selbstbezüglichkeit kann sich jedoch auch steigern zur Selbstreflexivität. Von *Selbstreflexivität* kann gesprochen werden, wenn ein Medium seine eigenen Funktionsweisen und Bedingungen, seine Bezüge zu anderen Medien oder zur Gesellschaft thematisiert. So können z. B. auch spezifische Medienereignisse in ihrer Konstruiertheit durch die Medien dargestellt werden.

Ein Beispiel für Selbstreflexivität in den Medien bietet etwa die Late-Night-Show von *Harald Schmidt*, die zunächst bei Sat.1 lief und inzwischen in etwas veränderter Form von der ARD ausgestrahlt wird. Schmidts Prinzip besteht zum einen darin, alles aufzugreifen, was in anderen medialen Kontexten thematisiert wird, egal ob in Zeitung oder Fernsehen. Er bedient sich dessen, was allgemein in den Medien in Umlauf ist, und kommentiert es.

Außerdem macht er auch die eigene Sendung in ihrer Ausrichtung und Herstellung zum Thema. Eine Zeit lang hat er etwa in der Sendung erwähnt, wer aus dem Produktionsteam gerade erkrankt ist, und dies in ein „Klassenbuch" eingetragen, damit aber auch darauf aufmerksam gemacht, welche Funktionsträger alle an der Herstellung beteiligt sind.

Abb. 12.1
Klassenbucheintrag

Gerne thematisiert er z.B. auch während der Sendung in der Auseinandersetzung mit seinem Partner Oliver Pocher, welches Zielpublikum mit jeweiligen Beiträgen angesprochen werden könnte, und reflektiert so die Ausrichtung der Show in derselben.

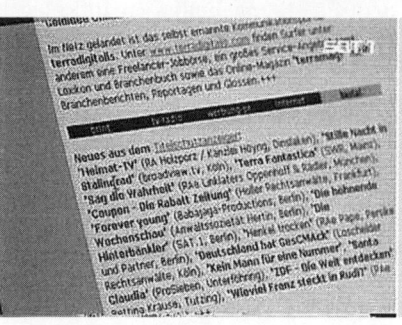

Abb. 12.2
Titelschutzanzeiger

Er beschäftigt sich aber auch mit Mechanismen der Medien im Allgemeinen sowie mit Vorgängen innerhalb des Medienbetriebs, die dem Publikum normalerweise verborgen sind. So hat er in der Sendung, die am 3. Juli 2002 auf Sat.1 ausgestrahlt wurde, den *Titelschutzanzeiger* auf der Internet-Seite des *Kress-Reports* vorgestellt. In diesem Organ wird aufgeführt, welche Personen oder Institutionen sich welche Titel für mögliche Fernsehsendungen haben schützen lassen. Er nennt einige davon und assoziiert, welche Formate und Genres wohl dazu passen würden, wer damit angesprochen werden soll. Damit wird auch deutlich, dass Titel Marketingmaßnahmen sind, die ein bestimmtes Publikum ansprechen sollen und die die Einordnung in bestimmte Genres ermöglichen.

Bei dem Titel „Die höhnende Wochenschau" macht Schmidt deutlich, dass sich dieser auf „Fox Tönende Wochenschau" bezieht, die im Kino der 1950er Jahre lief, und somit medienhistorische Kenntnisse für einen komischen Effekt nutzt. Zu dem Titel „Die Hinterbänkler", den sich Sat.1 hat schützen lassen, bemerkt er: „Das ist die Selbstreferentialität des Mediums", und fragt, ob es sich um einen Live-Bericht aus der Sendezentrale handele.

Suche der Massenmedien nach Themen

Ein Format wie die Show von Harald Schmidt macht durch sich selbst auf einen allgemeinen Zustand im Medienbetrieb aufmerksam. Die Massenmedien sind ständig auf der Suche nach Inhalten, um ihre Programme zu füllen. So kommt es schließlich auch dazu, dass sie Themen aus sich selbst heraus generieren, indem sich die Medien selbst oder ihr eigenes Wirken noch einmal reflektieren.

Beispiel
Die Simpsons

Ein anderes hochreflexives Medienformat ist die US-amerikanische Zeichentrickfernsehserie *The Simpsons*, von der seit 1989 über 400 Folgen ausgestrahlt wurden. Sie spiegelt die amerikanische Massenkultur und insbesondere ihre Medienlandschaft in vielfältiger Weise wider. Ein schlagendes Beispiel dafür liefert etwa die Folge *Die Simpsons am Kap der Angst* (1993). Die Folge setzt mit dem Motiv sich öffnender bunter Vorhänge ein, hinter denen immer wieder ein weiterer Vorhang erscheint, bis endlich das Intro einer Late-Night-Talkshow gezeigt wird. Das Vorhangmotiv verweist bereits auf das Phänomen der Schachtelung, durch das Medien in Medien erscheinen können. Die fiktive Show wird moderiert von einem in der Serienwelt bekannten Actionstar McBain, der dem Klischee des chauvinistischen männlichen Helden entspricht. Das Geschehen in der Show schlägt unmittelbar um in eine wüste Beschimpfungsorgie – ein Phänomen, in dem sich sowohl reale amerikanische als auch deutsche Fernsehtalkformate spiegeln.

Erst die nächste Sequenz zeigt die eigentliche Lebenswelt der Simpsons. Die Familie sitzt gerade gemeinsam vor dem Fernseher (ein Motiv, das so gut wie in jeder Folge auftaucht) und schaut die zuvor gezeigte Krawall-Talk-Show. Schließlich wird das Programm gewechselt. Auf dem anderen Kanal läuft gerade *Itchy & Scratchy*, eine brachial gewalttätige Zeichentrickserie, die

Abb. 12.3
Parodie von *Tom & Jerry* und dem James-Bond-Film *Goldfinger* in der Folge *Die Simpsons am Kap der Angst* (1993)

ebenfalls zu den immer wiederkehrenden Motiven innerhalb der *Simpsons-Serie* zählt. Sie parodiert Cartoons wie *Tom & Jerry*, indem sie die dort bereits vorhandenen brutalen Gewaltdarstellungen zur Kenntlichkeit übersteigert. So wird das Genre Zeichentrickserie mit seinen Eigenheiten in der Zeichentrickserie reflektiert.

Bevor die eigentliche Handlung dieser *Simpsons*-Folge einsetzt, wurde damit bereits auf verschiedene Formate und Aspekte des Mediums Fernsehen Bezug genommen, wie es sich auch dem realen Publikum täglich präsentiert. In der Fernsehserie wird thematisiert, welche Eindrücke vom Medium Fernsehen ausgehen und wie diese auf die Zuschauerschaft wirken.

Neben diesen stets mitlaufenden Reflexionen auf das Medium Fernsehen wird in der Folge *Die Simpsons am Kap der Angst* auch ein intermedialer Bezug zum Film hergestellt. Der Titel verweist auf den Thriller *Cape Fear/Kap der Angst* (USA 1991) von Martin Scorsese, der selbst schon ein Remake des gleichnamigen Films von J. Lee Thompson (USA 1962) ist, der seinerseits die Verfilmung des Romans *The Executioners* (1958) von John D. MacDonald ist. Die *Simpsons*-Folge orientiert sich an der Handlung der Filme und zitiert dabei zahlreiche Thrillerelemente auch aus anderen Klassikern des Genres wie z. B. Alfred Hitchcocks (1899–1980) *Psycho* (1960). Besonders werden einschlägige Effekte der Spannungserzeugung aufgegriffen, so etwa das Verfahren, in einer völlig harmlosen Szene den Eindruck von Bedrohung alleine durch die Dramatik der eingespielten Musik zu erzeugen. Durch die intermediale Verpflanzung solcher Effekte aus dem Thriller in die Zeichentrickserie sowie durch ihre Überzeichnung werden diese nicht nur der Lächerlichkeit preisgegeben, sondern auch in ihrer Funktionsweise entlarvt.

Intermedialität | 12.2

Intermedialität meint im Allgemeinen Beziehungen zwischen Medien, die sich   Definition
in drei Typen unterscheiden lassen (vgl. Wolf 1998; Siebert 2002):

1. *primäre* oder *manifeste* Intermedialität liegt vor, wenn die beteiligten Medien als solche erhalten und erkennbar bleiben, wie etwa Musik und Sprache im Lied;
2. *sekundäre* oder *verdeckte* Intermedialität etwa durch einen Medienwechsel, also die Übertragung von einem Medium in ein anderes wie bei der Literaturverfilmung, wobei im Film der zugrunde liegende literarische Text nicht mehr unmittelbar gegeben und erkennbar ist; sowie
3. *figurative* oder *genuine* Intermedialität, die Imitation oder Inszenierung eines Mediums in einem anderen mit dessen Darstellungsmitteln, wodurch ein Medium im anderen mit seinen spezifischen Bedingungen und Möglichkeiten zur Erscheinung kommt. Es findet eine Rahmung eines Mediums durch ein anderes statt. Gerade durch die dabei aufscheinende mediale Dif-

165

ferenz können die Eigenheiten eines jeweiligen Mediums deutlich werden. Ebenso kann sich Intermedialität in einer wechselseitigen Beeinflussung verschiedener Medien niederschlagen. Welche Ziele mit der Herstellung solcher medialer Interferenzen verbunden werden können, soll an einigen Beispielen gezeigt werden, wobei im Folgenden der Ausdruck ‚Intermedialität' immer synonym mit dem dritten Typus, also der figurativen oder genuinen Intermedialität verwendet wird.

12.2.1 | Intermedialität als Partizipation an der Aktualität der digitalen Medien

Gegen Ende der 1990er Jahre versuchte Werbung häufig, am Interesse für die neuen digitalen Medien, insbesondere das Internet, zu partizipieren. Im

Abb. 12.4 |
Zeitungsanzeige von
T-Online

Hintergrund der Printanzeige der Firma *T-Online* ist ein Fließtext zu sehen, der sich dem umgebenden Zeitungstext formal anpasst. Das Medium Zeitung wird quasi in der Anzeige imitiert. Im Vordergrund sind jedoch Elemente gedruckt, die aus dem Kontext der digitalen Medien stammen. Ein Fenster mit Cursor, Schriftzeilen, die im Design von Buttons zum Anklicken gehalten sind, erinnern an das Internet und Benutzeroberflächen des PCs. Dies sind gerade solche Elemente, die auf die Interaktivität der digitalen Medien verweisen und damit auch auf den Vorteil gegenüber dem Printmedium, in dem die Anzeige steht. Diese Gestaltung macht auf die Grenzen des Printmediums aufmerksam sowie auf die Möglichkeiten, mit denen das Internet darüber hinausgeht. Eine Abwertung des Mediums Zeitung erfolgt auch dadurch, dass der Pseudozeitungstext im Hintergrund nur aus der Wiederholung der immer gleichen Sätze besteht: „Lesen Sie, was Sie wollen. Aber surfen Sie mit T-Online." Dies verdreht zwar geradezu die Tatsachen, dass es im Hinblick auf die Inhalte keineswegs gleichgültig ist, welche Zeitung man liest, sehr wohl aber, über welchen Anbieter man ins Internet geht. Mit der Gestaltung der Anzeige soll aber gerade das Unternehmen *T-Online* mit dem Internet im Allgemeinen in Verbindung gebracht und die Vorteile dieses Mediums gegenüber der Zeitung betont werden. Mit der Platzierung einer solchen Werbeanzeige in einer Zeitung soll erreicht werden, dass die Nutzer des alten Mediums Zeitung auch zu Nutzern des neuen Mediums Internet werden.

Eine ähnliche Form der intermedialen Bezugnahme findet sich in der Werbeanzeige einer Buchhandelskette. Auch hier wird im Printmedium geworben, allerdings für digitale Produkte wie Computerspiele und Programme. Um diese Verbindung bereits visuell herzustellen zitiert die Überschrift die Form einer Laufwerksadresse d:\ schnaepp.che.

Abb. 12.5
Print-Anzeige für
digitale Produkte der
Buchhandelskette
Hugendubel

In einer neueren Anzeige der Deutschen Telekom für Internetdienste wird interessanterweise dieses neue Medium intermedial zum alten Medium Buch bzw. der Bibliothek in Beziehung gesetzt. Mit dem Internet kommt nun gewissermaßen die Bibliothek nach Hause.

Abb. 12.6|
Aktuelle Anzeige der
Deutschen Telekom:
Neugierig Zuhause

12.2.2| Fotografie und Emblematik

Intermediale Bezüge stellt Bertolt Brecht (1898–1956) in seiner *Kriegsfibel* (1955) her, indem er Zeitungsausschnitte aus der amerikanischen Kriegsberichterstattung verwendet und daraus Embleme (vgl. Abschnitt 6.4.5) komponiert. In unserem Beispiel dient als Motto des Emblems der Bildkommentar aus der Zeitschrift.

|Abb. 12.7
|Abb. 12.8
Bertolt Brecht:
Kriegsfibel und *Fidu-
cia Concors*-Emblem
(zitiert nach: Grimm
1978: 510 f.)

Die *Subscriptio*, die eine Anklage gegen den Krieg ist, hat Brecht selbst verfasst. Das Foto wird durch den angeblich zufällig nach oben weisenden Handschuh auf dem Kreuz stark symbolisch aufgeladen. Das Bild alleine betrachtet enthält somit auch die hoffnungsfrohe Botschaft, dass die Gefallenen nun dort oben im Himmel bei Gott sind. Diese Symbolik des Bildes wird noch deutlicher, wenn es mit einer Darstellung aus der barocken Emblematik verglichen wird. Die auf einem Stab noch oben weisende Hand steht dort tatsächlich für den „einmütigen Glauben" an einen Gott, der seinem Volk nichts ausschlägt, wie die lateinische *Subscriptio* besagt. Brecht greift in seinem Epigramm diesen Glauben, „daß dort oben/Ein Rächer allen Unrechts wohnt", auf, stellt ihn jedoch als Teil einer ideologischen Strategie dar, um das Sterben im Krieg mit Sinn aufzuladen. Er entlarvt die ideologische Botschaft der Fotografie, indem er sie in den Rahmen der traditionellen Form des Emblems setzt. Damit wird jedoch nicht nur die Botschaft dieses speziellen Fotos in Zweifel gezogen. Der vermeintliche neutrale Dokumentcharakter der Fotografie im journalistischen Kontext allgemein wird zweifelhaft, sobald die ideologische Aufgeladenheit von Bildern bewusst wird.

Fotografie und Malerei

Die amerikanische Fotokünstlerin Cindy Sherman (*1954) stellt in ihrer *History Portraits* (1988–1990) benannten Werkreihe prominente Gemälde aus der Kunstgeschichte in der Fotografie nach. So z. B. Raffaels *La Fornarina* (um

1518/19). Das Gemälde zeigt das Portrait einer Frau, die nicht nur Raffaels Modell, sondern auch seine Geliebte war.

Abb. 12.9 |
Abb. 12.10 |
Cindy Sherman:
History Portrait
 # 205 (1989; zitiert
nach Sherman
1991: Abb. 7) und
Raffael: *La Fornarina*
(um 1518/19)

Auf den ersten Blick ist Shermans Fotografie, bei der sie selbst als Modell fungiert, dieser Vorlage sehr ähnlich. Die Grenzen zwischen Fotografie und Malerei scheinen geradezu zu verschwimmen. Bei näherem Betrachten fallen jedoch deutliche Verfremdungen auf, die sie gegenüber der Vorlage vorgenommen hat. So handelt es sich bei ihrem Umhang um eine umfunktionierte Gardine, bei der Kopfbedeckung möglicherweise um einen Wischlappen. Außerdem sind nicht die echten Brüste von Künstlerin bzw. Modell zu sehen, sondern Sherman hat eine künstliche Brustprothese umgeschnallt. Dadurch erhält die Fotografie den Charakter einer Parodie des Gemäldes von Raffael. Die Fotografie als dokumentarisch verstandenes Medium wird hier zur Fälschung des Originals erklärt. Das Medium, von dem eine naturgetreue Abbildung erwartet wird, ist künstlicher als die Malerei selbst. Der Kunstcharakter der Fotografie wird damit betont. Es geht dabei jedoch nicht nur um die Eigenschaften der Medien selbst, sondern auch um die soziale Ordnung, die sich in den Kunstwerken manifestiert. Bei Raffael war die Rollenverteilung zwischen männlichem Künstler und weiblichem Modell klar getroffen. Dies zeigt sich auch an dem Armband, das die Frau auf dem Bild trägt. Es ist mit dem Namen des Künstlers beschriftet und erklärt die reale Frau gewissermaßen zu seinem Eigentum bzw. die gemalte zu seinem Geschöpf. Durch das Verkleidungsspiel, das Sherman inszeniert, macht sie auf die Künstlichkeit dieser Rollenverteilung der Geschlechter aufmerksam. Sie zeigt zum einen, dass es sich bei dem Modell um das künstliche Bild einer Frau handelt, und demonstriert damit zugleich, dass sie selbst als weibliche Künstlerin in der Lage ist, sich die Kunstgeschichte souverän anzueignen.

Die Museumsfotografien des Künstlers Thomas Struth (*1954) zeigen Besucher in Museen vor klassischen Gemälden stehend. Die Präsentation und Rezeption der Malerei wird dadurch im Medium Fotografie reflektiert.

|Abb. 12.11
Thomas Struth:
Museumsfotografien
(1993) (zitiert nach:
Struth 2005: 85)

Kunstwerke im Museum werden normalerweise für sich in ihrem Rahmen wahrgenommen. Auf diese Rahmung der Wahrnehmung macht Struth aufmerksam, indem er mit der Ausschnittwahl seiner Fotografien den Rahmen verschiebt. Die Betrachtung der Kunst wird damit auf einer neuen Ebene Teil des Kunstwerkes selbst. Auf den Fotografien entfaltet sich geradezu ein Dialog zwischen den Gemälden und ihren Betrachtern, in unserem Beispiel etwa zwischen dem Selbstportrait Albrecht Dürers und dem davor stehenden Museumsbesucher, den es anzuschauen scheint. Werden die Fotografien von Struth nun selbst im Museum ausgestellt, so spiegelt sich darin auch die Rezeptionssituation des eigenen Betrachters, der in den Werken, die er betrachtet, den Vorgang der Kunstbetrachtung selbst gespiegelt findet. Durch diese Rahmung von Fotografie und Malerei spiegeln sich die Rezeptionsbedingungen von Kunst in der Kunst selbst.

Fotografie und Film

|12.2.4

Die Medien Film und Fotografie stehen schon insofern in einer engen Verbindung, als das eine Medium technisch auf dem anderen aufbaut. Filme bestehen aus aneinander gereihten Einzelaufnahmen.

Film Stills sind Standfotos aus Filmen, die als Motiv für Kinoplakate oder Werbeanzeigen in Printmedien und in Schaukästen an Kinos verwendet werden. Teilweise stammen die verwendeten Aufnahmen nicht wirklich aus dem Filmmaterial, wurden aber zumindest auf dem Set hergestellt. Die Auswahl solcher *Film Stills* hängt vom Genre des jeweiligen Films ab und den entsprechenden Publikumserwartungen, die damit verbunden sind. Ausgewählt werden Motive, die den Kern der Geschichte andeuten, besonders spannungsgeladen sind oder eine spezielle Stimmung vermitteln, um damit möglichst viele Menschen für den Film zu interessieren und ins Kino zu locken. Solche Bilder lösen bei den Betrachtenden selbst schon in der Vorstellung intermediale Übertragungen aus, indem die Fotos mit der Vorstellung bestimmter Handlungen oder Szenen des Films verbunden werden.

Cindy Sherman hat in ihren *Untitled Film Stills* (1977–1980) benannten Arbeiten dieses Fotogenre aufgegriffen und „Standbilder" zu Filmen hergestellt, die gar nicht existieren. Ihre Aufnahmen erregen beim Betrachten unweigerlich den Eindruck, aus einem erzählenden Zusammenhang (der Szene eines Filmes) entnommen zu sein. Die Fotos ahmen eine bestimmte Hollywood-Ästhetik in ihren Gesten und Stimmungen nach, die sie sofort dem Medium Film zurechenbar macht. Gerade dadurch wird deutlich, dass der Eindruck auf bestimmten Stereotypen des Hollywoodkinos, die in den Fotos aufgegriffen werden, beruht. Auch in diesen Arbeiten Cindy Shermans ist es die Künstlerin selbst, die auf den Bildern zu sehen ist. Gekonnt verwandelt sie sich den Stil weiblicher Hollywoodstars der 1950er und 1960er Jahre an und entlarvt damit auch wiederum bestimmte Geschlechterrollenstereotype.

Abb. 12.12 |
Cindy Sherman:
Untitled Film Still # 13
(1978; zitiert nach
Sherman 1998:
Abb. 11)

Das abgebildete Beispiel macht diese Aspekte deutlich. Sherman erscheint dabei als eine Art Wiedergängerin von Stars wie etwa Doris Day. Beim Betrachten kann man sich des Eindrucks nicht erwehren, dass es sich um eine „eingefrorene" Bewegung aus einem Handlungszusammenhang heraus handelt. Ist man als Betrachtender mit den entsprechenden Filmen vertraut, wird man unweigerlich dazu verleitet, sich eine Filmszene auszumalen, zu der dieses *Film Still* passen würde. Gerade dadurch stößt die Fotografie eine Reflexion über das Medium Film und die von ihm verarbeiteten und verbreiteten Klischees an.

172

Film und Malerei

In Jean-Luc Godards (*1930) Film *Passion* (1982) wird ein junger Regisseur bei Dreharbeiten gezeigt, in denen er Eugène Delacroix' (1798–1863) monumentales Historiengemälde *Die Einnahme von Konstantinopel durch die Kreuzritter* als Filmszene umsetzen möchte (vgl. Paech 1989: 22–25).

Abb. 12.13
Eugène Delacroix:
*Die Einnahme von
Konstantinopel durch
die Kreuzritter* (1840)

Abb. 12.14
Jean-Luc Godard:
Standbild aus *Passion*
(1982)

Zunächst wird der Regisseur zusammen mit einem seiner Kameramänner auf einem Schwenkarm gezeigt, der sich nach seinen Anweisungen bewegt. Kaum „auf den Boden der Tatsachen zurückgekehrt" entgleitet dem Regisseur jedoch das Geschehen zusehends. Eine Gruppe von Darstellern bedrängt ihn, vielleicht mit Vorschlägen zur Umsetzung des Filmvorhabens oder aber auch mit Zahlungsforderungen, genau wird dies nicht klar. Anschließend eilt der

Regisseur durch das Studio, wo er von einer Schauspielerin in Begleitung ihres Agenten aufgehalten wird. Bei dem sich entwickelnden Streit kommt es beinahe zu Handgreiflichkeiten. Offenbar möchte der Regisseur die Schauspielerin, die bereits im Bühnenkostüm erschienen ist, nun doch nicht mehr für seine Aufnahme haben. Als er nun sichtlich aufgebracht, energisch ausschreitend das Set verlassen möchte, läuft er direkt einem als Engel kostümierten Darsteller in die Arme und es entwickelt sich ein theatralischer Ringkampf zwischen den beiden. Die dabei entstehende Ansicht ähnelt der auf Delacroix' Fresko *Jakobs Kampf mit dem Engel*.

Abb. 12.15|
Jean-Luc Godard:
Standbild aus *Passion*
(1982)

Abb. 12.16|
Eugène Delacroix:
*Jakobs Kampf mit
dem Engel* (1856–61)

Während die Nachstellung des einen Gemäldes im Film misslang, ergibt sich die eines anderen nun ungeplant und ungewollt. Godard spielt in der Szene mit der Spannung zwischen den Medien Malerei und Film. Dabei kommen zum einen die Unterschiede bei den Produktionsvoraussetzungen und -bedingungen in den Blick. Film kann im Gegensatz zu einem Gemälde nur von einem großen Team hergestellt werden, was soziale Probleme mit sich bringt, wie die Szene zeigt. Auf der anderen Seite verweist die Sequenz aber auch auf Gemeinsamkeiten zwischen den beiden visuellen Medien Malerei und Fotografie. Zu diesem Zweck verzichtet Godard in der gesamten Szene auf die Wiedergabe von Dialogen. Stattdessen wird die Szene mit Musik unterlegt, die die Dramatik der Bildsprache akzentuiert. Damit werden Malerei und Film in ihrer Gemeinsamkeit als visuelle Medien thematisiert.

Als ein weiterer intermedialer Aspekt stellt der in der Szene gezeigte Gebrauch des Films zur Nachstellung eines Historiengemäldes diesen auch in eine mediengeschichtliche Kontinuität. Der Film erscheint dabei nicht nur als Erbe der Malerei, sondern auch der im 19. Jh. zur Nachstellung von Historienszenen beliebten Medien Panorama und Diorama (vgl. Abschnitt 7.1), die der Film nun aber durch die Darstellbarkeit von Bewegung erweitert.

Übungsaufgaben |12.3 ⌐╜

1   Welche Gemeinsamkeiten und welche Unterschiede zwischen den Medien Malerei und
    Film zeigen sich in der beschriebenen Szene aus Jean-Luc Godards *Passion*?

2   Inwiefern macht ein Format wie die Show von Harald Schmidt auf die allgemeine Suche
    der Massenmedien nach Themen aufmerksam?

3   Was wird unter Intermedialität verstanden?

4   Inwiefern handelt es sich in der Zeichentrickserie *Die Simpsons* um eine Reflexion des
    Mediums Fernsehen auf das Medium Fernsehen?

5   Was haben die Medien Film und Malerei gemeinsam, was unterscheidet sie?

6   Wie hat Brecht in seiner *Kriegsfibel* das Modell der barocken Emblematik angewandt?
    Was erreicht er damit im Hinblick auf das Medium Fotografie?

Literatur |12.4

Sherman, Cindy: History Portraits. München 1991.

Sherman, Cindy: Untitled Film Stills. München 1998.

Struth, Thomas: *Museum Photographs*. 2. erw. Aufl. München 2005.

Böhn, Andreas (Hg.): Formzitat und Intermedialität. St. Ingbert 2003.

Grimm, Reinhold: Marxistische Emblematik. Zu Bertolt Brechts Kriegsfibel. In: Emblem und Emblematikrezeption. Vergleichende Studien zur Wirkungsgeschichte vom 16. bis 20. Jahrhundert. Darmstadt 1978, S. 502–542.

Helbig, Jörg: Intermedialität. Eine Einführung. Frankfurt/M. 2008.

Kirchmann, Kay: Zwischen Selbstreflexivität und Selbstreferentialität. Überlegungen zur Ästhetik des Selbstbezüglichen als filmischer Modernität. In: Film und Kritik. Heft 2: Selbstreflexivität im Film. Frankfurt/M. 1994, S. 23–37; wieder abgedruckt in: Im Spiegelkabinett der Illusionen. Filme über sich selbst. Hg. v. Ernst Karpf u. a. (Arnoldshainer Filmgespräche 13). Marburg 1996, S. 67–86.

Nöth, Winfried u. Nina Bishara (Hg.): Self-Reference in the Media. Berlin, New York 2008.

Paech, Joachim: Passion oder die Einbildungen des Jean-Luc Godard. Frankfurt/M. 1989.

Paech, Joachim (Hg.): Intermedialität – Analog/Digital: Theorien, Methoden, Analysen. München 2008.

Rajewsky, Irina O.: Intermedialität. Tübingen 2002.

Siebert, Jan: Intermedialität. In: Metzler-Lexikon Medientheorie – Medienwissenschaft. Hg. v. Helmut Schanze. Stuttgart, Weimar 2002, S. 152–154.

Stam, Robert: Reflexivity in Film and Literature. From Don Quixote to Jean-Luc Godard. 2. veränd. Aufl. New York 1992.

Wolf, Werner: Intermedialität. In: Metzler-Lexikon Literatur- und Kulturtheorie. Hg. v. Ansgar Nünning. Stuttgart, Weimar 1998, S. 238–239.

Medienwelten und Medienwirklichkeit

	Inhalt	
13.1	Welt, Weltbild, Lebenswelt	178
13.1.1	Konstruktion der Wirklichkeit	179
13.1.2	Kultur als Repräsentations- und Reflexionsform von Wirklichkeitskonstruktionen	180
13.1.3	Prozess der Zivilisation und Modernisierung	181
13.2	Bild, Simulation, virtuelle Realität	184
13.3	Übungsaufgaben	190
13.4	Literatur	191

Ziel dieser Einheit ist es, mithilfe einiger Begriffe die Rolle der Medien im Zusammenspiel mit der übrigen Welt zu erläutern. Der Gebrauch von Medien dehnt sich heute in alle Lebensbereiche aus. Die Medien sind eingebettet in die Welt, gleichzeitig findet sich die Welt für ihre Betrachter aber auch schon eingebettet in den Medien. Die Welt wird in zunehmendem Maße schon als eine medial vermittelte wahrgenommen. Was der einzelne Mensch über seinen persönlichen Lebensbereich hinaus erfährt, erfährt er durch die Medien. Daher konnte Niklas Luhmann sein zugespitztes Diktum formulieren: „Was wir über unsere Gesellschaft, ja über die Welt, in der wir leben, wissen, wissen wir durch die Massenmedien." (Luhmann 1996: 9) Das Verhältnis der Menschen zu ihrer Welt ist somit geprägt durch die Medien, die ihnen zur Verfügung stehen. Die Medien bestimmen die Disposition (= Einstellung) des Menschen zu seiner natürlichen und kulturellen Umwelt. Eine Mediengeschichte beschreibt daher auch immer den Wandel dieser Weltverhältnisse, der mit dem Wandel der Medientechnik einhergeht. Die grundlegenden Formen, in denen sich der Mediengebrauch in den menschlichen Kulturen niederschlägt, sollen im ersten Teil der Einheit betrachtet werden.

Im zweiten Teil werden die mit der gegenwärtigen Medientechnik aufziehenden Möglichkeiten thematisiert, nicht nur Abbilder von Wirklichkeit zu schaffen, sondern künstliche Wahrnehmungsbedingungen zu erzeugen, die wie Realität wirken, ohne Wirklichkeit zu sein.

13.1 | Welt, Weltbild, Lebenswelt

Welt Als *Welt* wird die Gesamtheit der uns umgebenden räumlichen und zeitlichen Ausdehnung verstanden. Die Welt ist der Horizont, in dem sich die Dinge abheben und vor dessen Hintergrund sich menschliches Handeln abspielt. In der Welt findet der Mensch die Möglichkeit zum Erwerb von Wissen und zur Erkenntnis von Zusammenhängen. Er muss sich diese Erkenntnisse jedoch erschließen und ist dafür auf Erfahrungen in der Welt angewiesen. Jeder Mensch ist von sich aus beschränkt auf den eigenen Standpunkt in der Welt, der bestimmt, was er und aus welcher Perspektive er wahrnehmen kann. Das *Weltbild* jedes

Weltbild einzelnen Menschen ist daher zunächst subjektiv und auf einen Ausschnitt der Welt begrenzt. Der Mensch ist jedoch in der Lage, diese Begrenztheit selbst zu erkennen, denn es ist eine ständig mitlaufende Erfahrung, dass sich zu jeder bereits gemachten Beobachtung neue und andere hinzugewinnen lassen, indem etwa der eigene Standort gewechselt wird oder auch nur, indem Zeit vergeht. Jeder aktuelle Eindruck kann mit anderen im Gedächtnis gespeicherten verglichen und das eigene Bild der Welt daher revidiert werden. Somit wird auch das Wissen, dass jede Beobachtung innerhalb eines größeren Zusammenhangs stattfindet, der als Ganzes nicht wahrgenommen werden kann, zum Bestandteil des eigenen Wissens. Ein objektives Bild der Welt ist für den Einzelnen nicht erreichbar. Dieses Erleben der *Subjektivität* der eigenen Weltwahrnehmung liegt allen Kommunikationsprozessen zugrunde. Kommunikation kann als Versuch verstanden werden, den eigenen Welteindruck durch den Austausch von Informationen mit anderen Subjekten zu objektivieren. So sind die Menschen in der Lage, durch Kommunikation für ihre (Selbst-)Verständigung in der Welt zu sorgen und verbindliche Konzepte für die Deutung der Welt zu entwickeln. Damit ist es möglich, dass die Wahrnehmung der Grundstrukturen innerhalb einer *Lebenswelt* von allen Individuen, die sie teilen, sich angleicht.

Subjektivität

Lebenswelt

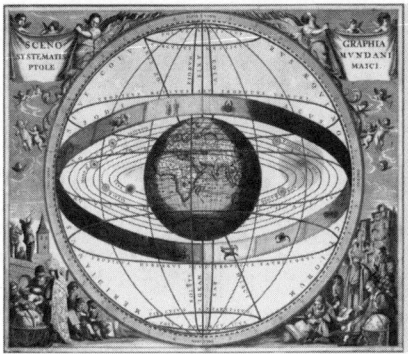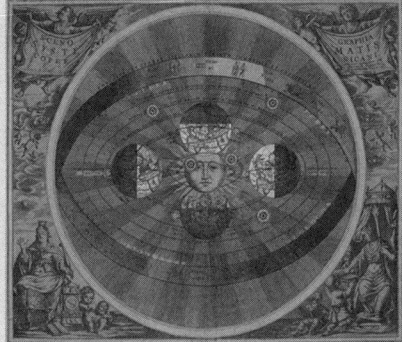

Abb. 13.1 und 13.2 Zwei unterschiedliche Weltbilder: Darstellung des ptolemäischen Weltbilds (links) und des heliozentrischen Weltbilds (rechts), beide in: Andreas Cellarius: *Harmonia Macrocosmica* (1660/1661)

Konstruktion der Wirklichkeit

13.1.1

In der Subjektivität der Wahrnehmung der Wirklichkeit besteht also das Problem, das durch Kommunikation bearbeitet wird. Kommunikation geht mit einer gewissen Integration der Weltbilder der Beteiligten einher, sonst ist sie nicht möglich. Kommunikation hat dabei auch die Aufgabe, konsensfähige Weltbilder zu vermitteln. Wie viele Individuen durch Kommunikation erreicht werden können, hängt von den zur Verfügung stehenden Medien ab. Hier liegt auch eine Gefahr, die mit der Entstehung von Massenmedien verbunden ist. Sie können auch manipulatives Wissen oder gefährliche Weltbilder verbreiten und somit als Katalysatoren von Fehlentwicklungen fungieren.

Rolle der Kommunikation

Medien

Die Wirklichkeit wird in der Kommunikation in Modellform gebracht. Strukturiert wird sie dabei nicht zuletzt durch die Möglichkeiten, die eine gegebene Sprache mit sich bringt. Die so entstehenden Modelle können mehr oder weniger komplexe Weltbilder sein, und sie können mehr oder weniger viele Individuen erreichen. Dies hängt wiederum von den medialen Gegebenheiten ab. Dass es sich bei allen Weltbildern um Konstruktionen handelt, verschwindet umso mehr aus dem Blick, je

Modelle

Abb. 13.3 Nationalistische US-Karikatur aus dem Jahre 1850: Irischer Immigrant in einem Whiskey- und ein deutscher Einwanderer in einem Bierfass

weiter und verbindlicher sie verbreitet sind. Daher können Weltbilder auch den Charakter von Ideologien annehmen, die die Wahrnehmung bis in die eigene Alltagswelt hinein verzerren. So ist es dann z. B. möglich, Menschen aufgrund einer bestimmten Zugehörigkeit zu religiösen, ethnischen, nationalen Minderheiten etc. mit Vorurteilen zu betrachten, ohne jemals selbst mit solchen Menschen zu tun gehabt zu haben. Die individuelle Wahrnehmung ist immer schon geprägt durch Konzepte, die gesellschaftlich, d. h. kommunikativ vermittelt wurden. Daher lässt sich sagen, dass Menschen nicht nur in ihrem Verhalten, sondern bereits in ihrer Wahrnehmung kulturell geprägt sind.

Kulturelle Prägung

13.1.2 | Kultur als Repräsentations- und Reflexionsform von Wirklichkeitskonstruktionen

Kultur

Kultur kann als die *Manifestation von Wirklichkeitskonstruktionen* verstanden werden. Sie stellt das Spannungsfeld der Bewahrung und Entwicklung von Formen dar. Die Kultur einer Gesellschaft zeigt sich in der Hervorbringung und Reproduktion von Verhaltensweisen, die sich gegen das Vergessen etablieren. Solchermaßen tradierte und etablierte Formen können sich im alltäglichen Leben in *Routinen* niederschlagen, etwa im Händeschütteln als Begrüßungsform in westlichen Kulturen, oder in *Ritualen*, die von höchster gesellschaftlicher Bedeutung sind und mit bestimmten gesellschaftlichen Institutionen wie Kirche oder Staat in Verbindung stehen. Solche Rituale verleihen der gesellschaftlichen Ordnung Sinn und Legitimation. Kultur hat als Repräsentationsform von Weltbildern und Wirklichkeitskonstruktionen den Charakter des Entwurfs abgelegt. Sie besteht in geschaffenen Strukturen, die durch Traditionsbildung verfestigt sind. Die Kultur repräsentiert objektive Standards, die in alle Lebensbereiche hineinwirken. Sie materialisiert sich z. B. in Kunstwerken, Architektur, religiösen Riten etc.

Abb. 13.4 | Händeschütteln: vor allem in westlichen Ländern verbreitete Begrüßungsroutine © Hero Member/ PIXELIO

Abb. 13.5 | Lhasa, Tibetische Mönche beim rituellen Kornmahlen. Sie machen das für wenig Geld, damit die Ernte der Bauern gut werde © Fragenus/PIXELIO

Abb. 13.6
Lhasa, Potala-Palast,
bis 1953 Residenz
des Dalai Lama und
Sitz der tibetischen
Regierung. Archi-
tektonisches Beispiel
für die Verbindung
von Religion und
Herrschaft in einer
Kultur. © BirgitH/
PIXELIO

Modernen Kulturen ist es zu eigen, die Kontingenz ihrer Formen und Traditionen reflektieren zu können. Durch das Bewusstsein der historischen Entwicklung oder den Vergleich mit anderen Kulturen kann die Selbstverständlichkeit
eigener Strukturen und Traditionen hinterfragt werden. Medien spielen dabei
eine wichtige Rolle, denn nur sie ermöglichen die Verbreitung von Informationen über andere Kulturen und andere Lebensformen. Durch eine solche
Reflexion der eigenen Bedingtheit von Kulturen werden Selbstbeschreibungen
mit Begriffen wie *Industrie-* oder *Informationsgesellschaft* erst möglich. Denn
sie setzen die Erkenntnis voraus, dass es unter anderen Bedingungen auch
grundsätzlich andere Lebensformen gibt.

Reflexivität

Eine Form einer solchen Selbstbeschreibung ist auch die von der *Mediengesellschaft*. Die zur Verfügung stehenden Medien prägen die sie verwendenden
Kulturen von jeher (worauf auch in diesem Buch immer wieder aufmerksam
gemacht wurde). Die Entstehung der Schrift oder die Verbreitung des Buchdrucks haben die entsprechenden Kulturen grundlegend verändert und ihre
Entwicklung bestimmt.

Durch die Vielfalt der Medien und die Masse der Informationen, die sie
heute vermitteln, sollte auch die Möglichkeit des Hinterfragens ihrer Wirk-
lichkeitsentwürfe gegeben sein.

Medien schaffen einerseits die Möglichkeit zur Verbreitung und Tradierung
kultureller Muster, können diese aber gleichzeitig auch wieder in ihrer Kontingenz bewusst machen und Vergleichbarkeit mit dem Fremden herstellen.

Prozess der Zivilisation und Modernisierung

13.1.3

Der Soziologe Norbert Elias (1897–1990) hat in seiner Studie *Über den Prozeß
der Zivilisation*, die er als emigrierter deutscher Jude 1939 in England veröffentlichte und die aber erst nach der zweiten Auflage 1969 in Deutschland stärker

rezipiert wurde, ein Modell zur Beschreibung der Evolution von Gesellschaften entwickelt. Dieses geht davon aus, dass zunehmende soziale Komplexität zu einer stärkeren Affektkontrolle bei den Individuen, zu einem Schwund von Vertrautheitsgefühlen und zu einer Verlängerung der sogenannten Interdependenzketten, also der Verhältnisse wechselseitiger Abhängigkeit, führen. Hintergrund ist ein gesellschaftlicher Modernisierungsprozess, der sich idealtypisch in der folgenden Reihe von Entwicklungsstufen darstellen lässt.

1. Stufe: In frühen Gesellschaften sind die sozialen Strukturen wenig ausdifferenziert. Die Menschen leben in kleinen Gruppen zusammen, die alle gleichartig organisiert sind. Daher werden Gesellschaften dieses Typs als *segmentäre Gesellschaften* bezeichnet. Die lebensnotwendigen Kenntnisse zur Bewältigung des Alltags und zur Befriedigung der grundlegenden Bedürfnisse sind unter den erwachsenen Mitgliedern der Gruppen gleichmäßig verteilt. Wissen ist nicht in höherem Maße akkumulierbar und kann nur mündlich von Generation zu Generation weitergegeben werden.

Abb. 13.7
Wiktor M.
Wasnezow: *Steinzeit*
(1882–1885)

2. Stufe: Durch gesellschaftliche Differenzierung und Arbeitsteilung werden neue Ressourcen freigesetzt. Mit der Entwicklung von Schrift ermöglicht dies die Anhäufung von Wissen. Neue Formen der gesellschaftlichen Organisation und Vernetzung entstehen. Die kulturelle Entwicklung erhält einen Schub, der sich in verschiedenen Bereichen wie Kunst, Wissenschaft, Religion etc., in denen nun Spezialisten tätig sind, verselbständigt und verstärkt.

3. Stufe: Die Differenzierung und Arbeitsteilung in der Gesellschaft schreitet zunehmend fort. Immer neue Formen des Spezialistentums und neue Berufsgruppen bilden sich heraus. Damit steigt auch der Bedarf an

Möglichkeiten zur Aufbewahrung und Weitergabe von Informationen und Wissen. Es gibt nicht mehr eine Gruppe von Personen, die repräsentativ über den gesamten Wissensstand der Gesellschaft verfügen würde. Jede Expertengruppe entwickelt ihre eigene Perspektive, unter der sie Welt und Wirklichkeit betrachtet. Die Kultur der modernen Welt erweist sich als zunehmend weniger durchschaubar für den Einzelnen. Der inflationäre Zuwachs an Wissen, Entscheidungen, die an weit entfernten Orten, in unverstandenen Institutionen getroffen werden, und ein sich beschleunigender ge-

Abb. 13.8
Irakischer Schreiber oder Maler (1287)

sellschaftlicher Wandel sind Phänomene, denen sich die Menschen in der Moderne gegenüber sehen und die sie in ihr eigenes Weltbild integrieren müssen. Von entscheidender Bedeutung dabei sind die Medien, die als institutionalisierte Vermittler aufbereiteter Informationen einen erweiterten Blick auf die Welt jenseits des individuellen Erfahrungsbereichs ermöglichen. Sie reagieren auf die steigende Differenziertheit und Komplexität der Lebenswelt mit einer Ausweitung und Ausdifferenzierung der medialen Berichterstattung. Eine Leistung der Massenmedien wäre dann

Abb. 13.9
Der „Computer-Visionär" Steve Jobs auf der *Worldwide Developers Conference* 2005

darin zu sehen, Informationen über die Welt bereitzustellen, die für alle zugänglich sind und als Grundlage für weitere Kommunikation in der Gesellschaft dienen können.

13.2 | Bild, Simulation, virtuelle Realität

Bild Ein Bild kann verstanden werden als der optische Sinneseindruck, der von einer Oberfläche ausgeht. Aber nicht jeder visuelle Reiz wird automatisch als Bild wahrgenommen. Hierfür muss eine Information registriert werden, das Bild muss als Abbildung von etwas erkannt werden, oder zumindest als etwas, das absichtsvoll visuell gestaltet wurde.

Nicht nur im Bereich der Kunst kann gelten, dass Bilder einen höheren Stellenwert besitzen als die Realität. Mediengerechte Gestaltung, Bedingungen von Produktion und Übertragung erzeugen eine jedem Bildmedium eigene Ästhetik. Bilder faszinieren daher oft durch Eigenheiten, die der realen Vorlage gar nicht anhafteten. Die Kraft der Bildmedien ist es, den Blick zu fesseln und Details zu enthüllen, die im flüchtigen Moment des Erlebens unter der Wahrnehmungsschwelle der Beobachter bleiben. Das bekannteste Beispiel dafür sind Übertragungen von Fußballspielen im Fernsehen. Als Zuschauer ist man daran gewöhnt, entscheidende Torraumszenen oder Fouls sofort als Wiederholung in Zeitlupe und aus verschiedenen Kameraperspektiven präsentiert zu bekommen. Der reale Moment wird medial gedehnt und es entsteht ein verlängertes Erleben, das zur Sehgewohnheit des Publikums vor dem Bildschirm wird. Aufmerksam werden auf diesen Umstand kann man als „geübter" Fernsehzuschauer, wenn man sich dann doch einmal ein Fußballspiel vor Ort anschaut, in einem Stadion, das noch nicht mit einer Großbildleinwand ausgestattet ist. Der lineare und unwiederholbare Verlauf der Zeit auch bei entscheidenden Strafraumszenen kann dabei tatsächlich als den eigenen Sehgewohnheiten widerstrebend erfahren werden. Daher sind mittlerweile auch so gut wie alle Stadien von Profivereinen mit Großbildleinwänden versehen, um den Zuschauern vor Ort die Vorzüge der medialen Vermittlung des Ereignisses nicht vorzuenthalten.

Simulation Bildmedien können auch dazu tendieren, ihren Abbildcharakter, ihre sekundäre Stellung zur Realität oder auch die Unterschiede zu ihr zu überwinden. In diesem Fall kann von Simulationen gesprochen werden. *Simulatio* heißt im Lateinischen soviel wie „Vorspiegelung" und bedeutet, dass der Sinneseindruck, wie er von realen Dingen ausgeht, möglichst perfekt vorgetäuscht wird. Es geht um die Nachahmung von Sinneseindrücken oder um die Erschaffung neuer Sinneseindrücke, denen man ihre Künstlichkeit jedoch möglichst wenig anmerken soll. Simulationen kommen vor allem dort zum Einsatz, wo es gilt, realistisch wirkende Wahrnehmungen zu vermitteln, ohne sich den Bedingungen der Realität auszusetzen. Beispiele sind Fahr- oder

Margin notes: Faszination der Bilder · Sehgewohnheiten · Nachahmung von Sinneseindrücken

Flugsimulatoren, an denen das Beherrschen von Maschinen erlernt werden soll, ohne die realen Konsequenzen von Fehlern tragen zu müssen. Die Möglichkeiten zur Herstellung von Simulationen haben sich mit der Computertechnik immens gesteigert.

Abb. 13.10
Simualtion eines Tornados, realisiert am *National Center for Supercomputing Applications* (NCSA), Urbana (Illinois)

Erst jetzt können Prozessabläufe simuliert werden, bei denen sehr viele Parameter wirken, die in sehr vielen Rechenschritten miteinander in Verbindung gebracht werden müssen. Damit ist es nun auch möglich, interaktive Simulationen zu erzeugen, die auf Eingaben in Echtzeit reagieren. Derartige Simulationen unterscheiden sich von Bildern also dadurch, dass man sie nicht nur betrachten, sondern in ihnen Handlungen vollziehen kann, die Folgen haben, welche wiederum den Folgen derselben Handlung in der Realität (jedenfalls teilweise) entsprechen.

Das Phänomen, reale Ereignisse medial zu simulieren, ist jedoch schon wesentlich älter als die moderne Computertechnik, wie ein Beispiel aus der Filmgeschichte veranschaulichen kann.

Mediengeschichte(n) im Film: **Die Krönung Edwards VII.** *(Großbritannien 1902). Regie: Georges Méliès*

Ein Beispiel für das komplexe Verhältnis von Medien und Wirklichkeit lässt sich schon in der frühen Filmgeschichte finden, in Georges Méliès' *Die Krönung Eduards VII.* (1902).

Méliès hatte den Auftrag erhalten, einen Film zur Krönung des englischen Königs Eduard VII. zu drehen. Für die reale Krönungsfeier in der Westminster Abbey waren jedoch keine Filmaufnahmen zugelassen. Méliès stellte daher die

185

Zeremonie mit Laienschauspielern nach, und dies schon vor dem wirklichen Ereignis. Denn das Werk sollte bereits zum Zeitpunkt der Krönung abgeschlossen sein. Die Fertigstellung gelang dem Filmemacher auch bis zum 26. Juni 1902, dem Tag der geplanten Feier. Diese wurde jedoch kurzfristig verschoben, weil der zukünftige Monarch an einer Blinddarmentzündung erkrankt war. So wurde auch die erste Vorführung des Films vertagt. Als es dann am 9. August 1902 endlich so weit war und die Inthronisierung Eduards vollzogen werden konnte, wurde zur selben Zeit auch der Film mit der nachgestellten Zeremonie erstmals vorgeführt, was einen ungeheuren Eindruck auf das Publikum machte. Méliès musste jedoch auch Kritik einstecken, weil die filmische Nachstellung der weihevollen Zeremonie als Entwürdigung betrachtet wurde. Der König selbst soll, als ihm der Film vorgeführt wurde, beeindruckt gewesen sein von der Ähnlichkeit des Dargestellten mit dem wirklichen Verlauf. Wegen des immer noch angeschlagenen Gesundheitszustands Eduards war die Krönung in ähnlicher Eile vollzogen worden wie in Méliès' Rekonstruktion, die eigentlich eine Vorwegnahme war. Vor und nach der Krönungsfeier drehte Méliès auch Außenaufnahmen von dem an- und abfahrenden Königspaar und den jubelnden Menschen vor der Westminster Abbey. Mit diesen dokumentarischen Aufnahmen rahmte er seine gespielte Krönungsfeier ein. Der so entstandene Film, der nun sowohl Abbildung, Fingierung und Vorwegnahme realer Ereignisse war, ging auf Tournee durch ganz Europa und Amerika und fand großen Zuspruch beim Publikum.

Abb. 13.11
Standbild aus
*Die Krönung
Eduards VII.* (1902):
Das Königspaar
auf dem Weg zur
Westminster Abbey

Virtuelle Realität

Wenn Simulationen ein abgeschlossenes Bild räumlicher Umgebung liefern, kann auch von einer *virtuellen Realität* gesprochen werden. Als *virtuell* wird etwas bezeichnet, das nicht in der Form existiert, wie es erscheint, aber in seinen Wirkungen einer real existierenden Sache gleichkommt. Virtuelle Realitäten werden vom Computer erzeugt und den Nutzern über bestimmte

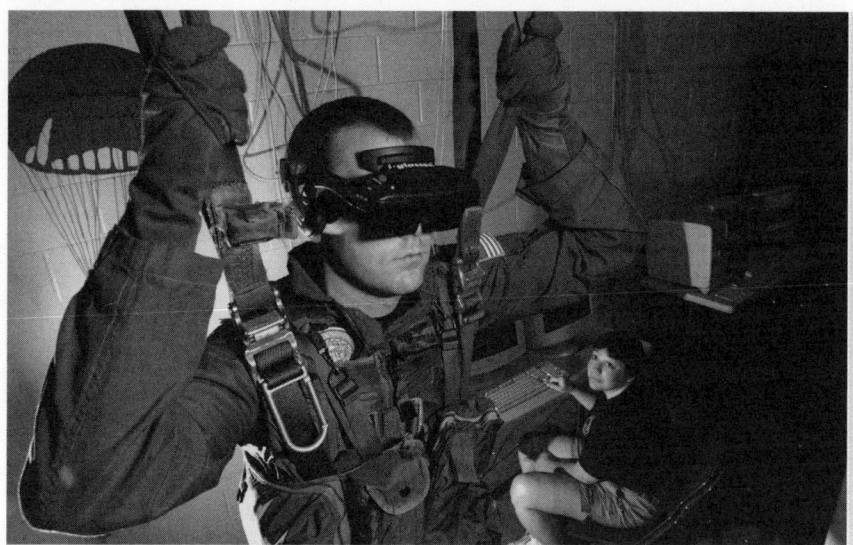

|Abb. 13.12
Fallschirmtraining
mit *Virtual Reality*-
Helm am Naval
Air Station (NAS)
Pensacola (Florida)

technische Schnittstellen vermittelt. Damit die Nutzer in eine solche künstliche Welt eintauchen können, kommt es vor allem auf einen überzeugenden Raumeindruck an und die Möglichkeit, in Echtzeit mit der Umgebung interagieren zu können. Die Simulation muss sich dabei prinzipiell nicht auf visuelle Eindrücke beschränken, sondern kann auch akustische, haptische (= den Tastsinn betreffende) und olfaktorische (= den Geruchsinn betreffende) Reize einbeziehen. Solche virtuellen Realitäten stellen reflektierte und subjektiv geformte Entwürfe von Welt dar. Sie konstituieren ein merkwürdiges Verhältnis von Objektivität und Subjektivität. Denn durch die technische Perfektionierung lässt beides zugleich sich steigern. Immer subjektivere Entwürfe von Welt lassen sich mit immer objektiverer Wirkung herstellen.

(Randspalte: Raumeindruck und Interaktion)

Virtuelle Realitäten können auf verschiedene Weisen technisch vermittelt werden. Die so genannte CAVE-Technologie (CAVE = *Cave Automatic Virtual Environment*) generiert Raumprojektionen, die sich mit der Bewegung des Benutzers im Raum verändern und dadurch Interaktion ermöglichen. Eine andere Variante sind Datenhelme, die visuelle und akustische Einspielungen direkt auf die Sinnesorgane liefern. Mit Datenhandschuhen wurde experimentiert, um durch die Bewegungserfassung die Interaktion zwischen Benutzer und virtueller Umgebung bzw. Computer zu ermöglichen.

(Randspalte: Technische Vermittlung)

Die perfekte virtuelle Realität wäre die, die sich in der Wahrnehmung nicht mehr von der wirklichen Realität unterscheiden ließe. Hierzu müssten alle Sinne von der Wahrnehmung angesprochen werden, ohne dass dabei die technischen Hilfsmittel bemerkbar sind, die dies bewerkstelligen. Letztendlich wäre das aber nur möglich, wenn die Informationen direkt in das menschliche Nervensystem eingespeist werden könnten. Diese (Schreckens-)Vorstellung hat bereits einige künstlerische Entwürfe in Literatur und Film inspiriert.

(Randspalte: Perfektionierungsszenarien)

187

Abb. 13.13
CAVE: virtuelle
Raumprojektion,
realisiert an der Uni-
versity of Chicago,
Illinois

Künstlerische
Entwürfe

William Gibsons (*1948) Roman *Neuromancer* (1984) entwarf ein düsteres Bild der menschlichen Zukunft, in der es zur direkten Verbindung von Computertechnologie und menschlichem Gehirn mit den daraus resultierenden Manipulationsmöglichkeiten kommt. Der Roman wurde stilbildend für eine ganze Richtung in der Science-Fiction-Literatur, die dieses Motiv aufgriff. Als Film wäre u. a. *eXistenZ* (1999) von David Cronenberg (*1943) zu nennen. Das zentrale Motiv dort sind Computerspiele, die über einen „Bioport" direkt ans Nervensystem der Spieler angeschlossen werden. Damit wird das perfekte Eintauchen in die jeweilige Spielwelt ermöglicht, was dann aber auch zur Folge hat, nicht mehr wissen zu können, ob die Welt, in der man sich gerade befindet, nun die reale oder eine virtuelle ist. Ein weiterer Film, der das Thema der perfekten Simulation von Welt und der Manipulation des Menschen behandelt, ist *Matrix* von den Brüdern Wachowski, der zum Abschluss des Kapitels näher betrachtet werden soll.

Mediengeschichte(n) im Film: **Matrix *(USA 1999). Regie: Larry und Andy Wachowski***

Wie es dem Genre zu eigen ist, reflektiert dieser Science-Fiction-Film nicht die Geschichte der Medien, sondern mögliche zukünftige Entwicklungen. Das Szenario, das der Film entwirft, ist angesiedelt in einer Zeit nach der entscheidenden Schlacht zwischen Menschen und Computersystemen, die sich verselbständigt, im Kampf mit der Menschheit den Sieg davongetragen und die Menschen unterworfen haben. Bis auf wenige Ausnahmen, die entkommen konnten, werden die Menschen nun als Energielieferanten, als lebendige

188

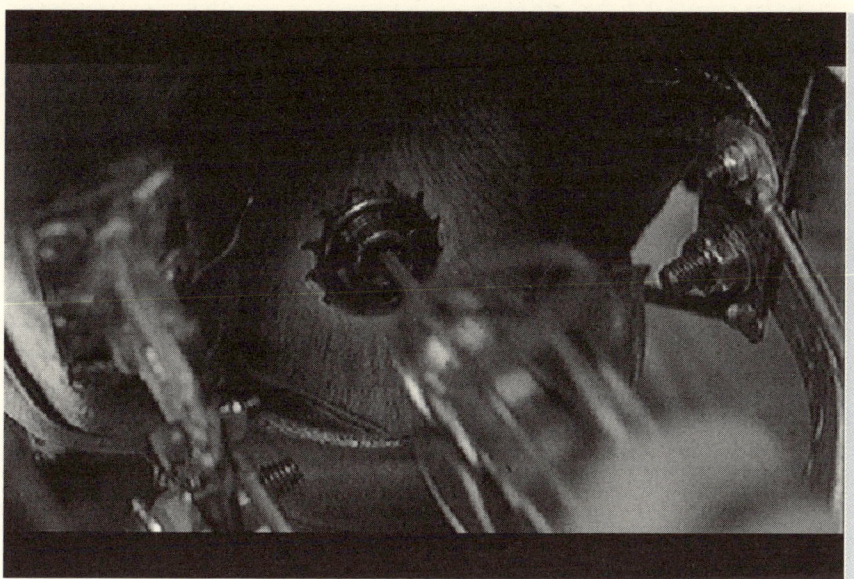

Abb. 13.14
Standbild aus *Matrix*:
Die Daten der
Matrix werden über
eine Schnittstelle im
Rückenmark direkt
ins Nervensystem
eingespeist

Batterien von den Computern genutzt und in riesigen Farmen gehalten. Da
die menschlichen Organismen ohne dies nicht überlebensfähig waren, sind sie
an ein hochkomplexes Computerprogramm, die „Matrix", angeschlossen, das
ihrem Bewusstsein die Simulation einer künstlichen Welt einspeist, in der sie
ein virtuelles Leben als virtuelle Personen führen, während sie in der Realität
regungslos in ihren Zellen gefangen sind.

Abb. 13.15
Jan Saenredam
(1565–1607): *Platons
Höhlengleichnis*
(1604)

Abb. 13.16 |
Frans Hals: *Porträt*
von René Descartes
(1649)

Der Film veranschaulicht mehrere Aspekte, die mit der modernen Computertechnik in Verbindung gebracht werden. Zum einen ist dies die Vorstellung von der künstlichen Intelligenz von Computersystemen, die sich von der Steuerung durch die Menschen gelöst und eigenes Bewusstsein sowie eigene Reproduktionsfähigkeit entwickelt haben. Zum anderen werden anhand des Schicksals der Menschen die Möglichkeiten und die Gefahren einer perfekten virtuellen Realität durchgespielt, die direkt an das Nervensystem angeschlossen werden kann. Das reale körperliche und sinnliche Dasein der Menschen wird dadurch völlig überspielt und ist ihrem eigenen Bewusstsein nicht mehr zugänglich. Alles, was sie erleben, ist nur eine perfekte Illusion, die sie für die Wirklichkeit halten. Damit wird auch ein Motiv aufgegriffen, das seine Wurzeln tief in der Philosophiegeschichte hat, etwa in Platons Höhlengleichnis aus der um 370 v. u. Z. entstandenen *Politeia* (Pol 514a–517a), das die Menschen mit Gefangenen vergleicht, die nur die Schatten der wahren Dinge erkennen können, oder in René Descartes' (1596–1650) Gedankenexperiment mit dem „Genius malignus", der dem menschlichen Geist nur vorspielen könnte, er besäße Sinnesorgane, über die er eine vermeintliche Welt wahrnimmt.

🖱 13.3 | Übungsaufgaben

1   Was haben Kommunikation und die Subjektivität der Weltwahrnehmung miteinander zu tun?

2   In welchem Zusammenhang stehen Medien und der Umstand des Reflexivwerdens moderner Kulturen, also die Tatsache, dass diese ihre eigenen Weltvorstellungen, gesellschaftlichen Strukturen und Werte zum Gegenstand des Nachdenkens und von öffentlicher Kommunikation machen?

3   Beschreiben Sie an einem Beispiel, wie Bildmedien Sehgewohnheiten prägen können.

4   Was versteht man unter einer Simulation? In welchen Bereichen kann sie sinnvoll zum Einsatz kommen?

5   Was wären die Bedingungen einer perfekten *virtuellen Realität*?

6   Welche Aspekte an der Möglichkeit virtueller Realitäten sind es, die Literatur und Film zu düsteren Szenarien inspiriert haben?

Literatur

Descartes, René: Meditationes de Prima Philosophia. Meditationen über die Erste Philosophie. Stuttgart 1986.

Elias, Norbert: Über den Prozeß der Zivilisation. Soziogenetische und psychogenetische Untersuchungen. 2 Bde. 2., verb. Aufl. Bern 1969.

Hörisch, Jochen: Gott, Geld, Medien. Studien zu den Medien, die die Welt im Innersten zusammenhalten. Frankfurt/M. 2004.

Keppler-Seel, Angela: Wirklicher als die Wirklichkeit? Das neue Realitätsprinzip der Fernsehunterhaltung. Frankfurt/M. 1994.

Krämer, Sibylle (Hg.): Medien – Computer – Realität. Wirklichkeitsvorstellungen und Neue Medien. Frankfurt/M. 1998.

Luhmann, Niklas: Die Realität der Massenmedien. 2., erweiterte Auflage. Opladen 1996.

Merten, Klaus, Siegfried J. Schmidt u. Siegfried Weischenberg (Hg.): Die Wirklichkeit der Medien. Eine Einführung in die Kommunikationswissenschaft. Opladen 1994.

Platon: Sämtliche Werke Bd. 2. Lysis, Symposion, Phaidon, Kleitophon, Politeia, Phaidros. Reinbek 2004.

Mediennutzung und Medienwirkung

Inhalt

14.1	Mediennutzung	194
14.2	Medienwirkungsforschung	197
14.2.1	Quantitative und qualitative Forschungsmethoden	198
14.2.2	Ansätze der Wirkungsforschung	199
14.3	Spezifische Erklärungsmodelle am Beispiel: Medien und Gewalt	202
14.4	Übungsaufgaben	205
14.5	Literatur	205

Die bisherigen Einheiten behandelten die historische Entwicklung der Medien, ihre Bezüge zueinander sowie zur Wirklichkeit. Die Seite der Mediennutzung und ihrer Wirkungen wird in dieser Einheit aufgegriffen und die wichtigsten Ansätze zu ihrer Erforschung werden vorgestellt. Dass sich der Kontakt der Menschen mit den Medien ständig noch ausdehnt, ist eine Tatsache. Die Frage ist, welche Auswirkungen dies auf die einzelnen Menschen und auf ihr Zusammenleben hat. Welche Funktionen erfüllen Medien und worin besteht ihr Reiz für die Nutzer? Um die Einwirkungsmöglichkeiten der Medien auf ihr Publikum zu beschreiben, gibt es verschiedene Ansätze, die erläutert werden.

Abschließend werden unterschiedliche Erklärungsmodelle vorgestellt, die die Auswirkungen von Gewaltdarstellungen in den Medien auf ihr Publikum beleuchten.

14.1 | Mediennutzung

Wie bereits in früheren Einheiten anhand der behandelten Beispiele deutlich wurde, war die Nutzung neuer Medien zunächst immer Spezialisten oder einer gesellschaftlichen Elite vorbehalten. Erst nach und nach können auch breitere Bevölkerungsschichten daran teilhaben. Dafür gibt es verschiedene Gründe. Bei vielen neu erfundenen Medien waren die Nutzungsmöglichkeiten zunächst unklar, sie verursachten hohe Kosten und die Bedienung war so komplex, dass Expertenwissen erforderlich war. Als Beispiel dafür wurde bereits die Fotografie behandelt (vgl. Abschnitt 7.3). Sie wurde zunächst nur von professionellen Fotografen betrieben, die über das notwendige technische Know-how und die erforderlichen Finanzmittel verfügten. Erst mit der Weiterentwicklung der Technik, die zu kleineren, einfacher zu bedienenden und erschwinglicheren Apparaten führte, konnte die Fotografie zum Medium für jedermann werden.

Computer   Ein ähnlicher Verlauf zeigt sich in der Geschichte der Computertechnik (vgl. Abschnitt 10.1). Diese trat zunächst in der Form von Großrechnern auf, die nur von Institutionen finanziert und von Experten bedient werden konnten. Erst mit der Vereinfachung der Bedienung durch die Gestaltung benutzerfreundlicherer Oberflächen sowie die Miniaturisierung und Verbilligung der Geräte setzte sich der PC seit Mitte der 1980er Jahre als „Allerweltsmedium" durch.

Internet   Das noch jüngere Medium Internet kann auf eine ähnliche Entwicklung verweisen, die hier allerdings in zeitlicher Raffung ablief. Aus einem Kommunikationsmedium für bestimmte Nutzerkreise wie Militär und Wissenschaft wurde das Internet relativ schnell, in nur etwa zwei Jahrzehnten, zu einem Medium, das sich breite Bevölkerungskreise erschlossen hat. Eigene Wirtschaftszweige haben sich an das Medium angelagert und seine Nutzerzahlen steigen beständig. Bei der jüngeren Generation ist das Internet dabei, dem Fernsehen den Rang als am häufigsten genutztes Medium streitig zu machen.

|Abb. 14.1
E-Corner Internet-
Café in der Edin-
burgher Waverley
Station

Allgemein lässt sich sagen, dass bei der Einführung neuer Medien immer die Entwicklung von der Experten- zur Massennutzung erkennbar ist. Dies geht einher mit einer Vergünstigung der Technik und Vereinfachung der Bedienbarkeit.

Momentan lässt sich eine Zunahme medial vermittelter Prozesse in der Gesellschaft beobachten. Die Nutzung von Medien, die die Kommunikation „face to face" übersteigen, nimmt in vielen Bereichen des Alltags- und Berufslebens zu.

Im Zeitraum von 1980 bis 2000 ist der Medienkonsum der Deutschen um 45 % gestiegen. 1980 verbrachten die Bundesbürger im Durchschnitt 346 Minuten pro Tag mit fernsehen, Radio hören, Zeitung lesen und sonstigen audiovisuellen Medien. Im Jahr 2000 waren es bereits 502 Minuten täglich (ARD/ZDF Langzeitstudie Massenkommunikation 2002). Im ersten Halbjahr 2008 nutzte jeder Erwachsene pro Tag durchschnittlich 3 h 45 Min. das Fernsehen, 3 h 6 Min. das Radio und 58 Min. das Internet. Insgesamt verbringt heute jeder durchschnittliche Deutsche täglich rund 10 Stunden mit den Medien (ARD/ZDF Online-Studie 2008).

Von der Mediendurchdringung berührt werden alle Lebensbereiche von den öffentlichen bis zu den privatesten Angelegenheiten. So sind die Anforderungen an politische Kommunikation und an die Persönlichkeit von Politikern in einer „Mediendemokratie", die von den audiovisuellen Massenmedien bestimmt wird, heute ganz andere als früher. Partnersuche, die sich bisher auf den eigenen Nahbereich in Beruf und Freizeit beschränkte, findet zunehmend über Kontaktbörsen im Internet statt.

Von Experten- zur Massennutzung

Zunahme der Mediennutzung

Effekte im Öffentlichen und Privaten

195

Modernisierung Das steigende Interesse an medialen Angeboten, das offensichtlich vorhanden ist, lässt sich durch den gesamtgesellschaftlichen *Prozess der Modernisierung* erklären. Modernisierung ist hierbei gleichbedeutend mit einer zunehmenden Ausdifferenzierung der Gesellschaft. Die steigende Komplexität und Undurchschaubarkeit von Abhängigkeitsketten, in denen jeder Einzelne steht, erhöht den Bedarf an medialer Vermittlung von Informationen aus sonst nicht zugänglichen Bereichen.

Mit der Ausweitung medialer Vermittlung geht eine Absenkung der Schwelle dessen einher, was in den Medien Aufnahme findet. Ein Beispiel dafür liefert die Entwicklung des Talkshow-Formats im deutschen Fernsehen, das sich stark an angloamerikanischen Vorbildern orientiert. Bis in die 1980er Jahre gab es dieses in Deutschland ausschließlich in Form der Prominenten-Talkshow, bei der Personen mit hohem Bekanntheitsgrad oder wichtiger gesellschaftlicher Stellung auftraten und deren Themen oft eine gewisse Relevanz oder doch zumindest Anspruch signalisierten. Vom Privatfernsehen ausgehend verbreitete sich in den 1990er Jahren jedoch zunehmend das Format der *Daily Talk*-Sendungen, bei denen Menschen „wie Du und ich" profane Probleme des alltäglichen Lebens diskutieren. Worin besteht für die Nutzer die Attraktivität dieser Inhalte, die offensichtlich nicht das oben genannte Kriterium der Informationsversorgung aus wichtigen gesellschaftlichen Funktionsbereichen erfüllen?

Ersatzfunktion Sendungen wie die Nachmittags-Talk-Shows oder andere *Reality-TV*-Formate führen alltägliche Kommunikation vor bzw. inszenieren diese. Besonders wird dabei auf die Herstellung konfliktträchtiger Situationen abgezielt, im

196

persönlichen, zwischenmenschlichen Bereich. Die Attraktivität solcher Inhalte liegt wohl in der Substitutionsfunktion, die sie übernehmen. Bei der fortschreitenden Anonymisierung der Lebenswelt funktioniert der Regelkreis wechselseitiger Kommunikation im sozialen Nahbereich nicht mehr. So übernimmt das Fernsehen eine Funktion, die ehedem vom Klatsch und Tratsch über die Nachbarn und deren wirkliches oder vermeintliches soziales Fehlverhalten erfüllt wurde. Es gilt, sich durch Kommunikation sozialer Standards zu vergewissern. Die Lücke, die nicht stattfindender kommunikativer Austausch dabei in der Realität hinterlässt, wird durch mediale Angebote ersetzt. Aus der vorgeführten Kommunikation können nun Standards dessen abgeleitet werden, was gesellschaftlich akzeptabel ist, und sie kann den Gegenstand anschließender Kommunikation in der Realität bilden. Die gesellschaftliche Entwicklung lässt Defizite entstehen, für die die Medien Ersatzleistungen erbringen.

Mit dem Informationsbedürfnis und dem Bedürfnis nach Teilhabe am sozialen Kommunikationsprozess wären zwei grundlegende Funktionen bestimmt, die die Medien für ihre Nutzer erbringen und die die Nutzung von Medien attraktiv machen.

Information und Teilhabe

Medienwirkungsforschung

| 14.2

Medienwirkungsforschung wird seit der Mitte des 20. Jh. betrieben. Ein spektakuläres mediengeschichtliches Ereignis, das auch als Initialzündung der Aufmerksamkeit auf die Wirkungen, die von Massenmedien ausgehen, betrachtet werden kann, waren die Vorgänge um die Ausstrahlung des Hörspiels *The War of the Worlds* (1938), das Orson Welles (1915–1985) nach der Romanvorlage von H. G. Wells (1866–1946) gestaltet hatte. Das Hörspiel vermittelte das Szenario einer Invasion der Marsmenschen in New Jersey so realistisch, dass viele Hörer dort es als Tatsachenbericht auffassten. Zeitgenössische Berichte, die allerdings später in Frage gestellt wurden, gehen sogar so weit zu behaupten, dass die Menschen massenhaft aus ihren Häusern flüchteten. Dass es zu dieser Massenpanik kommen konnte, wenn sie denn tatsächlich so stattgefunden hat, liegt zum einen an Welles' gelungener realistischer Gestaltung des Geschehens, zum anderen aber auch an dem zufälligen Umstand, dass viele Hörer zuvor einer Sendung auf einem anderen Programm folgten und sich erst verspätet in das Hörspiel einschalteten. Sie hatten daher die erläuternde Einleitung verpasst. Dies ist ein berühmter Einzelfall, der aber im Kontext der Medienwirkungsforschung immer wieder aufgegriffen wird. Die Zweifel, die es am tatsächlichen Geschehen gibt, und das davon unangefochtene Fortleben der Geschichte machen nur umso deutlicher, wie brisant und umstritten der Fall war und ist. Es lassen sich daran zwei grundlegende Verdachtsmomente erläutern, die gegen „die" Medien bestehen und die unter die Schlagworte *Simulation* und *Manipulation* gefasst werden können.

|Abb. 14.3
Orson Welles (1937)

Abb. 14.4|
Warwick Goble:
Illustration zu *The
War of the Worlds*
(1897)

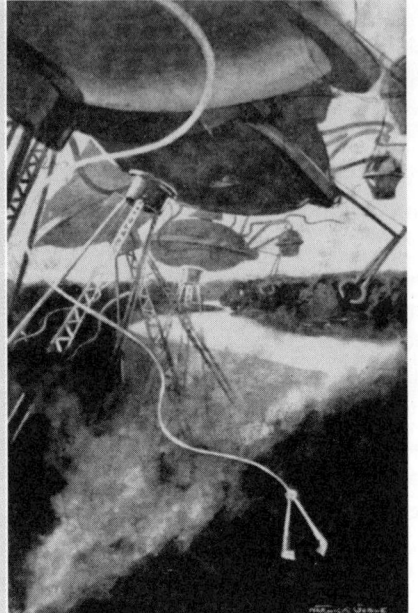

Der Vorwurf der Simulation (vgl. Abschnitt 13.2) besteht in dem Verdacht, die Medien würden den Nutzern eine Scheinwelt als wirklich vorgaukeln. D. h. die Medien liefern keine Informationen über die reale Welt, sondern konstruieren ihre eigene.

Der zweite Vorwurf, der sich an den Wirkungen der Ausstrahlung von *The War of the Worlds* verdeutlichen lässt, besagt, dass die Medien ihre Nutzer manipulieren. Sie veranlassen sie, die Dinge auch in der Realität auf eine bestimmte Weise zu sehen, und legen ein bestimmtes Handeln nahe, das sich nur durch die medial verbreiteten (Fehl-)Informationen erklärt.

Abb. 14.5|
Wirklichkeit gewor-
dene Simulation:
Denkmal an der fik-
tiven Landungsstelle
der Marsianer im
Van Ness Park, West
Windsor Township,
New Jersey

14.2.1| Quantitative und qualitative Forschungsmethoden

Um die Wirkung des Medienkonsums bestimmen zu können, muss zunächst einmal das Verhalten der Nutzer erforscht werden. Hierzu gibt es zwei unterschiedliche methodische Ansätze:

a) Die quantitative Forschungsmethode besteht darin, objektive Daten darüber zu erheben, welche Medien in welchem zeitlichen Umfang und mit
welcher Häufigkeit von welchen Personen genutzt werden. Der Durchdrin-
gungsgrad, der beschreibt, welchen Anteil an der Bevölkerung ein Medium
erreicht, ist dabei eine wichtige Kennzahl. Die Erhebung der Einschaltquoten beim Fernsehen ist z. B. eine quantitative Forschungsmethode.

Quantitative Methode

b) Qualitative Forschungsmethoden können die Ergebnisse quantitativer
Untersuchungen spezifizieren und ergänzen. Hierfür kommen z. B. *Inter-
views* oder sog. *teilnehmende Beobachtungen* in Frage, durch die sich die
Nutzungsgewohnheiten oder die Erwartungen und Ziele, die mit der
Mediennutzung verbunden sind, genauer bestimmen lassen.

Qualitative Methode

So gewonnene Erkenntnisse sind nicht zuletzt aus ökonomischer Sicht für die
Werbewirtschaft interessant. Soll ein Produkt in den Medien beworben werden, ist es wichtig, die Konsumgewohnheiten des Publikums zu kennen und
zu wissen, welche Medien welche Zielgruppe erreichen.

Ökonomische Bedeutung

Ansätze der Wirkungsforschung

| 14.2.2

In der Geschichte der Medienwirkungsforschung haben sich verschiedene
Perspektiven bzw. Erklärungsansätze herausgebildet.

a) Persuasionsforschung

Die Persuasionsforschung (lat. *persuadere* = überreden) beschäftigt sich allgemein mit der Frage, inwiefern Medien ihr Publikum beeinflussen, überzeugen
oder auch manipulieren können und welche Methoden dazu verwendet werden. Diese Frage spielt immer wieder eine Rolle auch in der politischen Auseinandersetzung. So beklagen sich verschiedene Parteien gelegentlich darüber,
dass die negative Berichterstattung in den Medien sie die Gunst der Wähler
kosten würde. Beispielsweise führte die CDU ihre Wahlniederlage gegen die
SPD bei der Bundestagswahl von 1969 auf die unausgewogene Medienpräsenz
im Vorfeld der Wahl zurück. Wissenschaftliche Untersuchungen der Korre-
lation von Wahlergebnissen und Medienpräsenz führten jedoch zu keinen
eindeutigen Ergebnissen.

Beeinflussung

Persuasion durch die Medien kann auf verschiedene Weisen ablaufen, die
vom rational überzeugenden Argumentieren bis hin zur Meinungsmanipula-
tion durch Emotionalisierung von Sachverhalten reichen.

Rational oder emotional

b) Meinungsführerforschung

Die Meinungsführerforschung richtet ihr Augenmerk ebenfalls auf die Frage,
wie Medien die Meinung der Bevölkerung prägen. Sie setzt dabei jedoch bei
der Vermittlungsinstanz sog. „Meinungsführer" an. Darunter werden Personen verstanden, die innerhalb einer sozialen Gruppe oder eines Milieus über
einen herausgehobenen Status und Prestige verfügen. Man geht davon aus,

dass breite Bevölkerungskreise durch solche Personen stärker beeinflusst werden als durch die Medienrezeption selbst. Dies können Personen sein, die durch ihre berufliche Position besonderes Ansehen genießen, wie etwa Richter, Ärzte oder Professoren, oder Menschen, die durch ihre Persönlichkeit in ihrem sozialen Umfeld andere beeindrucken und geschätzt werden. Daher kann es zur Verbreitung von Meinungen unter Umständen effektiver sein, mit auflagen- bzw. quotenschwachen Organen gezielt eine gesellschaftliche Elite anzusprechen, als mit Massenprogrammen die Breite der Bevölkerung.

Auch für die Werbung spielen solche Überlegungen eine wichtige Rolle. Hier können Meinungsführer als Trendsetter funktionieren, an deren modischem Vorbild sich andere orientieren.

c) *Agenda-Setting*-Forschung

Aufmerksamkeits-konjunkturen

Die *Agenda-Setting*-Forschung (vgl. Abschnitt 5.3) beschäftigt sich mit der Frage, wie Medien Themen „machen" können, welche Interessen damit verbunden sein können, und welchen Gesetzmäßigkeiten die Aufmerksamkeit von Massenmedien auf bestimmte Themen unterliegt. Durch das Gewicht, das die Medien bestimmten Themen beimessen, kann auch ihr Stellenwert in der Gesellschaft beeinflusst werden. Es ist festzustellen, dass Themen einer gewissen Konjunktur unterliegen, zunächst höchste Aufmerksamkeit genießen und dann wieder völlig aus dem Fokus der Medien verschwinden können, ohne dass sich an ihrer gesellschaftlichen Relevanz irgendetwas verändert hätte. Die Berichterstattung über die Immunschwächekrankheit AIDS könnte in ihren Konjunkturen hier als Beispiel dienen. Zu erklären wäre dieses Phänomen durch die Präferenz des Publikums und daher auch der Medien für das Neue, das zunächst einmal immer interessanter ist als das bereits Bekannte.

d) Wissenskluftforschung

Mit der Ausweitung der Informationsversorgung der Bevölkerung durch Massenmedien wurde historisch die Hoffnung auf eine Demokratisierung von Wissen und die Teilhabe größerer gesellschaftlicher Kreise an politischen Entscheidungsprozessen verbunden. In den 1970er Jahren wurden jedoch erstmals wissenschaftliche Erhebungen durchgeführt, deren Ergebnisse das Gegenteil nahe legten. Anders als erwartet zeigte sich, dass mit wachsendem

Wachsende Wissens-unterschiede

Informationsfluss in den Medien der Wissensabstand zwischen den sozioökonomisch höheren und niedrigeren Schichten anwächst. Die Wissenskluft zwischen bildungsnahen und bildungsfernen Bevölkerungsteilen vergrößert sich durch die steigende mediale Versorgung. Dies kann verschiedene Gründe haben. Es kann zum einen an unterschiedlichen Nutzungsgewohnheiten der Medien liegen, die sowohl zur Informationsbeschaffung als auch zur Unterhaltung verwendet werden können. Gerade das neue Medium Internet eröffnet hier sehr unterschiedliche individuelle Nutzungsmöglichkeiten. Hinzu kommt, dass Menschen mit einem höheren Bildungsgrad besser dazu in der Lage sind, neue Informationen aufzunehmen und in ihr eigenes Wissen zu integrieren, als solche mit geringerer Vorbildung. Daher kann die Schere zwischen bildungsmäßig privilegierten und unterprivilegierten Schichten bei wachsendem Informationszufluss immer weiter auseinander gehen. Nicht der Zugang zu den Medien als möglichen Informationsquellen ist also entscheidend, sondern die Art und Weise, wie diese genutzt werden (können).

In unseren heutigen Gesellschaften lassen sich zwei medial getragene Tendenzen beobachten, die sich auf den ersten Blick zu widersprechen scheinen. Einerseits kommt es zu einer Ausweitung der Öffentlichkeit durch immer mehr Informationen, die durch immer mehr Medien vermittelt werden. Gleichzeitig findet jedoch eine Fragmentierung der Öffentlichkeit in viele verschiedene Teilöffentlichkeiten statt. Letzteres geht einher mit der wachsenden Anzahl an Sendern und Programmen im Bereich der Massenmedien sowie mit der Grundstruktur des Internets, das zwar alles öffentlich kommunizierbar macht, aber keine Informationsflüsse mehr bündelt. Beim Surfen im Netz erstellt sich jeder sein individuelles „Programm", wie und wann er will. Damit unterscheidet es sich von den klassischen Massenmedien, die von einer Sendequelle aus viele Empfänger mit demselben Programm zur selben Zeit versorgen. Früher konnten beliebte Fernsehsendungen anderntags zum Gesprächsstoff werden, weil die meisten dasselbe gesehen hatten. Dies wird zunehmend unwahrscheinlich. Die heutige Situation ist geprägt von einer Flut medialer Angebote und einer Ausdifferenzierung der Zuschauerpräferenzen. Nur noch wenige Großereignisse sind dazu in der Lage, die Aufmerksamkeit des Publikums zu bündeln. Hierzulande sind dies vor allem Fußball-Welt-

Ausweitung

Fragmentierung

Ausdifferenzierung

|Abb. 14.6
Public Viewing auf der Theresienwiese in Heilbronn © Jens Zehnder/PIXELIO

und Europameisterschaften. Zur Kompensation der zunehmenden Individualisierung der sonstigen Medienrezeption werden solche Ereignisse nun gerne als Gemeinschaftserlebnis beim *Public Viewing* begangen.

Durch diese Ausdifferenzierungstendenzen ist es für die Medienwirkungsforschung schwierig geworden, pauschale Aussagen über die Auswirkungen von Medien zu treffen. Sie beschränkt sich daher zunehmend auf die Untersuchung bestimmter Nutzergruppen von einzelnen Medien.

14.3 | Spezifische Erklärungsmodelle am Beispiel: Medien und Gewalt

Die Wirkung von Medien wie Film und Computerspiel auf ihre Nutzer wird in der breiten Öffentlichkeit meistens im Zusammenhang mit Gewalttaten von Jugendlichen thematisiert, für die es eine Erklärung zu finden gilt. Hier wird dann ein Kausalzusammenhang zwischen dem Inhalt der konsumierten Medien und dem realen Verhalten der Konsumenten hergestellt. Bis in die 1980er Jahre waren es zumeist gewaltverherrlichende Filme, die als Ursache von realem Fehlverhalten angeführt wurden. Mittlerweile stehen Computerspiele im Zentrum der Diskussion wie die bekannten *Egoshooter*, die es den Spielenden erlauben, selbst die Perspektive der Gewaltausübenden einzunehmen, und daher den Verdacht nahe legen, für eine Enthemmung auch in der Realität zu sorgen bzw. die jungen Nutzer in eine Scheinwelt hineinzuziehen, die sie Fiktion und Wirklichkeit nicht mehr unterscheiden lässt.

Kausale Erklärungen

Abb. 14.7 |
Standbild aus dem
Computerspiel
Red Steel

Wie Gewaltdarstellungen in Medien aber tatsächlich auf ihr Publikum wirken und worin der Reiz besteht, der offensichtlich von ihnen ausgeht, ist wissenschaftlich nicht eindeutig feststellbar. Auch hier gibt es verschiedene Erklärungsmodelle:

a) Die Katharsistheorie

Abb. 14.8 |
Büste des Aristoteles,
römische Kopie nach
dem griechischen
Original von Lysippos (ca. 330 v. u. Z.)

Die Katharsistheorie hat sehr weit zurückreichende Wurzeln. Sie beruht auf den Erklärungen zur Wirkung der griechischen Tragödien auf ihr antikes Publikum, die der Philosoph Aristoteles (384–322 v. u. Z.) in seiner *Poetik* gegeben hat. Aristoteles stellte die Frage, warum sich Menschen beim Betrachten einer Tragödie im Theater freiwillig mit unangenehmen Vorgängen konfrontieren, die sie im realen Leben meiden würden. Zur Erklärung entlehnte er den Begriff der *Katharsis* aus der Medizin, der dort soviel wie Reinigung oder Läuterung bedeutet. In seiner Theorie kommt es durch die Tragödienhandlung zu einer seelischen Reinigung der Zuschauer. Durch das Auslösen starker Gefühle wie

Jammer und *Schauder* (griech.: *eleos* und *phobos*) im Theater sollen die Menschen von diesen Affekten bzw. durch diese gereinigt werden. Die Darstellung tragischer Ereignisse auf der Bühne löst nach Aristoteles somit eine reinigende Affektabfuhr aus. Durch das Durchleben der Gefühle im Theater sollen sie in der Realität beherrschbar gemacht werden.

    Angewandt auf das Thema Medien und Gewalt besagt die Theorie dann, dass der Reiz des Betrachtens von Gewaltdarstellungen in den Medien darin besteht, in der Realität latent vorhandene Bedrohungsgefühle fiktional durchleben zu können. Damit ließe sich dem Gewaltkonsum durch die Medien die Funktion zuschreiben, eigene Affekte beherrschbar zu machen, um mit Bedrohungen im Alltag besser umgehen zu können.

Reinigung der Affekte

Beherrschung

b) Simulationsthese

Mit einem etwas anderen Akzent besagt die Simulationsthese Ähnliches über den Reiz von Gewaltdarstellungen in den Medien wie die Katharsistheorie. Sie betont den Aspekt, dass sich die Medienkonsumenten bei der Rezeption von Gewaltdarstellungen immer bewusst bleiben, dass es sich um Simulationen von Gewalt und Gefahr handelt und gerade nicht um Wirklichkeit. Der Reiz besteht dann darin, Emotionen miterleben zu können, ohne den realen Gefahren und Folgen von Gewalt ausgesetzt zu sein.

Gefahrloses Miterleben

c) Lerntheorie

Die Lerntheorie baut diese These noch aus und sieht in der Konfrontation mit Gewalt in den Medien sogar die Möglichkeit eines „Lernens am Modell" gegeben. Imaginäres Probehandeln nach dem „Was wäre, wenn …"-Prinzip könne vorbereiten und ermöglichen, auf reale Bedrohungen durch Gewalt besonnener zu reagieren.

Imaginäre Erprobung

d) Habitualisierungsthese

Diese optimistische Sichtweise teilt die Habitualisierungsthese nicht. Sie beschäftigt sich weniger mit dem Reiz, der von Gewaltdarstellungen ausgeht, als mit den negativen Auswirkungen auf die Rezipienten. Die Habitualisierungsthese besagt, dass es durch den regelmäßigen Konsum von Mediengewalt zu einem Abstumpfungsprozess kommt. Vielseher oder Vielspieler würden sich an gewalttätiges Verhalten gewöhnen und dieses daher auch in der Realität für akzeptabel erachten. Dadurch kann es zu einer Verrohung des Verhaltens kommen.

Abstumpfung, Gewöhnung

e) Suggestionsthese

Der massive Konsum brutaler Gewalt in den Medien erzeugt, so die These, gerade bei Jugendlichen ein verzerrtes Bild der Welt, die als geprägt von Gewalt und Bedrohungen wahrgenommen wird. Dies suggeriert den Nutzern die Notwendigkeit von ständiger eigener Gewaltbereitschaft. Diese These

Verzerrtes Weltbild

203

liegt z. B. der Erklärung von Amokläufen Jugendlicher durch ihre intensive Beschäftigung mit Gewaltspielen am Computer zugrunde.

Mediengeschichte(n) im Film: **A Clockwork Orange** *(Großbritannien 1971).* *Regie: Stanley Kubrick*

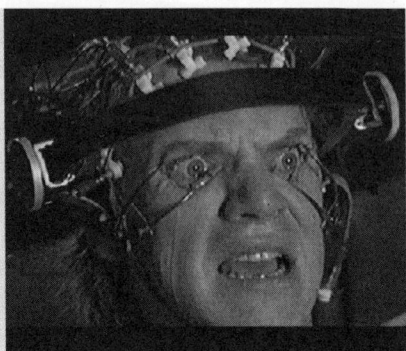

Abb. 14.9 |
Stanley Kubrick:
Selbstporträt (Ende
der 1940er Jahre)
Abb. 14.10 |
Standbild aus Stanley
Kunricks *A Clock-*
work Orange (1971):
Alex (Malcolm
McDowell) während
der ‚Therapie‘

In Stanley Kubricks (1928–1999) umstrittenem Film *A Clockwork Orange* (1971) nach dem Roman von Anthony Burgess (1917–1993) wird der gewalttätige Protagonist Alex, Anführer einer Bande von männlichen Jugendlichen, nach seiner Festnahme einer medialen Therapie ausgesetzt. Sein Körper wird fixiert und seine Augen offen gehalten, während ihm filmische Gewaltdarstellungen vorgeführt werden, die er zunächst genießt, was aber allmählich in das Gegenteil umschlägt. Dies ist jedoch die Folge eines ihm injizierten Medikaments, dessen negative Wirkung mit Gewalt assoziiert werden und dadurch zu deren habitueller (= gewohnheitsmäßiger) Ablehnung führen soll. Verlauf und Ausgang der Therapie werden im Film höchst ambivalent dargestellt, da die Bekämpfung der Gewalt selbst als sehr gewalttätig erscheint und nicht zu einem überzeugenden Erfolg führt. Diese Ambivalenz findet sich auch in den Reaktionen auf den Film. Dem Film wurde vorgeworfen, zu Nachahmungstaten anzustiften, und der Umstand, dass Kubrick sein Werk in Großbritannien selbst aus den Kinos nahm, als Zeichen von Reue gewertet. Tatsächlich reagierte der Regisseur wohl auf massiven Druck, der bis zu Gewaltandrohungen gegen seine Familie reichte.

Abschließend kann gesagt werden, dass es sich bei der Beschäftigung mit dem komplexen Phänomen der Wirkung von Gewaltdarstellung in den Medien als wenig sinnvoll erweist, sich alleine an Quantitäten zu orientieren, nach dem Motto: „Wie viele Tote pro Fernsehabend sind akzeptabel?" Wichtiger scheint zu sein, wie Gewalt in den Medien präsentiert wird. Wie wird sie in eine Handlung eingebettet, welche Figuren üben sie aus, wodurch wird sie motiviert, wird die Gewaltanwendung durch den Handlungsfortgang belohnt, werden auch die Folgen der Gewalt bei den Opfern gezeigt etc.? Solche Über-

Präsentationsform

204

legungen zur Einbettung und Vermittlung von Gewalt in den Medien müssen berücksichtigt werden. Außerdem sind die Rezipienten keine passiven
Instanzen, die mediale Botschaften nur registrieren und schematisch darauf
reagieren würden, sondern sie gehen mit ihnen vor dem Hintergrund ihrer
persönlichen Voraussetzungen und der jeweiligen Situation sehr selektiv und
zuweilen auch kreativ um. Die Herstellung holzschnittartiger Kausalzusam-
menhänge zwischen Medienkonsum und realem Verhalten scheint daher
wenig aufschlussreich. Hierfür sind die Beziehungen, die sich im Laufe der
Geschichte zwischen Medien, Menschen und Gesellschaft entfaltet haben, zu
vielschichtig. Auch dies kann eine Beschäftigung mit der Mediengeschichte
lehren.

*Aktivität
der Rezipienten*

Übungsaufgaben

|14.4

1 In welchem Zusammenhang stehen die Modernisierung der Gesellschaft und der
Gebrauch von Medien?

2 Welche Bedürfnisse machen die Benutzung von Medien heute attraktiv? Erläutern Sie,
wie die Medien diese bedienen.

3 Kann man davon ausgehen, dass durch eine Erhöhung des Informationsangebots in
den Medien auch der Wissensstand in der Bevölkerung sich angleicht?

4 Wie kann es gleichzeitig zur Ausweitung und Fragmentierung von Öffentlichkeit kommen?

5 Welche Ansätze gibt es, den Reiz von Gewaltdarstellungen in den Medien zu erklären?

6 Welche Thesen spielen eine Rolle, wenn reale Gewalttaten von Jugendlichen durch
deren Medienkonsum erklärt werden?

Literatur

|14.5

**ARD/ZDF Langzeitstudie Massenmedien
und ARD/ZDF Online-Studie:** www.media-
perspektiven.de. Zugriff am 18. 8. 2008.
Aristoteles: Poetik. Griechisch/deutsch, übersetzt und hrsg. v. Manfred Fuhrmann.
Bibliografisch erg. Aufl. Stuttgart 2006.
Jäckel, Michael: Medienwirkungen. Ein Stu-
dienbuch zur Einführung. 4. überarb. u.
erw. Aufl. Wiesbaden 2008.

Keppler-Seel, Angela: Mediale Gegenwart.
Eine Theorie des Fernsehens am Beispiel
der Darstellung von Gewalt. Frankfurt/M.
2006.
Meyer, Thomas: Mediokratie. Die Koloni-
sierung der Politik durch die Medien,
Frankfurt/M. 2001.
Rösler, Carsten: Medien-Wirkungen. Müns-
ter 2004.

Zeittafel zur Mediengeschichte

seit ca. 30.000 v. u. Z.	steinzeitliche *Felsmalereien*
ca. 3500 v. u. Z.	Sumerische *Piktogrammschrift*
ca. 1500 v. u. Z.	*Alphabetschrift* der Phönizier
ca. 800 v. u. Z.	*phonetische Alphabetschrift* der Griechen
ca. 700 v. u. Z.	*Tontafelsammlung* des Assyrerkönigs Assurbanipal
ca. 300 v. u. Z.	Gründung der *Bibliothek* von Alexandria
ca. 100 v. u. Z.	Erfindung des *Papiers* in China
8. Jh.	*Holztafeldruck* in China
1260	*erste Papiermühle* in Europa (Italien)
um 1400	Einführung der *Zentralperspektive* in die Malerei
1450	Erfindung des *Buchdrucks mit beweglichen Metalltypen* durch Johannes Gutenberg
16. Jh.	*Camera obscura* mit Linse
1605	*erste Zeitung* erscheint wöchentlich in Straßburg
1650	*erste Tageszeitung* erscheint in Leipzig
1671	erste wissenschaftliche Beschreibung einer *Laterna magica* durch Athanasius Kircher
1776	*Pressefreiheit* wird in die amerikanische Menschenrechtserklärung aufgenommen
1794	erstes *Panorama* in London
1794	erste *optische Telegrafenlinie* zwischen Paris und Lille
1811	*Schnellpresse*
1822	*Diorama* von Daguerre in Paris eröffnet
1826	Joseph Nicéphore Niépce stellt das *erste mechanisch erzeugte Lichtbild* her
1832	*Difference Engine* von Charles Babbage
1840	*Schreibtelegraf* von Samuel Morse
1846	*Rotationsdruckmaschine*
1872	Eardweard Muybridge' *Serienfotografien*
1876	*Telefon* von Alexander Graham Bell
1877	*Phonograph* von Thomas Edison
ca. 1880	Entwicklung von *Fotodruckverfahren* für die Presse
1888	*Rollfilm* für Fotoaufnahmen
1888	Entdeckung der *elektromagnetischen Wellen* durch Heinrich Hertz
1889	*Lochkartentechnik* von Herman Hollerith
1895	*Cinématographe* der Brüder Lumière
1897	*Kathodenstrahlröhre* von Karl Ferdinand Braun

1904	*Offset-Druck*
1919	*erste elektronische Fernübertragung von Bildern*
1923	*erste Hörfunksendungen* in Deutschland
1927	*erster abendfüllender Tonfilm* „The Jazz Singer" (USA)
1928	*erste regelmäßige Fernsehübertragungen* in den USA
1935	*erster abendfüllender Kino-Farbfilm* „Becky Sharp"
1936	Konzeption der *Universal Discrete Machine* von Alan Turing
1937	Konrad Zuses *Z1-Computer*
1945	*erster vollelektronischer Röhrencomputer* ENIAC
1966	Einführung des PAL-*Farbfernsehsystems* in Europa
1976	Vorstellung des ersten VHS-*Videorekorders*
1969	Einrichtung des ARPANET (*Advanced Research Projects Agency Network*)
1970er	Vorstellung der ersten *Personal Computer*
1984	Zulassung *privater Rundfunkanstalten* in der BRD
1985	CD-ROM (*Compact Disc Read-Only Memory*)
um 1990	Entwicklung des *World Wide Web* (WWW)
seit 1990er	flächendeckende digitale *Mobilfunknetze* in Deutschland
1995	*erster komplett computergenerierter Kinofilm* „Toy Story" (USA)
1995	DVD (*Digital Versatile Disc*)
1999	erstes E-Book-Lesegerät

(Als ausführliche chronologische Darstellung der Mediengeschichte siehe: **Hiebel, H. H., H. Hiebler, K. Kogler, H. Walitsch**: Große Medienchronik. München 1999)

Personenregister

Adams, Ansel 97
Albersmeier, Franz-Josef 117
Alciatus, Andreas 83, 84, 87
Allen, Woody 125
Amelunxen, Hubertus von 102
Antonioni, Michelangelo 95, 96
Aristoteles 202, 203, 205
Assurbanipal 48, 49, 207
Austin, John 10

Babbage, Charles 144, 207
Barthes, Roland 102
Benjamin, Walter 95, 102
Berners-Lee, Tim 146, 156
Bichsel, Peter 10, 13
Bleicher, Joan 137
Boccaccio, Giovanni 55
Böhm, Gottfried 87
Bolter, Jay David 160
Braun, Karl Ferdinand 128, 207
Bravo, Claudio 133, 134
Brecht, Bertolt 168, 169, 175
Brunelleschi, Filippo 90
Busch, Bernd 102
Bush, Vannevar 154, 160

Cailliau, Robert 149
Cervantes 56
Chaplin, Charlie 106, 128
Cortázar, Julio 155, 160
Crary, Jonathan 102
Cronenberg, David 188

Daguerre, Louis Jacques Mandé 92, 93, 207
Day, Doris 172
Delacroix, Eugène 173, 174
Descartes, René 190, 191
Dewitz, Bodo 70
Dietl, Helmut 68
Downey, Juan 133, 134
Duby, Georges 80, 87
Dürer, Albrecht 81–83, 87, 171
Dussel, Konrad 137

Ebersbacher, Anja 149
Eco, Umberto 13, 87
Eduard VII. von England 185, 186
Eisenhower, Dwight D. 6
Eisenstein, Sergej 114
Elias, Norbert 181, 191
Elisabeth II. von England 129
Enzensberger, Hans Magnus 132, 137

Friedewald, Michael 149

Gibson, William 188
Giesecke, Michael 52, 57
Gillies, James 149
Gish, Lillian 116
Glaser, Markus 149
Godard, Jean-Luc 173–175
Gogh, Vincent van 76
Goody, Jack 41
Gough, Kathleen 41
Greenaway, Peter 112
Gutenberg, Johannes 44, 47, 50, 207

Haarmann, Harald 41
Hafner, Katie 149
Hasenclever, Johann Peter 62
Havelock, Eric A. 41
Heigl, Richard 149
Heinrich der Löwe 79, 87
Helmes, Günter 26
Hertz, Heinrich 120, 207
Hickethier, Knut 26, 117, 137
Hitchcock, Alfred 112, 116, 165
Hitler, Adolf 68
Hollerith, Herman 144, 145, 207
Holly, Werner 137
Hörisch, Jochen 191

Jakobson, Roman 4–6, 12, 13
Jeßing, Benedikt 52, 53, 56, 57, 157, 160

Kammer, Manfred 150
Kemp, Wolfgang 102
Keppler-Seel, Angela 91, 205

Kloock, Daniela 26
Koch, Joseph Anton 85
Köster, Werner 26
Krämer, Sibylle 191
Kreimeier, Klaus 117
Kubrick, Stanley 204

Landow, George P. 160
Lebeck, Robert 70
Leibniz, Gottfried Wilhelm 141
Lemnitzer, Lothar 9, 13
Leonardo da Vinci 91
Lersch, Edgar 137
Leschke, Rainer 26, 70
Lewin, Kurt 68
Littell, Jonathan 158
Luhmann, Niklas 16, 17, 26, 178, 191
Lumière, Auguste und Louis 105, 107, 207
Lyon, Mathew 149

MacDonald, John D. 165
Marey, Étienne-Jules 100, 101
Martin, Anton 92
Matejko, Theo 126
May, Karl 56
Maynard, Hannah 98, 99
McLuhan, Marshall 16, 17, 26, 50
Meinel, Christoph 150
Méliès, Georges 104, 185, 186
Merten, Klaus 191
Meyer, Thomas 205
Michelangelo 11
Mielke, Christine 57
Mihály, Dénes von 128
Millet, Jean-François 85
Monroe, Marylin 116
Murnau, Friedrich Wilhelm 112
Muybridge, Eadweard 100, 207

Nadar, Félix 92
Naumann, Friedrich 150
Nelson, Ted 154
Niépce, Joseph Nicéphore 93, 207
Nöth, Winfried 13, 175
Nübling, Damaris 9, 13

Oettermann, Stefan 102
Ong, Walter J. 41

Paech, Joachim 117, 173, 175
Paik, Nam June 132

Parmigianino 86
Parrhasios 79, 86
Pavić, Milorad 155, 160
Peirce, Charles S. 7, 9, 12
Perec, Georges 155, 160
Platon 30, 31, 41, 157, 160, 189–191
Plinius d. Ä. 78
Pocher, Oliver 163
Porter, Edwin S. 113
Pross, Harry 17, 18, 70

Raffael 169, 170
Rusch, Gebhard 13

Sack, Harald 150
Saussure, Ferdinand de 7, 8
Schanze, Helmut 26, 102, 117, 137, 150, 175
Schmidt, Harald 40, 163, 164, 175
Schmidt, Siegfried J. 191
Scholz, Oliver R. 87
Schöttker, Detlev 26
Schubart, Christian Friedrich Daniel 67, 68
Sherman, Cindy 169, 170, 172, 175
Spahr, Angela 26
Steiger, Carl 127
Steinmüller, Gerd 102
Stevenson, Adlai 6
Stöber, Rudolf 70
Straßner, Erich 70
Strauß, Franz Josef 68
Struth, Thomas 171, 175

Thompson, J. Lee 165
Turing, Alan 144, 145, 208
Tykwer, Tom 158

Velázquez, Diego 133, 134
Vermeer, Jan 112

Wachowski, Larry und Andy 188
Walter, John 66
Warhol, Andy 133
Watt, Ian 41
Weir, Peter 135
Weischenberg, Siegfried 191
Welles, Orson 197
Wells, H. G. 197
Wittmann, Reinhard 57

Zeuxis 79, 86
Zuse, Konrad 144, 208

Sachregister

Abakus 144, 150
Abspann 109, 110, 117, 132
abstrakte Malerei 77
Abstraktionsleistung 35
Affekt, affektiv 56, 182, 203
Agenda-Setting 69, 200
Ähnlichkeit 9, 19, 33, 72, 74, 91, 142, 156, 186
Aktien 38
Aktualisierung 6, 8, 22
Aktualität 61, 62, 65, 66, 69, 123, 161, 166
allegorisch 82
Alphabet, alphabetisch 33, 35, 49, 73, 74, 86, 207
Alphabetisierung, alphabetisiert 24, 53, 54
analog 17–19, 26, 95, 99,142, 149, 152, 153, 175
Analogie 9, 19, 74
Anekdote 65, 78, 86, 105
Animationsfilm 108–110, 116, 117
Anrufbeantworter 39, 41
Antike 44, 49, 77, 78, 81, 84, 146, 202
Anzeige 11, 25, 63, 64, 126, 127, 163, 166–168, 172
Arbeitsteilung 37, 182
arbiträr 9
Archivierbarkeit 30, 32, 35
ARD 23, 129, 163, 195, 205
ARPANET 146, 208
artifizielle Tendenzen 110, 111, 117
auditiv 21, 22, 120, 125, 126
Auflage 61, 65, 70, 200
Aufmerksamkeit 6, 69, 79, 98, 99, 111, 115, 125, 133, 162, 197, 200, 201
Ausdifferenzierung 37, 38, 61, 115, 182, 183, 196, 201, 202
Ausgabedisplay 143, 145
Auslandsberichterstattung 65
Äußerung 4, 8, 9, 38, 39, 44, 63, 68
Automatisierung, automatischer Prozess 3, 143, 144, 153, 155, 156
Automatismus 94
Autor 47, 49, 54, 55, 105, 116, 155
Autorenkino 116

Barock 83, 84, 169, 175
BBC (*British Broadcasting Corporation*) 123
Bedeutungskonstitution 4
Begleitmedium 125
Belletristik 54
Benutzeroberfläche 145, 147, 167
Bericht 65, 66, 122, 163, 197
Berichterstattung 60, 65, 69, 70, 98, 121, 133, 168, 183, 199, 200
Bibel 11, 37, 54, 81, 82
Bibliothek 32, 44, 46, 48–50, 52, 53, 57, 154, 156, 167, 207
bilateral 7
Bildmedien XI, 75, 78, 90, 95, 101, 125, 160, 184, 190
Bildprogramm 82, 83
Binär 19, 141, 142, 144
Blog 148, 159
Botschaft 2–4, 6, 11, 12, 17, 18, 30, 32, 39, 60, 64, 81, 169, 205
Boulevard 23, 65, 69
Brief 16, 20–24, 93, 147
Browser 147, 156
Buch 8, 22, 34, 36, 37, 39, 44–57, 60, 84, 93, 155–157, 167, 181
Buchdruck 44, 49, 50–52, 57, 181, 207
Buchhandel 52, 57
Buchstabe 8, 33, 44, 72–74, 155
Bürgertum 54, 60–63
Bürokratie 37

Camera obscura 90, 91, 207
CAVE-Technologie 187, 188
CD 19, 46, 142, 153, 208
Chat 39, 147, 159
Chiffriermaschine 144
Chip 141, 145
Cinématographe 105
Comic 65
Computer XII, 19, 48, 50, 57, 140–149, 152, 154, 157–160, 167, 183, 185–191, 194, 202, 204, 208
Computerspiel 57, 147, 157, 158, 167, 188, 202

CPU (*Central Processing Unit*) 143
Cutter 105

Daguerreotypie 90, 92
Daily Soap 135
Datenhelm 187
Deixis 4
Diaprojektor 91
Difference Engine 144, 207
digital XI, XII, 18, 19, 26, 47, 48, 90, 99, 100,
    108, 132, 133, 141, 142, 148–150, 152, 153,
    155, 157, 159–161, 166, 167, 175, 208
Digitalisierung 48, 99, 101, 149, 152, 160
Digitaltechnik XI, XII, 47, 90, 109, 152, 153, 160
Diorama 92, 174, 207
Diskussion 54, 122, 147, 159, 202
Diskussionsforen 147, 159
Dokumentarfilm 107, 108, 111
dokumentarisch 90, 98, 99, 101, 104, 107, 108,
    110, 111, 170, 186
Dokumentcharakter 66, 100, 169
doppelte Artikulation 72, 74, 86
DOS 145
Drehbuchautor 105
dreidimensional 75, 81, 91
Drucktechnik XI, 50, 52
DVD 19, 132, 208

E-Book 47, 48, 208
Echtzeit 95, 185, 187
Eingabeinstrumente 143
Einschaltquote 24, 131, 199
elektromagnetische Wellen 120, 207
E-Mail 39, 147–149
Emanzipation 11, 63
Emblem 83, 84, 168, 169
Emblematik 83, 84, 168, 169, 175
Emoticons 39, 40
emotiv 5, 6, 28, 39
Empfänger 2–6, 18, 22, 23, 28, 30, 32, 36, 39,
    60, 120, 121, 147, 201
ENIAC 144, 145, 208
ENIGMA 144
Enzyklopädie 147, 148
Epigramm 84, 169
Ergänzungsleistung 75
Ersatzfunktion 196
Essay 67, 108
Evangeliar 79, 87
Experten 5, 35, 37, 38, 50, 90, 97, 143, 147, 158,
    183, 194, 195

extensive Lektüre 54

face-to-face 37, 39
Fachsprache 5, 37, 38
Fachzeitschrift 67
Fahrkartenautomat 2, 3
Fälschung 68, 99, 170
Familie 124, 130, 164, 204
Farbfernsehen 129, 130, 208
Farbfilm 98, 105–107, 208
Fernbedienung 131
Fernsehen XII, 18, 21, 22, 25, 40, 104, 108, 120,
    122–137, 148, 159, 160, 162, 163, 165, 184,
    194–197, 205, 208
Fernsehserie 164, 165
Fernsehshow 125, 131, 135, 136
Fernsehspiel 40, 125, 131
fiktional 56, 104, 107–112, 115, 131, 155, 203
Film XI, XII, 12, 18, 22, 40, 57, 68, 92, 95, 96,
    100, 101, 103–117, 120, 122, 125, 128, 130,
    135, 136, 153, 157, 158, 164, 165, 171–175,
    185–190, 202, 204, 208
Film Still 172, 175
Filmgenre 115
Filmproduktion 104–106, 109, 115, 116, 148
Filmsparten 108
Fixierung 32, 35, 90, 92, 95
Flicker-Effekt 101
Formatradio 124, 136
Fortsetzungsroman 65
Fotodruck 75, 107, 108, 207
Fotografie XI, 11, 18, 19, 60, 66, 70, 75–77,
    90–102, 104, 105, 109, 111, 112, 152, 153,
    168–175, 194, 207
Fotojournalismus 65
Fotomontage 99
Fragmentierung 201, 205
freier Schriftsteller 54
Fresko 11, 78, 174
Funk 16, 22

Game-Show 131
Gatekeeping 68, 69
Gattung 32, 34, 44, 54–56, 115, 122
Gedicht 30, 65
Geisterfotografie 99
Gemälde 11, 75, 76, 81, 86, 112, 133, 169–174
Geschlecht 5, 82, 170
Geschlechterrollen 11, 172
Gestik 18, 28, 29, 32, 39
Gewalt 63, 164, 165, 194, 202–205

Glosse 65
Grammatik 8, 9

Habitualisierungsthese 203
Halbleiter 141
Handschrift, handschriftlich 32, 47, 50, 54, 94
Hardware 141, 143
Heilsgeschichte 77, 79
Herstellungsbedingungen 75, 99
Hochkultur 38
Höhlenmalerei 78
Hollywood 105, 106, 115, 116, 172
Holzschnitt 94
Homepage 147, 149, 156
Hörfunk 40, 66, 120–125, 129, 133, 137, 208
Hörspiel 122, 125, 131, 197
html 154
http 146
Hybridität, hybrid 112, 122, 131, 136
Hypertext 152–157, 160
hypotaktisch 30, 32

Identität 148
Ikon, ikonisch 9, 10, 74, 76–79, 81–84, 106
Illusion 78, 79, 91, 92, 101, 104, 105, 108, 111,
    175, 190
Illustration 47, 66, 126–128, 198
Immersion 157
Index 9, 10
Indexikalität, indexikalisch 75–77, 86
Individualkommunikation 22, 25, 121, 147
Information 2–5, 19, 21, 23, 25, 29, 30, 32, 35,
    36, 38, 45, 47, 50, 53, 55, 57, 60–63, 65–69,
    72, 131, 132, 141–144, 146, 148, 152, 156,
    157, 159, 179, 181, 183, 184, 187, 196–198,
    200, 201, 205
Infotainment 131
Inscriptio 84
instantan 95
intensive Lektüre 54
Interaktivität, interaktiv 147, 157, 167, 185
Intermedialität, intermedial XII, 136, 157, 162,
    165–175
Internet XII, 18, 21, 25, 26, 39, 48, 50, 65, 140,
    146–150, 152–159, 162, 163, 166, 167, 194,
    195, 200, 201
Interpretant 7
Interpretation 3–5, 10, 17, 30, 36, 37, 66, 74,
    86
Interview 23, 40, 65, 111, 122, 199
IRC (*Internet Relay Chat*) 139, 147

Jingle 122
Joystick 143
Jugendschutz 63

Kamera 40, 92, 96, 105, 108, 109, 111–115, 131,
    135, 136, 173, 184
Kanal 2–6, 17, 40, 120, 125, 164
Karteikarten 49
Kästchenstruktur 124
Katalog 49, 154–156
Katharsistheorie 202–203
Kathodenstrahlröhre 128, 207
Keilschrift 33, 34
Kino XII, 101, 104–117, 122, 126, 127, 128–133,
    135, 136, 157, 163, 172, 204, 208
Kippbild 17
Kirche 50, 55, 81, 86, 180
Klassizismus 84, 85
Kode 4–6, 11
Kohärenz 44, 131
Kombinationsregel 10, 72
Kommentar 6, 65, 168
kommerzielle Sender 123, 131
Kommunikationsgemeinschaft 52
Kommunikationsmedium 2, 16, 18, 19, 21,
    194
Kommunikationsmodell 2, 4, 5, 13
Kommunikationsprozess 2, 3, 6, 12, 179, 197
Kommunikationstheorie 2
Komplexitätssteigerung 35, 37, 38, 98, 182
konativ 6
Konkurrenz XII, 25, 48, 65, 77, 119, 120, 124,
    125, 127, 131, 148, 162
Kontakt 4–6, 17, 194, 195
Kontext 4–6, 28, 36, 38, 44, 131, 140, 146, 163,
    167, 169, 197
Kontingenz 181
Kontrollinstanz 68
Konvention 9, 76, 109, 112, 113, 114
Kredit 37
Kritik 31, 35, 56, 65, 67–69, 160, 186
Krönung 79, 80, 129, 185, 186
Kultur, kulturell XI, 11, 29, 30, 33, 35–37, 44,
    50, 53, 65, 67, 82, 126, 164, 178, 180–183,
    190
kulturelles Wissen 76
Kunst 6, 77–79, 81–84, 86, 94, 95, 102,
    104, 112, 132, 133, 137, 170, 171, 180, 182,
    184
Kunstgeschichte 11, 86, 90, 162, 169, 171
Kurzgeschichte 65

langue 8
Late-Night-Show 163, 164
Laterna magica 90–92, 207
Lautsprache 72–74, 141
Layout 24, 32
Lebenswelt 164, 178, 179, 183, 197
Leitmedium XII, 120, 130, 148
Lerntheorie 203
Leserevolution 54, 57
Lexik 8
Lexikon 153–155
Lichtbild 91–93, 207
Linguistik 6, 13
Link 113, 147, 154
Literalisierung 44, 51
Literatur XII, 44, 54–57, 67, 86, 104, 112, 113,
    115, 155, 157, 165, 187, 188, 190
live 106, 128, 133, 135, 136, 163
Lochkarten 144, 207
Lokalsender 123
Lokalzeitung 65

Magnetaufzeichnungstechnik (*MAZ*) 129
Malerei 47, 77–79, 90, 94, 95, 112, 134,
    169–171, 173–175, 207
Malteserkreuzgetriebe 101
Manierismus 84, 86
Manipulation 99, 111, 153, 188, 197, 199
Massenmedien 22, 23, 25, 40, 60, 63, 64, 68,
    69, 120, 125, 149, 164, 178, 179, 183, 195,
    197, 200, 201
mathematisch 142
Maus XIII, 143, 145
Mediendemokratie 195
Mediendispositiv 24–26, 55, 136
Medienethik 63, 70
Mediengesellschaft 181
Medienkonvergenz 157
Mediennutzung XII, 162, 194, 195, 199
Medienwirkungsforschung 197, 199, 202
Medium/Form-Relation 16
Mehrfachbelichtung 99
Meinungsäußerung 63, 68
Meinungsbildung 61, 63
Meinungsführer 199, 200
Melancholie 82, 83
Menschenrechte 63, 207
Menü 156
metasprachlich 6
Militär, militärisch 67, 121, 144, 146, 194
Mimik 18, 28, 29, 32, 39, 112, 113

Mitteilung 3–6, 30, 32, 39
Mittelalter 45–47, 49, 53, 77, 79, 81, 86
Mnemotechnik 30, 41
Modernisierung 181, 182, 196, 205
Montage 32, 96, 99, 113–116, 131
Moralische Wochenschrift 67
Morphem 72, 73
MUD (*Multiple User Dungeon*) 147, 148
Multilinearität 154
Multimedia 152, 153
Mündlichkeit, mündlich 4, 28–32, 38–40, 44,
    45, 50, 182
Musik 22, 106, 122–124, 153, 165, 174

Nachricht 24, 60, 61, 65, 121, 122, 124
Nachrichtenmagazin, Nachrichtensendung 23,
    26, 157
Natur 81, 93, 140
Naturwissenschaft, naturwissenschaftlich 81,
    82
Negativ 93–95, 99
Negativ-Positiv-Verfahren 93
Nervensystem 187–190
Netzliteratur 157
Neuheit 3, 53, 60
Novelle 44, 55
Null-Medium 132
Nutzungsgewohnheit 120, 124, 132, 147, 148,
    199, 200

Objekt 7, 8, 9, 82, 91, 100, 101, 109
Öffentlichkeit XI, XII, 53, 54, 60, 61, 68, 115,
    130, 140, 201, 202, 205
öffentlich-rechtlich 23, 24, 123, 129, 131
Ökonomie, ökonomisch 23, 60, 62–64, 104,
    115, 153, 157, 199, 200
Onomatopoetika 9, 72
OPAC (*Online Public Access Catalogue*) 50
Optik 82
oral 30, 33
organisationssoziologischer Medienbegriff
    23
Orientierungshilfe 47, 115, 152, 156
Orientierungslosigkeit 154
Original 92, 95, 102, 170

Panorama 91, 92, 102, 174, 207
Papier 7, 44, 45, 51, 93, 152, 207
Papyrus 45
Parallelmontage 113
parasprachlich 28, 31, 39

parataktisch 30, 40
Parodie 164, 165, 170
parole 8
PC (*Personal Computer*) 21, 143, 145, 147, 149,
    167, 194
Pergament 45, 46
periodisch 60, 69, 120, 125, 159
Peripheriegerät 143
Persönlichkeitsrecht 63
Persuasion 199
phatisch 6
Philosophie 33, 37, 81, 158, 190, 191
Phonem 72, 73
phonetisch 33, 73, 207
Piktogramm, piktografisch 33, 73, 75, 207
Plastik 77
poetisch 6, 30
Politik, politisch XI, 25, 30, 33, 35, 54, 60, 62,
    63, 65, 67, 69, 121, 123, 195, 199, 200,
    205
Post, Postwesen 23, 61, 121, 128, 147
Pragmatik 10
Presse 22, 23, 25, 60, 63, 69, 70, 98, 207
Pressefotografie 98
Pressefreiheit 63, 67, 68, 207
primäre Medien 18
private Sender 23, 123, 131, 162, 208
privatwirtschaftlich 23, 63, 121, 123
Produktionsbedingungen 54, 76
Produzent 26, 54, 105
Programm XII, 23, 24, 40, 107, 108, 120,
    122–125, 128–133, 136, 142–144, 147–149,
    152, 159, 164, 167, 189, 197, 200, 201
Programmiersprache 143
Projektor 91, 105
Pronomen 9
Propaganda 6, 122, 123
Proxemik 28, 29, 32
Prozessor 143
Public Viewing 201, 202
Publikation 44, 55, 61, 62, 159
Publikum 3, 40, 53, 55, 56, 60, 65–69, 92, 97,
    113–117, 122–126, 129–131, 133, 135, 148,
    149, 162–165, 172, 184, 186, 194, 199–202

qualitative Methode 198, 199
quantitative Methode 198, 199

Radio XII, 23, 40, 60, 66, 120–125, 131, 136,
    137, 195
Radioshow 122, 125, 131

Rahmenbedingung 4, 5
Rauchzeichen 18
Raumprojektion 187, 188
Realfilm 108–110, 116
Realismus 75, 77, 79, 84, 85, 90, 94, 105, 107
Reality-TV, Reality-Soap 133, 135, 196
Rechenmaschine 140, 141, 144
Rechenschieber 144
Rechtssystem 38
Redakteur 24, 68
redaktionell 25, 64
Redundanz 3, 4, 30
Referent 3, 7–9
Regel 8–10, 37, 40, 50, 55, 61, 62, 72
Regisseur 68, 105, 116, 173, 174, 204
Reichweite 22, 28, 65
Reim 6, 30
Reiz-Reaktionsprozess 2, 3
Relevanz 5, 61, 121, 196, 200
Religion, religiös 35, 54, 56, 76, 78, 79, 81, 82,
    180–182
Renaissance 77, 81, 82, 90, 108
Reportage 65, 122
Repräsentamen 7
Repräsentation 72, 177, 180
Reproduktion 30, 75, 90, 93–95, 180, 190
Ressorts 65
Retouchierung 153
Revolution 54, 63, 114
Rezension 65
Rezipient 16, 60, 64, 122, 123, 125, 148, 203,
    205
Ritual 180
Rollfilm 97, 98, 207
Roman 44, 54–56, 65, 155, 158, 160, 165, 188,
    197, 204
Rotationsdruckmaschine 64, 207
Rückblende 113
Rundfunk XII, 23, 120–123, 128, 129, 131, 137,
    208

Saalfunk 121
Scanner 143
Schallplatte 19, 106, 142
Schallwelle 16, 19, 142
Schauspieler, Schauspielerei 106, 109, 112,
    113, 115, 135, 174, 186
Schnellpresse 64, 207
Schnitt 111–114, 124, 131
Schöpfer 11
Schreibmaschine 18

Schrift XI, 18, 22, 28, 30–35, 37–41, 44, 45, 49, 50, 61, 72–74, 109, 157, 160, 181, 182
Schriftlichkeit 28, 30, 33, 38, 40
Schriftrolle 46, 47
Schriftsystem 33, 72, 73
Science-Fiction 115, 188
scriptio continua 45
segmentäre Gesellschaft 182
sekundäre Inszenierung 131
sekundäre Medien 18
Selbstreferentialität 162, 163, 175
Selbstreflexion, Selbstreflexivität 57, 162, 163
Selektion 47, 48, 53, 61, 68, 133, 148
Semantik 10
Semiotik, semiotisch 10, 11, 13, 15, 17, 28, 72, 87
Sender 2, 5, 6, 18, 22, 23, 28, 30, 32, 36, 39, 60, 121, 123, 128, 129, 131, 147, 162
Sendezeit 24, 122, 124, 130, 133
Serienfotografie 100, 207
Signifikant 7, 8, 156
Signifikat 7, 8
Simulation 40, 184–189, 197, 198, 203
Simulationsthese 203
Sinnesorgan 21, 152, 187, 190
Site 156
Sixtinische Kapelle 11
Skandal 55, 67–69
Skulptur 77
Software 143
Spannung 56, 81, 113, 165, 172, 174
Spartenprogramm 123
Speicher 19, 143
Speichermedien 19, 28, 30, 99
Spielfilm 40, 104, 107–111, 115, 125, 128, 131, 157
Sprache XI, 4–11, 18, 22, 28, 30, 35–39, 44, 45, 52, 53, 72–74, 141, 143, 154, 165, 174, 179
Staat, staatlich 31, 37, 49, 50, 55, 60, 62, 63, 121, 123, 180
Starsystem 115, 116
Steindruck 94
Stimme 5, 26, 28, 39, 72, 106, 158
Stummfilm 106, 112
Subjekt 95
Subjektivität, subjektiv 84, 86, 94, 95, 114, 178, 179, 187, 190
subscriptio 84, 169
Suchmaschine 50, 156
Suggestionsthese 203

Symbol, symbolisch 9, 63, 77–84, 115, 126, 169
Symbolik 76, 19, 169
Syntax 10

Tageszeitung 24, 25, 61, 65, 66, 69, 98, 159, 207
Talk-Show 165, 196
TCP/IP 146
technische Medienbegriffe 17–19
technisch-funktionaler Medienbegriff 19
Telefon 6, 16, 21–23, 28, 38, 39, 121, 146–148, 153, 159, 207
Telegraf 18, 60, 66, 207
tertiäre Medien 17, 18
Text 4, 11, 29–31, 41, 44–47, 57, 66, 70, 77, 82–84, 106, 113, 145, 154–156, 165
Textsorten, Textgattung 32, 54, 65
Theater XII, 38, 40, 92, 104, 112, 113, 122, 129, 131, 202, 203
Theologie 33
Thriller 165
token 8
Tonband 46, 152
tone 8
Tonfilm 106, 208
Tontafel 44, 45, 49, 207
Tragödie 202
triadisch 7
type 8

Übertragungsmedien 21, 28
Überwachung 63, 127, 128
Umwelt 6, 16, 140, 178
Unikat 92
Universal Discrete Machine 144, 208
Universalität 65
Universalmaschine 140, 141, 145
Universität 50, 53, 54, 120, 156
Unterhaltung 37, 55, 56, 67, 69, 123, 131, 159, 162, 191, 200
Urheberrecht 153

Varieté 104
Verkehrsschild 9, 10
Verknüpfungsregel 8
Verlag 23, 50, 60, 104
Verleger 62
Verständnisproblem 3, 28, 36, 37
Vervielfältigung 50, 92
Videoportal 148
Videorekorder 132, 208

virtuelle Realität 184, 186, 187
Visuell 21, 22, 120, 125–127, 167, 174, 184, 187
Vokabel 8
Volksempfänger 121, 122
Vorlesung 21, 53

Wachstafel 45, 46, 78
Wahrnehmung 21, 56, 68, 74, 75, 79, 82,
    91, 94–96, 100–102, 126, 133, 152, 171,
    178–180, 184, 187
Web 2.0 147, 148
Weltbild 178–180, 183, 203
Weltkrieg 104, 116, 121, 123, 129, 144
Werbung 6, 63, 64, 123, 126, 127, 162, 166, 200
Werkzeug 16, 82, 83, 140, 149
Wirklichkeitskonstruktion 180
Wirtschaft, wirtschaftlich 23, 37, 60, 62, 65,
    121, 123, 194, 199
Wissenschaft, wissenschaftlich 16, 35–37, 49,
    53, 54, 67, 81, 82, 182, 194, 199, 200, 202
Wissenskluft 200
Witz 3, 65, 107
WLAN (*Wireless Local Area Network*) 159
Wochenschau 104, 108, 128, 133, 163

Wochenzeitung 61, 67
WWW (World Wide Web) XII, 146, 147, 152, 156,
    208

Z1-Computer 144, 208
zapping 131
ZDF 129
Zeichenfunktion 5, 6
Zeichenmodell 7
Zeichensystem 5, 19, 28, 72, 86, 141, 142
Zeichentrickfilm 108
Zeichentrickserie 164, 165
Zeichentypen 9
Zeichnung 74–76, 81, 91, 126
Zeitschrift XI, 53–55, 60, 62, 66–68, 70, 120,
    126, 127, 158, 159, 168
Zeitung XI, 23–25, 54, 55, 60–69, 70, 98, 120,
    126, 132, 133, 158, 159, 163, 167, 195, 207
Zensur 60, 62, 63, 67
Zentralperspektive 77, 90, 207
Zettelkasten 154, 155
Zivilisation 140, 181, 191
Zugriffshilfe 45, 49, 155
zweidimensional 75, 81, 91, 104

Benedikt Jeßing

Neuere deutsche Literaturgeschichte

Eine Einführung

bachelor-wissen
2008, 264 Seiten, zahlreiche Abb. und Tab.,
€[D] 14,90/Sfr 27,90
ISBN 978-3-8233-6392-7

Benedikt Jeßings Einführung bietet neben der „Erzählung" der Geschichte der deutschen Literatur von der Reformation bis zur Gegenwart eine Reflexion von Literaturgeschichtsschreibung. Den Hauptteil bildet ein mehr als überblicksartiger, detaillierter und reichhaltig illustrierter Durchgang durch die deutsche Literaturgeschichte seit Luther, der zentrale Texte der deutschen Literatur hervorhebt, die traditionellen Epochenbegriffe erläutert und im Einzelfall diskutiert bzw. problematisiert. Damit liefert der Band sowohl auf der Ebene literaturgeschichtlichen Wissens als auch im Blick auf die methodologische bzw. historiographietheoretische Reflexion eine Vielzahl von Anschlussmöglichkeiten für die unterschiedlichen Master-Studiengänge und Master-Module in Neuerer deutscher Literaturwissenschaft und vergleichbaren Studiengängen.

Narr Francke Attempto Verlag GmbH + Co. KG
Postfach 2560 · D-72015 Tübingen · Fax (07071) 9797-11
Internet: www.narr.de · E-Mail: info@narr.de